西政文库·博士篇

清代乾隆朝归化城土默特刑案研究

张万军 著

图书在版编目(CIP)数据

清代乾隆朝归化城土默特刑案研究 / 张万军著. —北京：商务印书馆，2020
（西政文库）
ISBN 978-7-100-18413-7

Ⅰ.①清… Ⅱ.①张… Ⅲ.①刑法－法学史－研究－土默特右旗－清代 Ⅳ.①D929.49

中国版本图书馆CIP数据核字（2020）第071952号

权利保留，侵权必究。

西政文库
清代乾隆朝归化城土默特刑案研究
张万军 著

商 务 印 书 馆 出 版
（北京王府井大街36号 邮政编码 100710）
商 务 印 书 馆 发 行
三河市尚艺印装有限公司印刷
ISBN 978-7-100-18413-7

| 2020年10月第1版 | 开本 680×960 1/16 |
| 2020年10月第1次印刷 | 印张 19 1/2 |

定价：98.00元

西政文库编委会

主　任：付子堂
副主任：唐　力　周尚君
委　员：（按姓氏笔画排序）

龙大轩　卢代富　付子堂　孙长永　李　珮
李雨峰　余劲松　邹东升　张永和　张晓君
陈　亮　岳彩申　周尚君　周祖成　周振超
胡尔贵　唐　力　黄胜忠　梅传强　盛学军
谭宗泽

总　序

"群山逶迤，两江回环；巍巍学府，屹立西南……"

2020年9月，西南政法大学将迎来建校七十周年华诞。孕育于烟雨山城的西政一路爬坡过坎，拾阶而上，演绎出而今的枝繁叶茂、欣欣向荣。

西政文库以集中出版的方式体现了我校学术的传承与创新。它既展示了西政从原来的法学单科性院校转型为"以法学为主，多学科协调发展"的大学后所积累的多元化学科成果，又反映了学有所成的西政校友心系天下、回馈母校的拳拳之心，还表达了承前启后、学以成人的年轻西政人对国家发展、社会进步、人民福祉的关切与探寻。

我们衷心地希望，西政文库的出版能够获得学术界对于西政学术研究的检视与指引，能够获得教育界对于西政人才培养的考评与建言，能够获得社会各界对于西政长期发展的关注与支持。

六十九年前，在重庆红岩村的一个大操场，西南人民革命大学的开学典礼隆重举行。西南人民革命大学是西政的前身，1950年在重庆红岩村八路军办事处旧址挂牌并开始招生，出生于重庆开州的西南军政委员会主席刘伯承兼任校长。1953年，以西南人民革命大学政法系为基础，在合并当时的四川大学法学院、贵州大学法律系、云南大学法律系、重庆大学法学院和重庆财经学院法律系的基础上，西南政法学院正式成立。中央任命抗日民族英雄、东北抗日联军第二路军总指挥、西南军政委员会政法委员会主任周保中将军为西南政法学院首任院长。1958年，中央公安学院重庆分院并入西南政法学院，使西政既会聚了法学名流，又吸纳了实务精英；既秉承了法学传统，又融入了公安特色。由此，学校获誉为新中国法学教育的"西南联大"。

20世纪60年代后期至70年代，西南政法学院于"文革"期间一度停办，老一辈西政人奔走呼号，反对撤校，为保留西政家园不屈奋争并终获胜利，为后来的"西政现象"奠定了基础。

20世纪70年代末，面对"文革"等带来的种种冲击与波折，西南政法学院全体师生和衷共济，逆境奋发。1977年，经中央批准，西南政法学院率先恢复招生。1978年，经国务院批准，西南政法学院成为全国重点大学，是司法部部属政法院校中唯一的重点大学。也是在70年代末，刚从"牛棚"返归讲坛不久的老师们，怀着对国家命运的忧患意识和对学术事业的执着虔诚，将只争朝夕的激情转化为传道授业的热心，学生们则为了弥补失去的青春，与时间赛跑，共同创造了"西政现象"。

20世纪80年代，中国的法制建设速度明显加快。在此背景下，满怀着憧憬和理想的西政师生励精图治，奋力推进第二次创业。学成于80年代的西政毕业生们成为今日我国法治建设的重要力量。

20世纪90年代，西南政法学院于1995年更名为西南政法大学，这标志着西政开始由单科性的政法院校逐步转型为"以法学为主，多学科协调发展"的大学。

21世纪的第一个十年，西政师生以渝北校区建设的第三次创业为契机，克服各种困难和不利因素，凝心聚力，与时俱进。2003年，西政获得全国首批法学一级学科博士学位授予权；同年，我校法学以外的所有学科全部获得硕士学位授予权。2004年，我校在西部地区首先设立法学博士后科研流动站。2005年，我校获得国家社科基金重大项目（A级）"改革发展成果分享法律机制研究"，成为重庆市第一所承担此类项目的高校。2007年，我校在教育部本科教学工作水平评估中获得"优秀"的成绩，办学成就和办学特色受到教育部专家的高度评价。2008年，学校成为教育部和重庆市重点建设高校。2010年，学校在"转型升格"中喜迎六十周年校庆，全面开启创建研究型高水平大学的新征程。

21世纪的第二个十年，西政人恪守"博学、笃行、厚德、重法"的西政校训，弘扬"心系天下，自强不息，和衷共济，严谨求实"的西政精神，坚持"教学立校，人才兴校，科研强校，依法治校"的办学理念，推进学校发展取得新成绩：学校成为重庆市第一所教育部和重庆市共建高校，入选首批卓越法律人才教育培养基地（2012年）；获批与英国考文垂大学合作举办法学专业本科教育项目，6门课程获评"国家级精品资源共享课"，两门课程获评"国家级精品视频公开课"（2014年）；入选国家"中西部高校基础能力建设工程"院校，与美国凯斯西储大学合作举办法律硕士研究生教育项目（2016年）；法学学科在全国第四轮学科评估中获评A级，新闻传播学一级学科喜获博士学位授权点，法律专业硕士学位授权点在全国首次专业学位水平评估中获评A级，经济法教师团队入选教育部"全国高校黄大年式教师团队"（2018年）；喜获第九届世界华语辩论锦标赛总冠军（2019年）……

不断变迁的西政发展历程，既是一部披荆斩棘、攻坚克难的拓荒史，也是一部百折不回、逆境崛起的励志片。历代西政人薪火相传，以昂扬的浩然正气和强烈的家国情怀，共同书写着中国高等教育史上的传奇篇章。

如果对西政发展至今的历史加以挖掘和梳理，不难发现，学校在教学、科研上的成绩源自西政精神。"心系天下，自强不息，和衷共济，严谨求实"的西政精神，是西政的文化内核，是西政的镇校之宝，是西政的核心竞争力；是西政人特有的文化品格，是西政人共同的价值选择，也是西政人分享的心灵密码！

西政精神，首重"心系天下"。所谓"天下"者，不仅是八荒六合、四海九州，更是一种情怀、一种气质、一种境界、一种使命、一种梦想。"心系天下"的西政人始终以有大担当、大眼界、大格局作为自己的人生坐标。在西南人民革命大学的开学典礼上，刘伯承校长曾对学子们寄予厚望，他说："我们打破旧世界之目的，就是要建设一个人民的新世界……"而后，从化龙桥披荆斩棘，到歌乐山破土开荒，再到渝北校区新建校园，几代西政人为推进国家的民主法治进程矢志前行。正是在不断的成长和发展过程中，西政见证了新中国法学教育的涅槃，有人因此称西政为"法学黄埔军校"。其实，这并非仅仅是一个称号，西政人之于共和国的法治建设，好比黄埔军人之于那场轰轰烈烈的北伐革命，这个美称更在于它恰如其分地描绘了西政为共和国的法治建设贡献了自己应尽的力量。岁月经年，西政人无论是位居"庙堂"，还是远遁"江湖"，无论是身在海外华都，还是立足塞外边关，都在用自己的豪气、勇气、锐气，立心修德，奋进争先。及至当下，正有愈来愈多的西政人，凭借家国情怀和全球视野，在国外高校的讲堂上，在外交事务的斡旋中，在国际经贸的商场上，在海外维和的军营里，实现着西政人胸怀世界的美好愿景，在各自的人生舞台上诠释着"心系天下"的西政精神。

西政精神，秉持"自强不息"。"自强不息"乃是西政精神的核心。西政师生从来不缺乏自强传统。在20世纪七八十年代，面对"文革"等带来的发展阻碍，西政人同心协力，战胜各种艰难困苦，玉汝于成，打造了响当当的"西政品牌"，这正是自强精神的展现。随着时代的变迁，西政精神中"自强不息"的内涵不断丰富：修身乃自强之本——尽管地处西南，偏于一隅，西政人仍然脚踏实地，以埋头苦读、静心治学来消解地域因素对学校人才培养和科学研究带来的限制。西政人相信，"自强不息"会涵养我们的品性，锻造我们的风骨，是西政人安身立命、修身养德之本。坚持乃自强之基——在西政，常常可以遇见在校园里晨读的同学，也常常可以在学术报告厅里看到因没有座位而坐在地上或站在过道中专心听讲的学子，他们的身影折射出西政学子内心的坚守。西政人相信，"自强不息"是坚持的力量，任凭时光的冲刷，依然能聚合成巨大动能，所向披靡。担当乃自强之道——当今中国正处于一个深刻变革和快速转型的大时代，无论是在校期间的志愿扶贫，还是步入社会的承担重任，西政人都以强烈的责任感和实际的行动力一次次证明自身无愧于时代的期盼。西政人相信，"自强不息"是坚韧的种子，即使在坚硬贫瘠的岩石上，依然能生根发芽，绽放出倔强的花朵。

西政精神，倡导"和衷共济"。中国司法史上第一人，"上古四圣"之一的皋陶，最早提倡"和衷"，即有才者团结如钢；春秋时期以正直和才识见称于世的晋国大夫叔向，倾心砥砺"共济"，即有德者不离不弃。"和衷共济"的西政精神，指引我们与家人美美与共：西政人深知，大事业从小家起步，修身齐家，方可治国平天下。"和衷共济"的西政精神指引我们与团队甘苦与共：在身处困境时，西政举师生、校友之力，攻坚克难。"和衷共济"的西政精神指引我们与母校荣辱与共：沙坪坝校区历史厚重的壮志路、继业岛、东山大楼、七十二家，渝北校区郁郁葱葱的"七九香樟""八零花园""八一桂苑"，竞相争艳的"岭红樱""齐鲁丹若""豫园"月季，无不见证着西政的人和、心齐。"和衷共济"的西政精神指引我们与天下忧乐与共：西政人为实现中华民族伟大复兴的"中国梦"而万众一心；西政人身在大国，胸有大爱，遵循大道；西政人心系天下，志存高远，对国家、对社会、对民族始终怀着强烈的责任感和使命感。西政人将始终牢记：以"和衷共济"的人生态度，以人类命运共同体的思维高度，为民族复兴，为人类进步贡献西政人的智慧和力量。这是西政人应有的大格局。

西政精神，着力"严谨求实"。一切伟大的理想和高远的志向，都需要务实严谨、艰苦奋斗才能最终实现。东汉王符在《潜夫论》中写道："大人不华，君子务实。"就是说，卓越的人不追求虚有其表，有修养、有名望的人致力于实际。所谓"务实"，简而言之就是讲究实际，实事求是。它排斥虚妄，鄙视浮华。西政人历来保持着精思睿智、严谨求实的优良学风、教风。"严谨求实"的西政精神激励着西政人穷学术之浩瀚，致力于对知识掌握的弄通弄懂，致力于诚实、扎实的学术训练，致力于对学习、对生活的精益求精。"严谨求实"的西政精神提醒西政人在任何岗位上都秉持认真负责的耐劳态度，一丝不苟的耐烦性格，把每一件事都做精做细，在处理各种小事中练就干大事的本领，于精细之处见高水平，见大境界。"严谨求实"的西政精神，要求西政人厚爱、厚道、厚德、厚善，以严谨求实的生活态度助推严谨求实的生活实践。"严谨求实"的西政人以学业上的刻苦勤奋、学问中的厚积薄发、工作中的恪尽职守赢得了教育界、学术界和实务界的广泛好评。正是"严谨求实"的西政精神，感召着一代又一代西政人举大体不忘积微，务实效不图虚名，博学笃行，厚德重法，历经创业之艰辛，终成西政之美誉！

"心系天下，自强不息，和衷共济，严谨求实"的西政精神，乃是西政人文历史的积淀和凝练，见证着西政的春华秋实。西政精神，在西政人的血液里流淌，在西政人的骨子里生长，激励着一代代西政学子无问西东，勇敢前行。

西政文库的推出，寓意着对既往办学印记的总结，寓意着对可贵西政精神的阐释，而即将到来的下一个十年更蕴含着新的机遇、挑战和希望。当前，学校正处在改革发展的关键时期，学校将坚定不移地以教学为中心，以学科建设为龙头，以师资队伍建设为抓手，以"双一流"建设为契机，全面深化改革，促进学校内涵式发展。

世纪之交，中国法律法学界产生了一个特别的溢美之词——"西政现象"。应当讲，随着"西政精神"不断深入人心，这一现象的内涵正在不断得到丰富和完善；一代代西政校友，不断弘扬西政精神，传承西政文化，为经济社会发展，为法治中国建设，贡献出西政智慧。

是为序。

西南政法大学校长，教授、博士生导师
教育部高等学校法学类专业教学指导委员会副主任委员
2019 年 7 月 1 日

目 录

引言 1
 一、选题来源与意义 1
  (一)选题来源 1
  (二)选题意义 4
 二、国内外研究学术史的考察 7
 三、研究方法与材料来源 13
  (一)研究方法 13
  (二)材料来源 14
 四、关于本书的结构 16

第一章 归化城土默特刑事法体系 20
 一、清代以前归化城土默特蒙古法传统 20
  (一)归化城土默特蒙古法传统 20
  (二)后金时期归化城土默特刑法体系 23
 二、《蒙古律例》的制定 25
  (一)理藩院与《蒙古律例》的制定 25
  (二)《蒙古律例》的立法理念 33

三、《蒙古律例》的实效性 36
　（一）《蒙古律例》在贼盗命案中的适用 42
　（二）《蒙古律例》在普通刑案中的适用 50
四、《大清律例》对归化城土默特刑法体系的渗透 53
　（一）准五服以治罪 58
　（二）存留养亲制度 61
　（三）亲属相容隐 63
　（四）亲属复仇 65
本章小结 68

第二章　刑案（一）——贼盗刑案 70
一、盗窃牲畜刑案 71
　（一）盗窃牲畜案的司法治理政策 74
　（二）审理偷盗牲畜案的主要证据规则 79
二、盗窃普通财物刑案 91
　（一）普通盗窃财物案发案情况 91
　（二）盗窃财物案与贫富分化趋势 92
三、抢劫刑案 96
　（一）《蒙古律例》中抢劫刑案刑罚演变 96
　（二）抢劫刑案的案发原因 99
　（三）抢劫刑案证据的收集 103
本章小结 109

第三章　刑案（二）——斗殴命案 111
一、土地纠纷命案 112
　（一）张子扬被殴身死一案基本案情 114

（二）归化城土默特土地纠纷与命案 115
　　（三）清代斗殴命案中被告人的诉讼策略 120
二、普通斗殴命案 125
　　（一）王荣被殴身死一案基本案情 127
　　（二）归绥道对此案的几点质疑 128
　　（三）该起斗殴命案原因分析 132
　　本章小结 133

第四章　刑案（三）——婚姻刑案 134
一、拐卖妇女刑案 134
　　（一）法律适用问题 134
　　（二）归化城土默特拐卖妇女之社会经济根源 139
　　（三）归化城土默特拐卖妇女犯罪的流向特征 142
　　（四）官方对拐卖妇女犯罪的态度 143
二、蒙汉通婚之刑法规制 145
　　（一）清代归化城土默特蒙汉通婚概述 145
　　（二）乾隆朝蒙汉通婚法律规制之变化 148
三、奸非类刑案 151
　　（一）王荣与蒙妇通奸案基本案情 151
　　（二）移民与性犯罪 152
　　（三）犯奸与杀妻 154
　　（四）经济因素与纵容妻妾犯奸 159
四、家庭暴力类刑案 162
　　（一）乾隆朝归化城土默特女性社会地位的变迁 164
　　（二）夫妻之间的家庭暴力刑案 166
　　（三）夫与妾之间的家庭暴力刑案 169

本章小结 171

第五章　刑案（四）——"假命案"型控诬刑案 173
　　一、社会转型期的"健讼"与控诬 174
　　二、"假命案"控诬刑案类型化分析 177
　　　　（一）利益冲突型"假命案" 177
　　　　（二）小事化大型"假命案" 178
　　　　（三）邻里纠纷型"假命案" 181
　　三、官方视野下的"假命案"法律规制理念 184
　　　　（一）轻罚慎罚的裁判理念 184
　　　　（二）"假命案"的裁判与基层司法治理 186
　　四、清代归化城土默特控诬型"假命案"特征 187
　　　　（一）"假命案"与讼师唆使 187
　　　　（二）"假命案"与经济利益的冲突 188
　　　　（三）基层民众缺乏法律观念是控诬命案发生的重要因素 ...188
　　本章小结 189

第六章　归化城土默特刑案的审理 190
　　一、归化城土默特刑案审理机构 190
　　　　（一）绥远将军 191
　　　　（二）归绥道 194
　　　　（三）归化城都统、副都统 196
　　　　（四）同知及通判 199
　　　　（五）巡检 201
　　二、归化城土默特刑事案件管辖 202
　　　　（一）乾隆五年关于刑案管辖之争论 202

（二）归化城土默特刑案管辖具体划分..................206
　　（三）管辖地域范围的确定..................208
三、命案检验..................211
　　（一）蒙古地区命案检验制度的沿革..................211
　　（二）命案检验的启动程序..................214
　　（三）命案检验具体内容..................215
四、刑事案件审理程序..................226
　　（一）徒刑以下案件的审理..................226
　　（二）徒刑以上案件的审理..................229
五、刑案审理程序中的司法裁量权..................232
　　（一）"律法断罪"与司法裁量权..................232
　　（二）轻微刑案中的法官裁量权..................233
　　（三）无罪案件的司法裁量..................236
六、清代归化城土默特命案审判机制弊端分析..................251
　　（一）分权与制衡的命案审判机制..................253
　　（二）基层司法官吏司法理性的匮乏..................255
　　（三）疑难命案审理拖延难结之弊..................259
本章小结..................262

结　语..................264

一、归化城土默特刑事司法治理之得失..................264
　　（一）清政府对蒙古地区的司法治理策略..................265
　　（二）慎刑恤刑——清政府对蒙古边疆地区进行刑事法治理的
　　　　　核心理念..................267
　　（三）有效的基层刑事司法社会治理模式..................270
　　（四）强化国家法在民族地区社会治理中的作用..................273

二、归化城土默特刑事司法治理的理论价值 274

（一）重视法律在维护边疆民族地区稳定中的作用 275

（二）完善我国民族地区刑事司法体系 276

参考文献 278

附　录 284

后　记 291

引 言

一、选题来源与意义

（一）选题来源

"归化城土默特"并非一个确定的地理概念，而是一个不断演变的历史和行政的概念。"土默特"系蒙古语译音，意为"万户"。辽、金、元时置丰州。16世纪初，阿勒坦汗率土默特部迁入，又以"土默川"著称至今。乾隆朝内府抄本《理藩院则例》载："凡游牧之内属者，曰土默特，归化城土默特旗初系卓索图盟土默特右翼旗札萨克族博硕克图汗之部，为察哈尔林丹汗所据。天聪六年，太宗文皇帝破林丹汗，博硕克图子俄木布降，令领其众如故。九年，俄木布叛，执之，分其众为左右翼，设都统二人领之，为世职，后因事革退，补以京员。"[①]

《理藩院则例》中所称的"俄木布叛"，即"俄木布事件"，是土默特地区历史上特别重大的政治事件，《清实录》对该事件有详细叙述：

　　三贝勒入边后，贝勒岳托驻守归化城，有土默特人密告，言博硕克图之子遣人往阿禄部落喀尔喀处，还时，必有与之同来者。岳托因遣阿尔津、吴巴海、喀木咸哈、尼堪四人候于途。阿

---

① 赵云田点校：《乾隆朝内府抄本〈理藩院则例〉》，中国藏学出版社2006年版，第330页。

禄喀尔喀百人、明使者四人，果与博硕克图子所遣人同至。时博硕克图子乳母之夫毛罕，密遣人告喀尔喀人云："满洲兵在此，汝等当回。"阿禄喀尔喀人闻信遂还。阿尔津、吴巴海、喀木戚哈、尼堪等兵追及之，擒毛罕所遣十人及明使四人，获骆驼五十、马四十六、貂皮四百有奇，又得乌珠穆沁部落贸易人四十六名，骆驼三十七、马一百有八、貂皮二百二十。初，毛罕私称博硕克图之子为西土根汗，自称为吴尔隆额齐克达尔汉贝勒，称其妻为太布精，称阿南为杜稜台吉，其扎木苏等皆命以名，又杀害来归我国之察哈尔石喇祁他特吴班札尔固齐、祁他特台吉，又与明沙河堡参将通谋，称明国为一路，喀尔喀为一路，土默特为一路。因遣人往喀尔喀，为土默特人密告。事觉，斩毛罕，并其党羽。以阿禄部民与喀尔喀人同谋藏匿马驼，遣土默特人往剿之。分土默特壮丁三千三百七十名为十队，每队以官二员主之，授以条约。①

"俄木布事件"导致后金统治者对归化城土默特的统治政策发生重大变化，也导致了归化城土默特政治司法体制的重大变化。崇德元年（1636），后金将土默特一分为二，以古禄格、杭高为两翼的首任都统，分领归化城土默特左右二旗，"乾隆二十八年（1763）始以土默特两翼属绥远城将军，现有四十九佐领，统其治于将军而以达于院"②。土默特两翼编旗初期，管辖的范围包括大青山、乌拉山前后至喀尔喀蒙古南境及蛮汗山以东直至京翼以北广大地区。乾隆朝内府抄本《理藩院则例》规定了归化城土默特疆理，"左右二旗，均驻扎归化城，在杀虎口北二百里，东西距四百有三里，南北距三百七十里。东至四子部落界，西至鄂尔多斯左翼前旗界，南至山西边城及镶蓝旗游牧察哈尔界，

---

① 《太宗实录》卷二四，《清实录》第二册，中华书局影印本1985年版，第318页。
② 赵云田点校：《乾隆朝内府抄本〈理藩院则例〉》，中国藏学出版社2006年版，第330页。

北至喀尔喀右翼及茂明安界,至京千一百六十里"①。清朝统治者为了更加牢固地控制这个战略要地,进一步压缩土默特部的活动空间,致使土默特辖境不断缩小。乾隆二十八年裁撤都统,设副都统,事务统辖交由绥远城将军。设置归化城、和林格尔、托克托城、清水河、萨拉齐五厅后,土默特部众和汉民散居,蒙汉交涉由五厅辖治。

土默特蒙古部落经天聪六年(1632)至乾隆二十八年(1763)的一个多世纪,几经变革,清政府最终将归化城土默特统辖权收归中央。在这一历史过程中,归化城土默特由都统旗沦为驻防将军下属的副都统辖的总管旗,旗权削弱、辖境缩小。而蒙汉分治导致两者相互制约,归化城土默特成为真正意义上的内属旗。

归化城土默特地域范围在历史上不断变化,整体上呈缩小趋势,乾隆朝时主要包括今呼和浩特市和包头市。鉴于乾隆朝内府抄本《理藩院则例》对该地区统称为"归化城土默特"而非"土默特"或"归化城",故本书所研究地域范围名称以史书所称为准,称之为"归化城土默特"。在本书中为行文方便,有时也简称"土默特地区"或"土默特"。

康乾时期,大量关内汉民迁往归化城土默特,在蒙汉族群融合过程中,族群法律冲突也不可避免,而乾隆朝则是清代边疆法律治理最为成功之时期。然而,从学界的研究现状来看,专门围绕清代边疆刑事司法尤其是基层刑事司法进行讨论的研究成果为数不多,仅有的几篇相关论文都只是就边疆刑事司法问题的某些方面做了一些初步探讨,并且这几篇文章的篇幅均不长,学界尚缺乏针对清代边疆刑事司法尤其是基层刑事司法的系统研究,该问题仍有进一步研究的价值和探讨空间。正是基于上述种种考虑,同时出于对少数民族刑法史的浓厚兴趣,笔者决定以乾隆朝归化城土默特刑案为研究视角,对该地区清代乾隆朝时期基层刑事司法实践进行系统的研究和探讨。

---

① 赵云田点校:《乾隆朝内府抄本〈理藩院则例〉》,中国藏学出版社2006年版,第6页。

(二)选题意义

本选题的理论和现实意义如下:

1. 理论意义

"中原汉族中心主义"倾向对当前学界影响颇深,故学界对清代蒙、满等其他少数民族聚居的广大空间区域的法律史研究处于弱势地位。清代蒙古地区经济社会的急剧变迁,蒙汉文化的碰撞和融合,促使清代蒙古地区尤其是蒙汉杂居地区具有不同于中原地区的社会结构、历史进程、文化传统,该地区具有独特的法律发展模式及边疆法文化属性。但长期以来,学术界对于蒙古地区尤其是蒙汉杂居地区法律史研究有所不足。

可喜的是,近年来,少数民族地区法律史的研究被纳入了学术考察视野,成果颇多。然而,法学界对清代蒙古地区基层司法治理尤其是刑事司法治理问题的研究较少。从历史背景角度看,清入关以后,并没有将蒙古地区的法律一统化,而是采取了特殊的边疆司法治理策略,颁行了"蒙古例"作为边疆司法治理之法律依据。通过考察清代乾隆朝归化城土默特刑档可发现,乾隆朝是清代法律制度的定型期、完备期,也是边疆法律治理最为成功之时期。清代乾隆朝时,大量关内汉民涌入归化城土默特,这一时期也是游牧文明与农耕文明冲撞与融合的阶段。在这一特定社会转型期,如何平衡族群利益,促进族群融合,以达到民族区域刑事治理策略之实现,充分体现了统治者的司法治理智慧。从地域范围角度看,归化城土默特刑案涉及文化冲突、族群冲突、利益冲突等诸方面。因此,归化城土默特具有鲜明的地域性和民族性特征,该地区聚合农耕文化和草原游牧文化于一体,独特的少数民族文化土壤和移民社会环境使该地区刑事司法制度构建与运行具有鲜明的民族和区域特色。上述因素,使得乾隆朝归化城土默特具有典型的法律样本研究价值。本书选取归化城土默特刑案作为研究对象,以期通过此项研究拓展少数民族法律史学的研究视野,丰富清代蒙古地区法律史研究内容,扩宽研究范围。

目前,随着法律史学研究空间的不断扩展以及相关研究逐渐深入,学界越来越重视地方诉讼档案的价值。黄宗智先生认为,"诉讼档案的一个特点在于,它们不仅包含有关行动的材料,也包含有关表达的内容,以及两者之间的互动"[①]。但截至目前,学界对于边疆地区司法档案的开发和利用远远不够。归化城土默特司法档案真实地反映了清代蒙古地区基层社会刑事司法实践原貌,包含丰富的法学、社会学、民族学、史学信息,有很高的真实性和很强的可信度。

本书主要以归化城土默特刑事司法档案为研究基础。目前学界在法律史研究方向上,"逐渐从单一的典章制度转向档案、碑刻、族谱、契约文书等官方、民间文献上,特别是档案资料的运用,更引发了'史料'的革命"[②]。但迄今法律史学者对于蒙古地区基层司法实践研究成果较少,这主要与该地区司法档案的获取难度较大有一定关系。

清政府自雍正朝起,在归化城土默特建立起多元司法管理体制。在基层司法实践中,基层司法官员通过调整《蒙古律例》与《大清律例》的关系,平衡族群利益,促进族群融合,以谋求少数民族区域刑事治理策略之实现。通过对这些刑事档案进行全方位、多角度、多层次的实证分析研究,可以全面深入研究乾隆朝时少数民族区域基层刑事司法实践。

正是基于以上因素,本书主要以内蒙古土默特左旗档案馆所藏清代乾隆朝归化城土默特刑案档案为研究对象,以实证研究为基础,通过统计分析等多学科研究方法,实证分析具体刑案,来演绎出相关论点,试图从多角度、多层次还原清代归化城土默特的刑事司法实践。本书分析了文本中的法律与实践的具体差异,展现该时期政治、经济、

[①] 黄宗智、尤陈俊主编:《从诉讼档案出发:中国的法律、社会与文化》,法律出版社2009年版,第2页。

[②] 吴佩林:《清代县域民事纠纷与法律秩序考察》,中华书局2013年版,第18页。

社会、法制的实际状况。试图通过"深度描写"的方法，分析乾隆朝刑案中当事人和司法官吏诉讼角色的互动，阐明其中的利益纠葛，力图真实再现清代边疆基层司法实践中的法律场景。

2. 现实意义

中共中央办公厅、国务院办公厅印发的《关于实施中华优秀传统文化传承发展工程的意见》中指出："文化是民族的血脉，是人民的精神家园。"[①] 要理解和继承中华传统法律文化中关于国家法律治理的智慧，不能割断传统与现代的关系，少数民族地区传统法律文化亦是中华传统法律文化不可或缺的部分。但正如有学者批评的那样，"在诸多研究者的视野下，'清代中国'法制的空间往往被有意无意抽象为汉族人居住的某一点，空间问题甚至在大部分研究中被虚化为无须交代。众所周知，诸如蒙、满、藏、回等其他民族聚居的广大空间区域，至少占清代中国全盛时期地理版图的一半以上，这些区域的法制，长期消失在'清代中国'法制史主流研究视野当中，在整个清代法制史研究里面，最多只是在一个有一些点缀效应的'少数民族法制史'学科里若隐若现。在研究中将蒙、满、藏、回等其他民族聚居的广大空间区域排除在'清代中国'这一空间概念外，既完全不合乎历史事实，也无益于放宽研究的视野"[②]。这种研究范式，漠视法律所具有的地域性特质。

当前对特定区域的法律史问题的探讨，已经成为法律史研究领域新的学术热点，蒙古地区自然资源的丰富性历来被外界所认可，但清代蒙古地区的法律文化资源却鲜为学界所开发和利用。改革开放以来，人们对西方司法制度的推崇，使得刑事立法、刑事司法的移植和借鉴均已呈现出西方化特征，但司法的民族性和地域性，却没有得到应有

---

① 中共中央办公厅、国务院办公厅：《关于实施中华优秀传统文化传承发展工程的意见》，《人民日报》2017年1月27日，第6版。

② 邓建鹏：《"化内"与"化外"：清代习惯法律效力的空间差异》，《法商研究》2019年第1期，第184页。

的反思、重视和借鉴。要处理好司法传统与现代的关系，落实新时期社会主义法治理念，尊重和发扬传统法律文化，必须注重对少数民族法律文化的研究。制定刑事司法政策过程中，吸收和借鉴中华法系发展过程中形成的优秀的民族区域法律文化，促进民族地区的刑事治理，已经成为当前面临的重要课题。

当前，司法改革如火如荼，司法界面临的主要矛盾是人民群众对司法公正和效率的需求与司法机关相对落后的司法能力之间的矛盾。解决这一主要矛盾的出发点和落脚点是破除司法的地方化和行政化，这在理论界和实践界业已形成共识。

本书在对乾隆朝归化城土默特刑事司法实践进行分析和评价的基础上，总结归纳清代边疆刑事审判实践的司法特色和边疆民族地区的法律治理智慧，为现代边疆民族地区刑事立法和刑事治理策略提供借鉴，同时也能为当前司法改革提供借鉴，以此推动当前司法改革融入民族性、地域性诸因素。

二、国内外研究学术史的考察

长期以来，对国家法的研究一直是清代法律史领域的研究重点。然而，"中原汉族中心主义"倾向对学界影响颇深，学界对中原地区传统司法的研究过度专注，导致国内外学术界对清代中原地区州县的司法实践运作研究著述甚为丰厚[①]。如陶希圣的《清代州县衙门刑事审

[①] 国内外学术界讨论中国古代司法制度的论著相当多，就该问题的主要代表性论著有：滋贺秀三：《中国法文化的考察——以诉讼的形态为素材》，载梁治平、王亚新编：《明清时期的民事审判与民间契约》，法律出版社1998年版；寺田浩明：《清代民事审判：性质及意义——日美两国学者之间的争论》，王亚新译，《北大法律评论》1998年第2期；林端：《韦伯论中国传统法律——韦伯比较社会学的批判》，台湾三民书局2003年版；D. 布迪、C. 莫里斯：《中华帝国的法律》，朱勇译，江苏人民出版社1993年版；等等。但上述论著较少涉及边疆民族地区司法问题。

判制度及程序》①、那思陆的《清代州县衙门审判制度》②等,对清代州县审判制度及实践运作进行了较为深入、细致的研究。近年来,随着地方司法档案,如巴县档案、南部档案、冕宁档案、黄岩档案、龙泉档案的整理出版,利用地方司法档案进行法律史学术研究已成为热点,如李艳君的《从冕宁县档案看清代民事诉讼制度》③。纵观学术界对清代刑事司法研究,主要有以下特征:其一,从研究主体上看,主要集中在中央和州县级司法主体。其二,从研究范围看,主要集中在非边疆地区,相对于非边疆地区利用地方司法档案进行研究的学术热度来说,对边疆少数民族地方司法档案的发掘、整理和研究相对薄弱。其三,从研究学科来看,主要集中在民事法学。其四,从研究时间范围看,清末司法改革的研究成果较为丰硕。

相对于清代中原地区司法领域丰硕的研究成果,清代蒙古地区基层司法实践研究成果较为稀少,代表性研究成果主要包括那仁朝格图的《蒙古法制史研究》④和奇格的《古代蒙古法制史》⑤。另有一些学术论文也有所涉及,代表性的成果有:徐晓光的《清朝对蒙古的司法审判制度》,其认为,清朝对蒙古的司法审判制度是在国家统一行使对蒙古的司法权,并结合蒙古固有的司法审判传统的基础上建立起来的。在轻微案件的审理和蒙古地方审判上尊重并确认了蒙古传统审判方式,带有很浓厚的蒙古地方色彩。但在重大案件的审理和中央的司法审判上,始终坚持国家司法统一原则,正确地处理了中央和蒙古地方在司法审判上的矛盾,使中央的司法管辖深入到蒙古的每一个角落。⑥康

---

① 陶希圣:《清代州县衙门刑事审判制度及程序》,台湾食货出版社1972年版。
② 那思陆:《清代州县衙门审判制度》,台湾文史哲出版社1982年版。
③ 李艳君:《从冕宁县档案看清代民事诉讼制度》,云南大学出版社2009年版。
④ 那仁朝格图:《蒙古法制史研究》,中国人民大学博士学位论文,2003年。
⑤ 奇格:《古代蒙古法制史》,辽宁民族出版社1999年版。
⑥ 徐晓光:《清朝对蒙古的司法审判制度》,《内蒙古大学学报》(哲学社会科学版)1989年第1期。

斯坦的《从蒙古法看清代法律多元性》，其认为，清代蒙古法稳定了以后，即《理藩院则例》编纂完成后，统治者既想保留蒙古传统法，又不得不引入中华法系。① 胡兴东的《清代少数民族刑事案件法律适用问题初探——以乾隆朝刑部驳案为中心的考察》认为，清朝是我国历史上少数民族法制最为完善的时期，这不仅体现在立法上，也体现在法律适用上。在清朝少数民族法律适用上，在民事与轻微刑事案件和徒刑以上重刑案件存在不同。清朝少数民族法律适用在程序法与实体法中有不同规定。② 马青连、刘冰雪的《清代理藩院司法功能研究——以清代蒙古地区为中心的考察》，其认为，中国封建帝制时期采取行政与司法合一的机构功能配置，属于广义的司法审判机构很多，清代的理藩院便是其中之一。研究司法功能不仅要考察司法制度的设计，还要考察其司法运作。清中央王朝是如何通过理藩院的司法功能的设置来加强对蒙古地区的中央集权，同时又适当兼顾地方分权的具体路径。③ 关康的《理藩院题本中的蒙古发遣案例研究——兼论清前期蒙古地区司法调适的原则及其内地化问题》，该文利用清朝前期理藩院满文题本中的蒙古发遣案例，以发遣刑在蒙古地区的适用、变化为视角，阐述清政府将这一刑罚推行到蒙古地区的原因和实践情况，以及应蒙古社会的变迁而不断调整的过程，从一个侧面揭示蒙古地区法律内地化的社会背景。④ 文晖的《简论清代外藩蒙古的法律适用问题——以嘉庆年贾德保辜案为例》，其分析了清嘉庆年间在外藩蒙古科布多城发生的"贾德保辜"一案，该案在法律上的争论之处在于到底是适用

① 康斯坦：《从蒙古法看清代法律多元性》，《清史研究》2008年第4期。
② 胡兴东：《清代少数民族刑事案件法律适用问题初探——以乾隆朝刑部驳案为中心的考察》，《云南大学学报》（哲学社会科学版）2009年第4期。
③ 刘冰雪：《清代理藩院司法功能研究——以清代蒙古地区为中心的考察》，《民族法学评论》2010年第7卷。
④ 关康：《理藩院题本中的蒙古发遣案例研究——兼论清前期蒙古地区司法调适的原则及其内地化问题》，《清史研究》2013年第4期。

蒙古律还是大清律，清政府最后适用了《蒙古律例》，说明其法律适用原则从属人主义转向属地主义，同时，"保辜"等内地法律也在蒙古地区得到适用。这些变化是清政府在外藩蒙古地区统治渐趋稳固的表现。[①] 包思勤、苏钦的《清朝蒙古律"存留养亲"制度形成试探》认为，存留养亲制度是中原传统法律制度中体现儒家孝道文化的刑罚执行制度，是"礼法结合"的典型代表。清廷于嘉庆初年将其引入适用于外藩蒙古的蒙古律中，并在司法实践中运用。该制度的引入经历了从援引《大清律例》到于蒙古律中创设专条的过程。[②] 这些研究成果对边疆基层社会蒙古法制史作了一些初步的探讨。但利用边疆地区基层刑事司法档案，全面深入研究清代边疆法律治理的研究成果较为零散，还没有学者结合清代蒙古地区基层刑事司法档案进行全面专门研究。

尤其值得一提的是，王志强在《清代国家法：多元差异与集权统一》一书中分析了国家法体系的内部多元形态。该书首先选取清代条例中的地区性特别法和以省例为代表的地方法规这两个切入点，讨论国家法文本上的统一与差异：无论是中央制定的地区性特别法，还是地方制定的省例，都呈现出国家与社会、中央与地方之间微妙的互动与相对性。继而通过国家对于民间习俗的态度、运用律例的方法以及成案的效力与作用，考察国家法实践中的统一与差异。清代国家法的多元结构，也体现于部院则例、民族条例和地方政府发布的规范性告示。成案的法律效力具有随机性和不确定性，刑部官员援引成案的动机可能是策略性而非制度性的。[③] 该书虽未对蒙古地区国家法适用问题展开深入研究，但其研究视角摒弃了传统外部研究路径，即从国家法和民间法二元框架结构角度探讨国家法体系，而从清代国家法内部结

---

① 文晖：《简论清代外藩蒙古的法律适用问题——以嘉庆年贾德保辜案为例》，《中央民族大学学报》（哲学社会科学版）2015 年第 1 期。

② 包思勤、苏钦：《清朝蒙古律"存留养亲"制度形成试探》，《民族研究》2016 年第 1 期。

③ 杜金：《清代法律体系的多重叙述与重构——评王志强〈清代国家法：多元差异与集权统一〉》，《交大法学》2018 年第 4 期。

构视角出发,这对本书的写作非常具有启发意义。

内蒙古大学的那仁朝格图发表了一系列关于蒙古族法制史的研究成果。如其在《13—19世纪蒙古法制沿革史研究》一书中,对蒙古诸法典的颁布原因、编纂经过、法源、立法特色、法律形式、框架结构、史料价值、传统蒙古法的继承与发展、与此前蒙古习惯法和成文法的关系及蒙古的社会制度、法律制度、阶级、风俗习惯、经济生活等问题进行考论。他认为,13至19世纪是蒙古历史发展的重要时期。蒙古族从民族共同体形成到建立民族国家、从统一全国到退居故土、从分崩离析到再度统一,其间经历了由大汗政权到割据政权,再到以盟旗制度为纽带的地缘组织形态的漫长历史过程。在此进程中,蒙古族法制传统相沿已久,成为蒙古高原游牧文化集大成者。蒙古法制,一方面是在蒙古族自身文化基础上孕育产生的法文化现象,另一方面也不断吸收融汇其他民族的法制元素,从而形成以游牧社会法律文化为主要内涵的兼容并蓄、刑罚宽简且开放性很强的法文化体系。蒙古族创造了独具特色的游牧民族法制文明。纵观几个世纪以来蒙古法制的发展沿革,其内涵始终是习惯法与成文法相互掺杂的一种法文化现象,是一种民族规范和习惯法的文字化形态。那仁朝格图进而对13至19世纪蒙古法制各个历史时期的内容、特点等做了总结和评价。[1]

国外对清代蒙古族法制史的研究主要集中在日本学者和蒙古国学者,对清代蒙古地区国家法的研究主要集中在苏俄、蒙古国和日本学者,尤其是日本学者。

如日本学者岛田正郎在《明末清初的蒙古法研究》[2]一书中,主要研究方式是针对《阿勒坦汗法典》,逐条考察并将其以汇集的方式得出研究结论。首先,岛田正郎认为,《阿勒坦汗法典》不仅与13世纪

---

[1] 那仁朝格图:《13—19世纪蒙古法制沿革史研究》,辽宁民族出版社2015年版。
[2] 岛田正郎:《明末清初モンゴル法の研究》,东京创文社1986年版。

的成吉思汗的《大札撒》不同，同时也与17世纪以后的蒙古诸法典有异，这就是《阿勒坦汗法典》的最大特点；其次，《阿勒坦汗法典》以单纯的形式具有蒙古习惯法予以规定化的法典本文作用，亦即在汗的权威下能在维护秩序方面生效的事实，从某种意义上看，它是一种遵守俗法的规定；最后，岛田正郎正面对清朝蒙古例前史的分野进行挑战。

岛田正郎的《清朝蒙古例的研究》一书，主要研究如下三个大的问题：

第一，有关蒙古例之特性问题。其认为，考虑到清朝颁布蒙古例的意图，清朝立法之时当然是以蒙古固有法为法源和立法之根据的。因此，蒙古人虽成为清朝之藩属，但日常生活之法规范仍以蒙古人本身固有的习惯为依据，和过去的生活方式并无两样。

第二，论及蒙古例实效性问题。其认为，蒙古例是在清朝统治下的三百年间征服者加诸蒙古人身上的法，而后蒙古人才意识到蒙古例乃是自己的法并非异族之法，此一点间接地证明了蒙古例的实效性。

第三，岛田正郎断言，蒙古例是专以世俗为对象之立法，系以平民为主，王公以下犯私罪的官员也包含在内。王公以下犯公罪的官员则以吏部处分则例为准据法。当时其他一部分成员是属于喇嘛籍，以此类人为对象的法则有别于蒙古例，而另外制定有《喇嘛例》。

岛田正郎在《清朝蒙古例的实效性的研究》一书中则对《蒙古律例》的实效性问题进行了专题研究。他主要借助在台北"中央研究院"的三法司档案，对上报至中央政府的刑事裁判案例，主要是蒙古人命盗重案，进行了深入研究，根据这些个案之判决确认其断案之准据法。但上述著述囿于其司法档案的匮乏性，研究层面限于中央层次。

萩原守在《清代蒙古的刑事审判事例》一文中，总结了日本国内外对蒙古刑事审判研究中存在的问题。他认为学术界就刑事审判中清朝"蒙古例"的实效性及盟、旗的审判职能等问题研究不够。① 在此基础上，萩原守把各国出版的主要的判例史料收集在一起，对上述问题进行了初步探讨。

三、研究方法与材料来源

（一）研究方法

本书对乾隆朝归化城土默特刑案的研究方法如下：首先分析归化城土默特刑案与经济转型的内在联系。其次，以该地区同知、通判等司法主体为研究视角，分析案件审理过程中司法官吏所体现的司法思维，探究民族融合过程中族群冲突的法律解决之道。最后，深入到清王朝蒙古地区基层的具体司法实践当中，尽可能接近刑案审理的原貌。本书将实证分析归化城土默特地区基层刑事司法作为贯穿主线，以探讨清代边疆刑事法律治理智慧为最终落脚点。

法律实证研究是法律社会史研究的主要方法，研究司法档案是法律史实证研究当中的一个重要途径。本书试图充分利用各种刑事档案，以此描述和解释清代土默特地区刑事司法实际运行状况，描绘出中国边疆地区社会中的"活"的基层刑事司法，以便分析文本中的法律与实践中的法律差异，并希望以此观察清代边疆司法所具有的某些特征。

瞿同祖先生认为，"我们不能像分析学派那样将法律看成一种孤立的存在，而忽略其与社会的关系"②。本书将通过从现象到本质的研究路径，最终以美国学者吉尔兹所主张的"深度描写"方法，讲述发生在乾隆朝归化城土默特地区的多维司法场景。所谓"深描"，被认为"是一种类似'显微镜'的层次还原分析手段，其特点在于通过对特

---

① 萩原守：《清代蒙古的刑事审判事例》，哈剌古纳译，《蒙古学资料与情报》1991 年第 3 期。
② 瞿同祖：《中国法律与中国社会》，中华书局 2003 年版，第 1 页。

定文化符号的条分缕析，展示其'所指'及'所能指'，揭示其多层次的内涵与意蕴"①。通过分析复杂多变的司法档案去接近案件的事实，对清乾隆朝归化城土默特刑案进行多层面的实证考察，通过对清代乾隆朝归化城土默特刑事治理进行多维度的考察，分析清代蒙古地区的法律文化基因，从法律层面剖析清代乾隆朝土默特地区草根民众的日常法律生活。

同时，本书充分利用案牍以及其他地方史料等文献资料，挖掘并解读未曾利用过的满、蒙、汉文档案，以获取更深层的理性认识，并对清代内蒙古蒙汉杂居地区国家法的适用及社会治理已有理论进行概括归纳，使相关问题的研究建立在准确、翔实、客观的史实上。

（二）材料来源

本书研究的基础材料为内蒙古呼和浩特市土默特左旗档案馆馆藏清代乾隆朝刑事档案。土默特左旗档案馆馆藏档案分为清代档案与民国档案两部分，共66147件（册）。其中，清代档案包括清代归化城都统衙门、副都统衙门以及土默特两翼旗务衙门形成的档案，时间起自清康熙二十四年（1685），迄于清宣统三年（1911），分满、蒙、汉三种文字，共18206件（册）。民国档案起自1912年，迄于1949年，经过系统地划分，分为土默特旗公署（政府）形成档案、沦陷期间伪土默特旗公署残留档案以及1945年至1949年归绥县、萨拉齐县政府形成的档案。原土默特旗档案共29024件（册），原归绥县、萨拉齐县档案共18912件（册）。

土默特左旗档案馆馆藏清代档案共分行政、军事、人事、政法、土地、财经、生产、涉外、气象、旅商、文教、宗教、房地契等约15类，每类下又分若干项，内容庞杂，涉及范围广，不但涵盖土默特都

---

① 吴佩林：《清代县域民事纠纷与法律秩序考察》，中华书局2013年版，第5页。

统旗的政治、经济、文化、司法、文教、宗教、民族、交通、礼仪、风俗、人口、移民等诸领域，还有大量清朝颁发的敕谕以及军机处、各部院、定边左副将军衙门、绥远将军衙门、山西巡抚衙门及乌拉特、喀尔喀、鄂尔多斯、四子王、茂明安各札萨克旗、察哈尔总管旗之间的往来文书，对研究清土默特都统旗的社会秩序以及清朝对蒙古的管理具有重要价值。上述档案大致包括以下内容：

（1）归化城土默特旗与周边盟旗之间的往来文书。其中包括土默特与乌拉特边界问题，会办界址台吉执照，土默特与四子王旗、茂明安、锡盟盟长、乌拉特、鄂尔多斯贝子、喀尔喀左翼约期会审盗窃案，土默特与四子王旗、茂明安、锡盟盟长、乌拉特、鄂尔多斯贝子、喀尔喀左右翼、乌兰察布盟盟长、达尔汉贝勒、察哈尔都统、苏尼特之间的公文或缉盗事由公文等。

（2）有关逃人、盗贼事宜档案。如丢失马匹、牛、羊、驴或审理偷盗蒙古牲畜案，捉拿犯人、捕获盗贼、流贼、逃人事，逃犯家眷事，被抢劫事，处理无主驼马事等。

（3）土地开垦、移民、蒙古民人交涉案件。如开垦土地、私开地亩事，庄稼被毁、外旗人在本旗、蒙古地租约事，人口买卖、汉人伐木、民蒙纠纷、民伤蒙案件、确定草场地亩事，房租等。

（4）有关喇嘛寺院档案。如：喇嘛还俗、各寺院喇嘛名册、喇嘛钱粮、喇嘛戒律事，轮换喇嘛、喇嘛印务处借粮事，修寺经费、喇嘛请甘珠尔经给路照、察罕迪彦齐庙、布施银、寺庙收支、寺院无藏匿逃民事，喇嘛种地事，喇嘛随从皇上围猎、佛教徒保证书、喇嘛骗银出逃等。两旗内之延寿、弘庆、崇寿、隆寿、崇福、无量等寺院的"香火地亩册"、"喇嘛人等地亩册"等，为研究该地藏传佛教之第一手资料。

（5）兵丁、当差、军需、边防、驿站等事宜。如应差借银事，顶替差役、被骗当差、差人逃跑、佐领披甲册、兵丁枪械马匹事，军需牛羊事、军机处文、定边将军送家眷事，理藩院派兵护送钦差、四子王旗、伊盟各旗备峰驼事，职员请假事，驿站领饷、台站经费事，备驿、备台、轮值所用米粮事。

（6）诉讼、案件、民事纠纷等。如豁免罪行、家奴逃走事，民人自杀、蒙人自杀、吊死等命案，强夺人妻、与盗案牵连人、民人家庭纠纷、蒙人家产土地事，犯人赏为奴、买家奴、收养孩子、婚嫁事，养子事。

这些清代档案中很大一部分属于乾隆朝刑事司法档案，这些刑档具有原始性、民族性和区域性特征，体现了清代边疆蒙古地区基层刑事司法的实践状态。相较于其他民族地区司法档案，清代归化城土默特司法档案的系统性、丰富性是空前的，记录了清代归化城土默特法律制度和司法实践，是研究清代蒙古地区司法制度及运行极具代表性和独特性的资料。另外，中国第一历史档案馆所编纂的《清朝前期理藩院满蒙文题本》中也有不少涉及归化城土默特刑事司法档案，这些刑档使得对蒙古地区基层刑事司法运作进行系统研究具备可行性。

本书主要以土默特左旗档案馆馆藏清代乾隆朝刑事档案为核心材料，并结合清代律例及地方史志资料，对清代土默特地区刑案进行实证研究，以期对清代蒙古地区基层刑事司法之研究有所裨益。本书同时参考《刑案汇览》《驳案汇编》所载的清代刑案，对土默特乾隆朝刑事档案进行印证和补充。

四、关于本书的结构

本书主要针对清代乾隆朝归化城土默特刑事法律体系、刑案的类型及刑案审理三部分内容展开论述。如何对错综复杂的犯罪进行分类及次序排列并加以阐述，是涉及本书研究模式的一个核心问题。本书最终对刑案的研究主要是以"贼盗刑案""斗殴命案""婚姻刑案""诬控刑案"为基础进行分类排列阐述。之所以如此，主要基于如下考虑：

首先，这是在尊重《大清律例》罪名分类体系的历史基础上加以划分。《大清律例》的罪名体系，是以在隋唐时期"十恶"为核心的罪名体系基础上改建而成。该体系按照六部名称统辖，将所有罪名划分为职制、公式、户役、田宅、婚姻、仓库、课程、钱债、市廛、祭祀、仪制、宫卫、军政、关津、厩牧、邮驿、贼盗、人命、斗殴、骂詈、诉讼、受赃、诈伪、犯奸、杂犯、捕亡、断狱、营造、河防等29种。与中国传统的犯罪分类体系不同，我国现行的犯罪分类，是"按照对个人法益的犯罪、对社会法益的犯罪与对国家法益的犯罪安排罪刑各论体系，体现了一种合理的价值取向"[①]。但考虑本书题材属法律史方面的专门研究，撰写的前提是尊重法律传统，因而首先应当考虑《大清律例》关于犯罪类型的划分基础种类，而非简单地按照现在的犯罪分类及排列次序体系对清代刑案进行分类。

其次，有必要结合本书研究需要对《大清律例》所列犯罪种类进行合理的再分类。《大清律例》这种按照六部名称统辖罪名体系作为罪名划分标准，存在先天的标准不统一的缺陷，且存在实体法与程序法不分的问题。在上述29种罪名中，较为常见的是"婚姻、贼盗、人命、斗殴、犯奸、骂詈、诉讼、杂犯"等8种。在《大清律例》中，"刑律的第一章通常被称为'贼盗'，它包括三条关于谋反和忤逆的条文，其余23条均涉及不当获取。多数条文的题目都使用了'盗'一词，如'盗制书'，'强盗'，'盗马牛畜罪'等"[②]。故本文依然依据习惯将"贼盗"作为本书研究的重要内容加以阐述。此部分内容主要与财物违法获取有关，包括由此引发的命案；而"斗殴"往往是"命案"发生的行为与原因，故本书将"人命、斗殴"归纳为"斗殴命案刑案"类

[①] 张明楷：《刑法学》（第五版），法律出版社2016年版，第658页。
[②] 钟威廉：《〈大清律例〉中的贼盗篇研究》，杨敏、陈长宁译，载里赞主编：《法律史评论》，法律出版社2014年版，第15页。

型加以阐述；考虑到"婚姻、犯奸"的内在联系性，故本书将其归纳为"婚姻刑案"类型加以阐述；至于"诉讼"中的诬告行为，本书则作为"诬控刑案"一大类型阐述。而在中国传统刑事司法实践中，"骂詈、杂犯"一般处理为不道德的行为，其犯罪的认定与裁量往往与法官自由裁量权有关，故本书不将其专门作为一种犯罪类型加以研究，而将其纳入"刑案审理中的法官裁量权"一节中加以阐述。

再次，本书主要研究方向集中于清代乾隆朝土默特地区基层刑事司法实践，且现存土默特档案主要集中于基层司法层面，而现存刑档中较少涉及"职制、公式、户役、仓库、课程、市廛、祭祀、仪制、宫卫、军政、关津、厩牧、邮驿、受赃、营造、河防"等类型犯罪。从"乾隆朝归化城土默特刑事档案中的刑案基本情况一览表"（附录）可以看出，在所整理汇编的刑案档案中，贼盗、命案占据绝大多数，另有犯奸、诬控类。鉴于此，本书不对上述刑档中涉及较少的罪名展开阐述与研究。

要之，关于犯罪分类及排列次序体系问题，是一个复杂的理论划分问题，即使在现代刑法理论上，对于该问题在实践划分环节仍存在诸多困惑。[①] 本书的刑案研究分类，是在尊重古代法律传统但不囿于传统的基础上，结合本书的研究方向和刑档资料合理划分，并由此展开分析。

最后，关于本书第二、三、四、五章内结构模式的问题，鉴于清代乾隆朝刑案的错综复杂性，如对各类型刑案采取机械单一的研究模式，反而不利于深入探讨各种类型的刑案，因此，本书在研究上述各章各类

---

① 德国、日本等大陆法系国家刑法理论，一般以犯罪侵犯的法益为标准，采取二分法或三分法。二分法将犯罪分为对公法益的犯罪与对私法益的犯罪；三分法将犯罪分为对国家法益的犯罪、对社会法益的犯罪与对个人法益的犯罪。张明楷教授认为，在现行立法体系下，难以实现真正的二分法与三分法。具体内容参见张明楷：《刑法学》（第五版），法律出版社2016年版，第658—659页。

型刑案时，将结合各类型刑案的不同特征及内容，分别展开分析。如在研究盗窃案时，侧重于研究盗窃牲畜案的司法治理政策和证据规则，而在研究斗殴命案时，则会结合具体案例展开探讨。笔者试图通过这种研究模式来分析清代复杂的刑案，而非囿于简单僵硬的写作结构模式。

第一章 归化城土默特刑事法体系

在对清代乾隆朝归化城土默特刑案展开讨论之前,笔者先对清代土默特地区刑事体系进行简要概述。在清代归化城土默特,刑事法渊源既有蒙古法传统,也有清中央政府制定的针对蒙古地区的专门法——"蒙古例"。维护国家法秩序是清政府在蒙古地区立法的最高目的,因此,在对蒙古地区进行刑事立法时,法秩序的维护是立法指导理念。本章主要从归化城土默特蒙古法传统、刑事法律体系的形成等方面,对土默特地区刑事法体系作整体性的研究。

一、清代以前归化城土默特蒙古法传统

(一)归化城土默特蒙古法传统

"土默特"(Tümed)一名为蒙古语,是"万"或"万户"的复数形式。作为专有名称,它出现于北元时期(明代),用以指称土默特部落集团、万户。到了清代,它被用来指称归化城土默特旗及喜峰口外土默特旗。历史上的土默特,既是蒙古族的一个部族名称,又是一个地区名称。阿勒坦汗在明朝嘉靖年间崛起,他的部落初期游牧于今内蒙古呼和浩特一带,后逐渐强盛,驱逐原草原霸主察哈尔部于辽东,成为右翼蒙古首领。阿勒坦汗控制范围东起宣化、大同以北,西至河套,北抵戈壁沙漠,南临长城。阿勒坦汗时期,除了传统的畜牧业,

土默特地区的农业、手工业也取得了较为明显的发展。在土默特地区早期适用的法律，系明隆庆五年（1571）阿勒坦汗制定的十三条法律规定，该规定甚为简陋，主要是阿勒坦汗与明朝隆庆帝议和后，在蒙汉关系、斗殴、偷窃、边防、杀人、市法、互市贸易等方面的条款。如其人命案规定：

> 夷人杀死人命者，一人罚头畜九九八十一，外骆驼一只；中国汉人打死夷人者，照依中国法度偿；夷人打了无干汉人，罚马一匹。①

其盗窃类规定：

> 夷人不从暗门进入，若偷扒边墙拿住，每一人罚牛羊马一九。夷人夺了汉人衣服等件，罚头畜五匹头只。夺了镰刀、斧子一件，罚羊一只，四五件者罚牛一只。②

鉴于上述法律条款的简陋性、临时性，无法应对当时动荡不安的蒙古社会及错综复杂的内部斗争。在此历史背景之下，阿勒坦汗为更加有效地治理蒙人，于1578至1582年间依照《十善福经白史》所描绘的统治模式，制定了一系列适应当时经济和社会生活条件的宗教禁忌和法律，即《阿勒坦汗法典》。《阿勒坦汗法典》是土默特地区综合性的地方性法律，该法典共有十三章，"从蒙古法制发展的历程来看，《阿勒坦汗法典》篇幅不大，它是一部以民事法规为主兼宗教法规、刑事规范的地方法规。该法律对16世纪后半叶至17世纪的蒙古立法

---

① 王士琦：《三云筹俎考》卷二，台湾商务印书馆1966年版，第35页。
② 王士琦：《三云筹俎考》卷二，台湾商务印书馆1966年版，第36页。

活动有着重要的影响,为这一时期的蒙古法典编纂提供了一个'政教兼顾'的立法模式"①。该法典在刑事方面的规定主要包括人命案、伤害案、盗窃、逃亡、治奸等方面,同时具体规定了具有浓厚蒙古族色彩的刑罚,如规定对于盗窃包括马、牛在内的财物的被告人,施以罚没牲畜的惩罚,明显继承了蒙古族习惯法传统,如《阿勒坦汗法典》规定:

> 盗取[马]鬃,罚九畜。盗取[马]尾,罚牲畜三九。盗取牛尾,罚五畜。盗取骆驼秋毛,罚马、牛合二。盗取骆驼绊脚索,罚马二匹。盗取[骆驼]鼻绳,罚马一匹。②

"以罚畜抵罪是游牧社会司法制度的一大特点。这比杀人偿命制度更有进步意义。该制度的实施有利于保护蒙古社会生产劳动力,被害者也得到较合理的赔偿。蒙古族后世的几部法典,基本遵循该原则。"③ "罚牲刑"是最具蒙古族法传统的刑罚,与当时蒙古地区地理环境、经济生产方式相适应。"中国古代的法律实践活动是在自然的环境中进行的,它的许多成果在一定程度上揭示了人类法律实践的规律性。越是民族的越是世界的。"④ 在当时,牲畜是牧民最主要的生产资料,"罚牲"的规定是建立在草原牧业基础上的一种刑罚方式,体现了草原法的特质。自成吉思汗以来,有许多蒙古王公制定了种类繁多的应时的成文法。日本学者仁井田陞教授总结了蒙古法的发展特征:"在蒙古法方面,复仇主义差不多逐渐地全面地从法典上消灭了,虽然像

---

① 那仁朝格图:《13—19世纪蒙古法制沿革史研究》,辽宁民族出版社2015年版,第11页。
② 潘世宪译:《阿勒坦汗法典》,载内蒙古大学蒙古史研究所编印:《蒙古民族地方法制史概要》1983年版。
③ 那仁朝格图:《13—19世纪蒙古法制沿革史研究》,辽宁民族出版社2015年版,第162页。
④ 武树臣:《法律传统与法治智慧》,《河北法学》2014年第5期。

奸淫那样，消灭的速度稍慢些。如杀人、伤害、奸淫及盗等，都改为罚畜了。"①

（二）后金时期归化城土默特刑法体系

在后金时期，适用于蒙古地区的刑事法律体系开始初步形成。当时的满洲统治者为了夺取中原，需要与漠南蒙古诸部落发展联盟关系，而漠南诸部落为自身利益也曾向努尔哈赤表示："明国乃敌国也，征之，必同心合谋"②。但随着满族统治者的力量日益壮大，这种带有平等色彩的联盟关系日益弱化，漠南蒙古的独立性日益丧失，满族统治者逐渐要求漠南蒙古诸部落遵守其制定的法律。如天命七年（1622）二月，努尔哈赤赐宴蒙古各部贝勒，谕曰："今既归我，俱有来降之功，有才德者固优待之，无才能者亦抚育之，切毋萌不善之念，若旧恶不悛，即以国法治之。"③ 在满族统治者看来，归顺的蒙古诸部落必须遵守后金政权所指定的"国法"，即满族统治者享有对归顺的诸蒙古部落制定法律禁令的权力。正是在这种历史背景下，清初蒙古地区的刑法得到初步发展。《清史稿·刑法志》载："清太祖嗣服之初，始定国政，禁悖乱，戢盗贼，法制以立。太宗继武，于天聪七年（1633），遣国舅阿什达尔汉等往外藩蒙古诸国宣布钦定法令，时所谓《盛京定例》是也。"④ 关于《盛京定例》所规定的具体刑法条文内容，《清太宗实录》有明确记载：

尔蒙古诸部落，向因法制未备，陋习不除，今与诸贝勒约：

---

① 田山茂：《近代蒙古裁判制度》，载内蒙古大学蒙古史研究所编：《蒙古史研究参考资料》1982年9月新编第24辑，第57页。
② 《满洲实录》卷六，《清实录》第一册，中华书局影印本1985年版，第285页。
③ 《满洲实录》卷七，《清实录》第一册，中华书局影印本1985年版，第348页。
④ 赵尔巽等撰：《清史稿》卷一百四十二，中华书局1977年版，第4182页。

凡贝勒夺有夫之妇配他人者，罚马五十匹、驼五只，其纳妇之人，罚七九之数，给与原夫。奸有夫之妇，拐投别贝勒下者，男妇俱论死，取其妻子牲畜，尽给原夫。如贝勒不执送者，罚马五十匹、驼五只。至盔甲、绵甲与马鬃尾无牌印及盔缨、纛缨、纛幅不遵我国制度者，俱罪之。①

总体上，《盛京定例》内容粗糙简陋，主要以蒙古部落为对象，制定的主要目的为惩治盗贼和压制叛乱，带有战时立法色彩。

天聪八年（1634）六月，皇太极颁军律曰：

师行动众，约束宜严，不可不明示法律，以肃众志。大军按队安驱，勿使喧哗，勿离旗纛。若驮载有一二欹斜，全旗暂止，以俟整顿，然后前行。大军入境如一二人私出劫掠，为敌人所杀者，妻子入官，该管将领坐罪。经过之处，勿毁庙宇，勿杀行人。敌兵抗拒者杀之，归顺者养之。所俘之人，勿夺其衣服，勿离其夫妇。即不堪驱使之人，亦不许夺其衣服。勿加侵害，勿淫妇女，其俘获之人勿令看守马匹。至往取粮草时，若一二人擅往被杀，照离众私掠者治罪。勿餐熟食，勿饮酒。曩我兵往征时，敌人见军士随处沽买食物，今多置毒于中，不可不慎也。若有违令者，正法。②

由此可见，相对于蒙古族传统刑法体系，以《盛京定例》为代表的适用于蒙古地区的刑法体系非常粗糙，编纂技术水平差，调整范围非常狭窄，不能将之等同于原有的传统蒙古族法律体系。究其原因，

---

① 《太宗实录》卷一七，《清实录》第二册，中华书局影印本1985年版，第221页。
② 《太宗实录》卷一九，《清实录》第二册，中华书局影印本1985年版，第246页。

系主导这一时期蒙古刑事立法主体是满洲统治者,其最初让蒙古人与汉人隔离,利用蒙古人作为屏藩以与汉人对抗。因此,对蒙古地区的刑事立法体现了满洲统治者的支配意志。但这种满洲统治者主导下的蒙古地区的刑事立法,不可避免地带有急功近利的临时立法和战时军事立法色彩。同时,"这一阶段是清朝在关外时期蒙古立法十分重要的时期,它在贯彻满洲苛严法度精神的同时,也充分照顾到蒙古的传统与习俗,虽并不完善,但这项成功的经验,对入关以后清朝对其他民族地区的法制建设有着深远的影响"[①]。

二、《蒙古律例》的制定

(一)理藩院与《蒙古律例》的制定

清入关以后,清统治者对中原地区采取"参汉酌金"的立法指导思想,基本抛弃了满洲地区原有的立法体系,儒家化法律思想取得正统指导地位。"清朝尚在辽东山地称之为后金国的时代,清朝是有根据本来满洲之惯习的固有法,照理应要求或强迫归顺的蒙古人也遵守其满洲固有法才对,但事实却与之相反,后清朝却在越过山海关进入中原,奠都北京,入主中国,在其完整地建立了中国王朝体制后,却舍弃其本身固有法而改行中国法,尤其值得重视的是清朝对蒙古人公布实施了一种称之为蒙古例的特别法。"[②]清朝统治者并没有对蒙古地区法律一统化,而采取了特殊的边疆刑事司法治理策略,没有废除清太宗天聪末年以蒙古族为对象所创的特别法,主要原因在于,"基于清朝意图而颁行之蒙古例,清朝立法之时当然是以蒙古固有法为法源和立法之根据,因之,蒙古人虽成为清朝之藩属,但日常生活中之法规范仍

[①] 那仁朝格图:《13—19世纪蒙古法制沿革史研究》,辽宁民族出版社2015年版,第265—266页。

[②] 岛田正郎:《明末清初モンゴル法の研究》,东京创文社1986年版,第10页。

照蒙古人本身固有习惯为依据,和过去的生活方式并无两样"[①]。这也使得清初蒙古地区刑事立法也具有一定的蒙古族传统刑法元素。在此基础上,清朝统治者制定了《蒙古律例》。

理藩院作为清政府管理少数民族事务的最高专门机构,是与六部平行的机关,是清代治理边陲少数民族事务的枢纽。努尔哈赤去世前,漠南蒙古科尔沁、扎莱特、特尔波特、郭尔罗斯四部已经归顺,但是由于当时还存在察哈尔林丹汗的力量,努尔哈赤设置专管蒙古行政机构的条件还不成熟。从以科尔沁为首的蒙古诸部落归顺后金至天聪五年(1631),后金一直未设立管理其他民族的统治机构。天聪五年六月,皇太极设立吏、户、礼、兵、刑、工六部,各部中均设蒙古承政一员,负责处理有关蒙古的事务。至崇德元年(1636),漠南蒙古归顺后金,蒙古承政管理的事务也越来越多。此时,各部的蒙古承政已经远不能满足管理蒙古事务的需要,于是,皇太极于崇德元年设蒙古衙门。至此,理藩院的前身蒙古衙门正式创立。崇德三年(1638),蒙古衙门更名为理藩院。

清朝历代统治者都十分重视运用法律手段调整中央政府与蒙古地区的关系,以稳定蒙古的法秩序。理藩院因时制宜地制定了蒙古地区的基本刑事法律。在理藩院成立之前,清政府没有设立专门的蒙古地区刑事立法机构。皇太极所设的蒙古衙门,其职责是"查户口、编牛录、会外藩、审罪犯、颁法律、禁奸盗"[②],还不具备立法职能。崇德三年改蒙古衙门为理藩院,此时满族势力正处于上升时期,理藩院的成立主要是为了管理漠南蒙古各部事务,这一时期的理藩院也还没有明确的刑事立法职能。

至顺治十八年(1661),清统治者认为,理藩院专管外藩事务,

---

① 岛田正郎:《明末清初モンゴル法の研究》,东京创文社 1986 年版,第 10 页。
② 《太宗实录》卷三一,《清实录》第二册,中华书局影印本 1985 年版,第 399 页。

责任重大，故明确了理藩院的等级地位和机构设置，规定理藩院等级与六部相同，理藩院尚书照六部尚书入议政之列。理藩院下设录勋、宾客、柔远、理刑四司，各司又设郎中共十一员，员外郎共二十一员。① 理刑司是理藩院处理边疆地区刑事立法、司法事务的专门内设机构，其主要职责是制定蒙古及回疆地区律条，审理内札萨克六盟、外札萨克各部落、盛京、今察哈尔、归化城等处重大刑事案件；上述职能大大提高了理藩院的法律地位。这一时期理藩院初具刑事立法职能，皇帝通过谕示指令理藩院对特定法律条文做出修改。如顺治十五年（1658）九月，清世祖在浏览理藩院奏章中，发现现行法律对于死罪重犯处罚方式毫无分别，只有处决一种。他认为人命所关至重，大辟条例多端，若只有一种死刑方式，则轻重不辨。于是"着议政王、贝勒、大臣会议，定例具奏"。同月，议政王、贝勒、大臣遵照清世祖谕旨重新修订了理藩院大辟条例，具体内容如下：

  凡发外藩蒙古贝子等塚者、截杀来降人众为首者、劫夺死罪人犯为首者、公行抢夺人财物者、与逃人通谋给马遣行者、挟仇行害放火烧死人畜者、临阵败走者、故杀人者，以上八项死罪犯人，俱处斩。夫私杀其妻者、盗人口及驼马牛羊者、误伤人命择本旗人令发誓，如不发誓应坐故杀偿命者，此三项死罪犯人，俱处绞。又斗殴伤重，五十日内死者，行殴之人处绞。议上，得旨，著永著为例。②

  从上述史料可得出结论：顺治朝时，理藩院已开始行使初步的刑事立法职能，但这一时期理藩院的刑事立法程序较为模糊。

---

① 赵尔巽等撰：《清史稿·职官志》，浙江古籍出版社1998年版，第725页。
② 《世祖实录》卷一二〇，《清实录》第三册，中华书局影印本1985年版，第932页。

首先,这一时期理藩院主要行使司法审判及边疆少数民族事务行政管理的职能,行使司法审判职能是通过参与"会盟"的方式。会盟之事始于清太宗,清政府规定,一旗或数旗合为一盟,在指定地点会盟。每盟设盟长一名,办理会盟事务。"至顺治中期,蒙古地区三年一盟,理藩院选派大臣前往参加已成定例。"而理藩院参与会盟的主要事项是"外藩蒙古每三年为议罪、比丁而会盟"。①

其次,这一时期理藩院的刑事立法启动程序是被动的,主要按照皇帝的旨令立法。之所以要修订议定理藩院大辟条例,是因为清世祖阅览理藩院奏章时,认为蒙古刑法中何罪处斩,何罪处绞,毫无分别,故清世祖采取指令立法方式,理藩院被动行使刑事立法职能。

再次,这一时期理藩院的刑事立法程序无明文规定,如在修订议定理藩院大辟条例时,就采取了由议政王、贝勒、大臣遵旨议定方式,而不是由理藩院内设机构专司其事,草拟法律条文,再行奏报。

最后,这一时期的刑事立法内容粗糙,有关蒙古地区的专门刑事立法还不多,军律占有重要地位,普通刑事犯罪条文仅涉及通奸、抢夺人财物、夫私杀其妻者等十一项死罪。至乾隆时期,理藩院主要立法形式如下:

1. 单独制定例

在清代的法律渊源中,律和例是主要的法律形式。所谓例,指先前判决对以后的判决具有法律规范效力,能够作为法院判案的法律依据。关于例的来源,有学者认为主要有如下两个方面:一是皇帝的诏令以及依据臣下所上的奏议等文件而作出的批示(上谕);二是从刑部就具体案件所作出的并经皇帝批准的判决中抽象出来的原则。② 就蒙古地区刑事立法而言,理藩院具有重要的判例立法功能。

---

① 乌云毕力格、宋瞳:《关于清代蒙古会盟制度的雏形——以理藩院满文题本为中心》,《清史研究》2011 年第 4 期,第 36 页。

② 何勤华:《清代法律渊源考》,《中国社会科学》2001 年第 2 期,第 78 页。

2. 同刑部等部门联合立法

在蒙古地区刑事立法过程中，理藩院有时也会同其他机构联合立法，制定蒙古地区刑事法律。与理藩院联合立法的机构主要包括军机处、刑部等机构，联合立法主要采取"奏准定例""议奏定例"等方式。

如乾隆二十八年（1763）十一月，理藩院会同军机大臣和刑部奏请皇帝制定规制官员、平人抢劫杀伤人的刑事法律：

> 官员平人或一二人伙众抢劫什物杀人者，不分首从俱即处斩，枭首示众；抢劫伤人未得财者，不分首从，皆处斩，籍没其妻子产畜给付事主，若伤人而未得财，为首一人拟斩监候，籍没产畜给付事主，其妻子暂存该旗，俟将来秋审减等放出。①

3. 刑事立法编纂

"自乾隆元年，刑部奏准三年修例一次。十一年，内阁等衙门议改五年一修。由是刑部专司其事，不复简派总裁，律例馆亦遂附属于刑曹，与他部往往不相会。"② 也就是说，自乾隆以来，刑部便成为刑事立法解释主体。但理藩院作为清政府负责少数民族立法最主要的机关，也行使对《蒙古律例》的立法解释权。康熙朝时，理藩院首次正式行使刑事立法职能。理藩院在康熙六年（1667）首次进行刑事立法编纂，《清圣祖实录》载："康熙六年……癸卯，理藩院题，崇德八年颁给蒙古律书与顺治十四年定例，增减不一，应行文外藩王且贝勒等，将从前所颁律书撤回，增入见在增减条例颁发，从之。"③

关于《蒙古律书》的性质，有学者认为，"《蒙古律书》及其后来的《蒙古律例》为清朝实施于其所辖蒙古地区的区域性法律文献。据

---

① 王国维校注：《蒙古律例》，台湾广文书局1972年版，第49页。
② 赵尔巽等撰：《清史稿·刑法志》卷一百四十四，中华书局1977年版，第4186页。
③ 《圣祖实录》卷二四，《清实录》第四册，中华书局影印本1985年版，第327页。

载，第一部《蒙古律书》颁布于后金崇德八年（1643），其后历朝予以增修，最后一次则是嘉庆二十年（1815）。该书汉文题名虽有'律书'、'律例'之别，而蒙古文、满文题名却无，因之可将二者视为一部法律文献不同时期的版本。康熙六年（1667）《蒙古律书》封面以蒙文题写《康熙六年增订旧律书》，为康熙六年九月初二日理藩院题准在崇德八年《蒙古律书》的基础上进行的增修本，刊发于八旗外蒙古、众苏鲁克沁（牧场）、外藩蒙古地区"①。

这次编纂共收入蒙古例一百一十三条，其刑事部分内容主要有：治奸、盗窃、挟仇、窝赃、证人、呈控、复控、踪迹、行窃者的年龄限制、立誓、人命案、斗殴致伤、嬉戏过失杀人、纵火等。《蒙古律书》中的刑罚与蒙古传统刑法典相比，显得非常严苛，但刑罚体系还是以牲畜罚为主，如第六十九条规定：

> 若王等隐匿杀死逃人者，则罚十户，若为札萨克诺颜等罚七户，若台吉等隐匿或杀死，则挑取五户。若为旁人首告，则王等罚马十，札萨克诺颜等罚马七，台吉等罚马五，给与首告之人，听其愿往之诺颜处所。如抵赖，令其伯、叔立誓。若平人杀死逃人，将为首之人斩，并罚牲畜三九，余者无论几人，各罚牲畜三九给与指示之诺颜。如无指示诺颜，入札萨克，一半给首告之人。②

第八十二条规定：

> 诺颜徇庇窃贼业已立誓，其本犯贼赃发觉，停令立誓者伯、叔再行立誓，先行立誓之台吉罚牲畜五九、十家长罚牲畜三九。③

---

① 李保文编译：《康熙六年〈蒙古律书〉》，《历史档案》2002年第4期，第3页。
② 李保文编译：《康熙六年〈蒙古律书〉》，《历史档案》2002年第4期，第7页。
③ 李保文编译：《康熙六年〈蒙古律书〉》，《历史档案》2002年第4期，第7页。

同时，凌迟处死、绞、斩等刑罚也进入蒙古地区的刑罚体系，其第七十七条规定：

  平人与哈吞通奸，奸夫凌迟，哈吞处斩，除奸夫兄弟外，其妻子没为奴仆。①

其第八十条规定：

  凡偷窃人口或四项牲畜者，若为一人，处绞；若为二人，将一人处绞；若为三人，将二人处绞；纠众伙窃，择绞二人，余者各鞭一百并各罚牲畜三九。此等窃贼，不分主奴。②

正如有的学者所认为的那样，"从这部《律书》的诸多内容可以看出，清朝对蒙古立法主要以蒙古固有的法律制度和法典体例作为主要法源。很显然，刑罚精神上已经包含了'参汉酌金'、'渐就中国之制的清朝统治者的立法思想'"③。虽然这部《律书》的编纂缺乏条理，例文既没有按颁布的时间顺序排列，也没像乾隆年间十二卷本《蒙古律例》那样分类，很凌乱，但理藩院在系统整理和编纂《蒙古律书》的过程中，对康熙六年（1667）以前颁布的所有与蒙古有关的条例进行了审核编纂，具有明显的刑事立法色彩。后金从大举征服蒙古"十六国四十九贝勒"的后金天聪元年（1627）前后，即对所有已接触到的蒙古部落制定了如下表所列的法令。乾隆六年（1741）的《蒙古律例》是最早的体裁最完备的一部法令。尔后，又经多次修改，至乾隆五十四年（1789）律文已有209条，都是以乾隆六年的《蒙古律例》

---

① 李保文编译：《康熙六年〈蒙古律书〉》，《历史档案》2002年第4期，第7页。
② 李保文编译：《康熙六年〈蒙古律书〉》，《历史档案》2002年第4期，第7页。
③ 那仁朝格图：《13—19世纪蒙古法制沿革史研究》，辽宁民族出版社2015年版，第267—268页。

为蓝本。据《清实录》载，后金政权及清对蒙古地区立法如表 1 所示。

表 1　后金政权及清对蒙古地区刑事立法简况

时间	法令	对象
太宗天聪七年七月	钦定法律	科尔沁
太宗天聪七年十一月	钦定法令	外藩蒙古
太宗天聪八年正月	刑律七条	外藩蒙古贝勒
太宗天聪八年六月	军律	蒙古诸贝勒
太宗崇德元年九月	奸盗法律	察哈尔、喀尔喀、科尔沁等部落
世祖顺治十五年九月	理藩院大辟条例	外藩蒙古
圣祖康熙六年九月	蒙古律书	内外蒙古
圣祖康熙三十一年	律例	喀尔喀诸札萨克
高宗乾隆六年十二月	蒙古律例	内外蒙古
仁宗嘉庆二十年	理藩院则例	内外蒙古、青海、西藏等

注：本表根据田山茂的《近代蒙古的裁判制度》①一文编辑整理。

整体而言，天聪八年（1634）的《军律》《军律七条》，顺治十五年（1658）的《理藩院大辟条例》，顺治十七年（1660）的《刑罚等十七条》等，其内容都很简单，但其基本内容具有连贯性。据《清实录》的记载，乾隆六年（1741）十二月，在参照《喀尔喀法典》及《卫拉特法典》等蒙古族法典基础上，一部系统全面的《蒙古律例》编纂告竣。《清高宗实录》乾隆七年（1742）五月甲申条记载：

　　盛京刑部侍郎兆惠奏：查科尔沁蒙人等，前抵奉天，遇有命盗案件，向由将军审明报部。经乾隆三年奉天将军博第奏准，移咨盛京刑部，即照蒙古条例定拟，缮摺具奏。但臣部所有蒙古条

---

① 田山茂：《近代蒙古裁判制度》，载内蒙古大学蒙古史研究所编：《蒙古史研究参考资料》1982 年 9 月，第 56 页。

例，皆系蒙古字样，并未翻清。臣部虽有蒙古司员，不识蒙古文字，恐是非莫辨，关系匪轻。请令理藩院将蒙古条例翻清，以裨引用。得旨。如所请行。下部知之。①

乾隆朝理藩院对《蒙古律例》也进行过数次修订，立法程序是理藩院先草拟法律，后通过皇帝批准后再行颁发。乾隆时期的《蒙古律例》刑事法律内容包括盗贼、人命、失火、犯奸、杂犯等，内容丰富，体系严密，是清代蒙古地区刑事立法趋于系统化、制度化的标志。乾隆三十一年（1766），新刊《蒙古律例》颁行。

（二）《蒙古律例》的立法理念

清统治者在制定《蒙古律例》时，虽然让蒙古地区的草原司法留有一定的自理空间，但这种空间是非常狭窄的。例如，在蒙古族传统习惯法中随处可见的关于生活习俗、礼仪行为等规定，而清统治者却认为应当属于法管辖之外的事项，"极而言之，清朝改革蒙古法制的根本因素，与其说是在法的内容方面，毋宁说在于法的观念方面"②，关于这一点，在乾隆五十八年（1793）十二月初四日上谕中体现得非常明显：

> 朕恭阅实录康熙年间有山西民人陈四等聚众抢掳一案，钦奉圣祖仁皇帝谕旨，以狱囚甚多，令速行完结仰见，实为靖绥地方之要道。匪徒等什伯成携带器械沿途抢掠，最为闾阎大害，月前毕沅奏拏获纠伙肆劫之杨应子等一案，即与陈四相仿获，犯后自应速正典刑，使奸宄知所儆惕，不至日聚日多，而案件亦得以早完，可免株连良善，乃该督尚复拘泥，请旨业经降旨申饬讫，此

---

① 《高宗实录》卷一六七，《清实录》第十一册，中华书局影印本1985年版，第121页。
② 羽藤秀利：《蒙古法制史概论》，载内蒙古大学蒙古史研究所编：《蒙古史研究参考资料》1982年9月，第53页。

旨发往已逾半月何以尚未见办理具奏，着传谕毕沅务遵前旨迅将各正犯一面正法一面奏闻，勿再延缓。盖此等匪类聚众多人潜相勾结，一经弋获，若不速正刑典，万一别兹事端成何事体，若为穷诘党羽审讯多时，尤恐该犯等自知罪在不赦，信口诬告供，辗转板引波及无辜，以致人心不靖，前已降旨通饬该督抚等务宜体会此意。嗣后遇有多人抢劫之案，总须将正犯速办速结，不可如毕沅之不审事体轻重，拘泥牵引也。①

该上谕规定对于"聚众抢掳"正犯，应当"就地正法"，这体现出清统治者将刑事法作为社会治理的主要工具，清统治者这种法观念对边疆民族地区的刑事司法理念也产生了深远影响。对于《蒙古律例》的性质，日本学者羽藤秀利指出：

虽然清朝对蒙古的法制是由蒙古部落的民族因素提取出来的，毫无疑问是在民族因素基础上产生的；另一方面，虽承认以其民族性基础作为法制的基础，但终究并不存在蒙古民族本身，却存在于其外或其上，那就是维护国家法秩序的最高目的。②

从中原地区刑罚制度对《喀尔喀法典》的影响也可以看出边疆刑事法的内地化趋势。如前所述，在蒙古族传统刑法中，宽容的教化刑是主要的刑罚种类。但在乾隆十一年（1746）六月，在济桑（德儒尔）会议上，刑罚呈现出严厉化的趋势：

---

① 土默特左旗档案馆馆藏档案：《传上谕口外地面辽阔最易藏奸望实力巡查咨文》，档案号80-4-377。
② 羽藤秀利：《蒙古法制史概论》，载内蒙古大学蒙古史研究所编：《蒙古史研究参考资料》1982年9月，第53页。

乾隆十一年五月十二日，在札萨克图汗、车臣汗、岱青扎布亲王部代表、额琳沁多尔亲王、副将军实咱、亲王副将军、贝勒副将军等人参加下的库伦诸部联合代表大会上决议：任何进行抢劫的人，均照至圣（格根）旧法处死，其帐幕、牲畜、妻子、子女全部给牲畜的主人。①

在该决议中，康熙皇帝所颁布的法律被1746年的库伦诸部联合代表大会确认具有法律效力，而该条文充分体现出"王者之政，莫急于盗贼"的刑罚理念，这种刑罚理念也在乾隆年修撰的《蒙古律例》得到贯彻。日本学者岛田正郎指出了蒙古法律刑罚体系的发展变化特征："蒙古例，约在嘉庆、道光之际，从固有的家畜罚，家畜赔偿之刑罚体系一举转化成接近中国法的实刑体系，此乃清朝被迫充实边疆的一种实边政策之转变的结果，由于大量汉人之移入蒙境边地，不得不在蒙汉两族之间的刑罚上采取均衡的政策。"②此后嘉庆朝、光绪年间又大规模纂修，最终形成了《理藩院则例》。《理藩院则例》在蒙古地区的适用一直延续到民国时期，到了南京国民政府时期，南京政府虽然认为"西北各边省，处理蒙人诉讼，现尚酌用前清理藩院则例及番例条款，其中条文，既与本党党纲不无抵触，按之世界潮流，尤多背驰，自非迅谋救济，将有失民族平等之原旨"，但考虑到"惟若径与内地人民，等量齐观，一律令其适用国民政府新颁布之民刑各种法律，又恐与蒙地风俗习惯龃龉"③，因此，南京国民政府令司法行政部门会同蒙藏委员会，现行调查实况、搜集资料，以供立法时参考，但这一过程一直没

---

① 余大钧译：《喀尔喀法典》，载内蒙古大学蒙古史研究所编：《蒙古史研究参考资料》1982年9月，第13页。
② 岛田正郎：《清朝蒙古例の研究》，东京创文社1982年版，第3页。
③ 熊耀文编：《总理对于蒙藏之遗训及中央对于蒙藏之法令》，蒙藏委员会1934年版，第87页。

有取得成效。

三、《蒙古律例》的实效性

在清代蒙古地区的法律渊源中，最为重要和基本的法律是《蒙古律例》和《大清律例》。《蒙古律例》作为适用于蒙古地区的特别法，其实效性问题，历来为学界所关注。[①]首先，需要探讨的是《蒙古律例》的性质问题，关于这一问题，学界争论较大。需要厘清《理藩院则例》与《蒙古律例》的关系。一种意见认为，《理藩院则例》吸收了《蒙古律例》的内容。张晋藩在《清律研究》中认为，嘉庆朝的《理藩院则例》既以乾隆五十四年（1789）的《蒙古律例》为基础，又是它的发展。[②]另一种意见认为，《理藩院则例》不是《蒙古律例》的续篇。赵云田在《〈蒙古律例〉和〈理藩院则例〉》一文中认为，《蒙古律例》和《理藩院则例》是两部内涵不尽相同的书，尽管《理藩院则例》修纂时吸取了《蒙古律例》的某些成分，也不能把前者看成是后者的续篇。[③]笔者认同张晋藩等学者所持观点。乾隆朝以后，随着蒙古地区经济与人口结构的变化，原有的《蒙古律例》的条文已无法满足清统治者的边疆治理需求，故新修订了《理藩院则例》，但《蒙古律例》的一部分条文并没有被摒弃，而被融入了《理藩院则例》之中。其次，《理藩院则例》在刑事司法实践中是否具有实效性，关于这个问题，蒙古族学者达力扎布在《略论〈理藩院则例〉刑例的实效性》一文中认为，产生这一误区的原因在于，在蒙汉文互译时容易将蒙古法的总称"蒙古律"与蒙古法律文本《蒙古律例》这两个含义混淆，从而误以为嘉

[①] 对《蒙古律例》的实效性问题进行较为深入系统研究的主要集中在日本学界，如岛田正郎、萩原守等均对此问题展开研究。蒙古族学者达力扎布也结合司法档案对该问题进行了深入探讨。

[②] 张晋藩：《清律研究》，法律出版社1992年版，第153页。

[③] 赵云田：《〈蒙古律例〉和〈理藩院则例〉》，《清史研究》1995年第3期，第45页。

庆以后的案例中仍援引《蒙古律例》文本的条文，而不是《理藩院则例》所收的蒙古例条。① 当然，本书主要探讨乾隆朝《蒙古律例》的实效性，上述困惑在这一时期并不需要讨论。由表 2 可知，《蒙古律例》是清代边疆刑事治理过程中最核心的工具，在表中所列的 21 个刑案中，《蒙古律例》得到明确适用的有 12 件，主要集中在盗窃案及部分斗殴伤害案。通过对土默特左旗档案馆馆藏刑事档案的分析，我们可以得出结论：《蒙古律例》是清政府维系边疆秩序的重要工具，《蒙古律例》作为清政府治理蒙古地区的特别国家法，在蒙古地区有着广泛的实效性。《蒙古律例》在蒙古基层司法实践中得到司法官吏普遍遵守，具有广泛实效性。《大清律例》在归化城土默特也得到了一定范围的适用，但《大清律例》的适用之处是《蒙古律例》对其没有明文规定。但随着清政府对归化城土默特控制力的加强，《大清律例》在归化城土默特地区的适用得到强化。

表 2　清代归化城土默特乾隆朝刑案法律适用情况简表

序号	案发时间	案件名称	案件类型	承办官员	适用法律	基本案情及裁决理由	档案号
1	乾隆二十六年三月初二	蒙人达赖被人殴伤致死	斗殴命案	托克托城通判	蒙古律例	蒙人达赖，于二月二十日至黑水泉村饭铺内饮酒，不知因何事故，被铺内的民人将达赖头上殴伤，不意达赖于三月初一日，因伤身死。事关民人殴毙蒙古命案，例应会验查印官公出，申请代验。	80-4-46
2	乾隆三十二年十月二十三日	纠众人命案	斗殴命案	刑部会同九卿、理藩院、詹事科道等官会审	大清律例	空库尔欠高清远银七两日久未还，发生纠纷，空库尔亦知道淖尔蒙等被高清远欺压，与淖尔蒙、色楞拉勒共同将高清远殴伤致死。天安门外，刑部会同九卿、理藩院、詹事科道等官会审。	80-4-71

---

① 达力扎布：《略论〈理藩院则例〉刑例的实效性》，《元史及边疆研究集刊》（第二十六辑）2014 年第 1 期，第 103—104 页。

续表

序号	案发时间	案件名称	案件类型	承办官员	适用法律	基本案情及裁决理由	档案号
3	乾隆三十五年十一月内	民人武信盗马案	盗马案	刑部会同吏部、理藩院、都察院、大理寺会审	蒙古律例	武信籍隶太原县，向在归化城贩卖生理，与蒙古索楞素等人，起意偷窃，偷窃马六十二匹。合依偷窃蒙古四项牲畜十匹以上者，首犯绞监候，例应拟绞监候，秋后处决。	80-4-85
4	乾隆三十六年四月内	民人贾明聪因坟地纠纷殴伤致死蒙人尔金图案	共殴致死案	刑部会同理藩院、都察院、大理寺会审	大清律例	贾明聪因妻病故，故无处安葬，随向那木鲇借场浮厝尸棺，令人抬棺赴场，与尔金图发生争执。贾明聪与人共殴致死尔金图。依大清律例共殴因而致死，下手伤重者绞监候。	80-4-81
5	乾隆四十三年十二月十七日	力克锡特将扎死丹达利案	人命案	理藩院会同刑部、都察院会审	蒙古律例	力克锡特系女奴，因主人家法甚严，向他拌嘴，扎死主人。照蒙古律，将凶犯力克锡特即行凌迟处死。	80-4-109
6	乾隆四十五年二月十三日	蒙人达旺林庆踢伤蒙人诺尔扎布	诬控案	归化城蒙古民事同知常明	大清律例	达旺林庆与诺尔布扎布先因幼子殴打争闹，经村人妥处完结后，因酒醉与伊妻争闹，误踢致伤诺尔布扎布肾囊胆，致以殴伤幼孩身死，诬控殊属不合，按律究治。	80-4-125
7	乾隆四十五年九月二十二日	蒙人那苏图因民人程起忠与伊妻通奸，用木棍殴伤致毙程起忠案	为妻与他人通奸杀死奸夫命案	刑部会同九卿、理藩院、詹事科道等官会审	大清律例	那苏图因程起忠与伊妻三音珠拉通奸，气愤斗殴，程起忠欲逃，该犯用木棍殴伤致毙，系罪人。刑部会同九卿、理藩院、詹事科道等官在天安门外，详审此案，最终裁决那苏图应绞决。	80-4-132
8	乾隆四十五年十月二十五日	民人霍忠殴伤民人王荣身死一案蒙妇沙音图与民人王荣奸情案	斗殴伤害致死案、通奸案	萨拉齐通判智常	大清律例蒙古律例	初审裁决合依斗殴杀人者不问、手足、他物、金刃并绞律拟绞盗案；又蒙古律载平人奸平人之妻，取其妻，罚五九牲畜，将奸妇交本夫杀之，若不杀，将所罚牲畜给伊贝勒各等语。	80-4-147

续表

序号	案发时间	案件名称	案件类型	承办官员	适用法律	基本案情及裁决理由	档案号
9	乾隆四十六年八月	逃奴温达扎伤乌云达赖	故意伤害案	归化城蒙古民事同知常明、兵司参领宁辅	蒙古律例	温达系佐领德木楚克白契家人，脱逃后来至昌合赖村，伊主闻知，差乌云达赖往拿途间撞遇。温达并不知乌云达赖系主人差役，致相斗殴，用刀扎伤。脱逃应照例鞭一百，其扎伤乌云达赖系斗殴，并非拒捕，例应罚畜。	80-4-153
10	乾隆四十六年十月十六日	民人丁宫小子偷盗蒙人五把什牛案	盗牛案	萨拉齐通判智常	蒙古律例	丁宫小子路经公布村，见野地牧放牛只，无人看守，起意偷窃偿还布钱，后经失主蒙人五把什认获。查蒙古例，偷窃蒙古四项牲畜，数止一二，着发山东、河南等省，交驿站充当苦差。民人在蒙古地方偷牲畜，在九数以下者，亦照此例治罪。	80-4-143
11	乾隆四十八年五月	蒙人洒拉自行跳井淹毙案	贼犯羞愧难堪轻生自尽	归化城同知	大清律例	蒙人洒拉因窃取殷贵玉等物件，被三必令、都楞盘获，交予伊叔腮不痛，乘间自行跳井淹死。腮不痛知其亲侄行窃，不即禀送治罪，律得相容隐，其不能禁约侄子为窃，蒙古律无拟罪之条，应照刑例拟答四十。	80-4-198
12	乾隆四十八年十二月十五日	民人吉如祥拐逃蒙妇纳墨索案	蒙汉通婚案	归化城蒙古民事同知常明	大清律例	吉如祥称，纳墨素实是小的认系薄原义明娶的妻子。买了来为妻的，并不是拐来。经查，此案薄原义收留迷失蒙妇为妻，并无拐逃情事。蒙律并无正条，应照刑律科断，除偷娶蒙古妇女轻罪不议外，自应照刑律拟徒，业已身故，吉如祥用财买休，依刑律用财买休律杖一百，折责四十板。	80-4-225
13	乾隆四十九年二月初七	蒙人巴尔旦扎布偷窃伊母舅青奔尔牛宰杀案	盗牛案	归化城蒙古民事同知常明、兵司参领宁埔	蒙古律例 大清律例	巴尔旦扎布、班达尔偷窃伊母舅青奔尔牛宰杀一案，会同研讯已据供认不讳，赃经主认，正贼无疑。依蒙古偷盗牲畜一二匹例发遣，惟是该犯等系事主外甥，有外姻小功服制，亲属相盗蒙例无文，自应引用刑律。	80-4-240

续表

序号	案发时间	案件名称	案件类型	承办官员	适用法律	基本案情及裁决理由	档案号
14	乾隆四十九年二月十八日	五巴什被窃牛案	盗牛案	萨拉齐通判智常	蒙古律例	兵丁五巴什被窃七岁口花乳牛一双,于其母舅吉兰太家认获被窃原牛头皮。吉兰太说这牛皮牛头是敏召尔拿来寄放的,并不知偷窃宰杀的事。经查原牛头牛皮系茂明安敏召尔寄放吉兰太家,吉兰太并不知偷宰情事,且吉兰太系五巴什母舅,似不致偷外甥之牛,亦无显露,令人认获之理。但吉兰太并不查问留存,亦属不合,不应重律八十,系蒙古,各鞭八十,以示警戒。	80-4-234
15	乾隆四十九年二月二十四日	喇嘛俄林忒偷窃马匹案	盗马案	托克托城通判恒龄	蒙古律例	波托和因伙同喇嘛俄林忒偷窃马匹,照蒙古例应发送临城充当苦差。	80-4-247
16	乾隆四十九年五月二十九日	民人刘满家保等拾马不报案	拾马不报案	萨拉齐通判智常、归化城兵司参领丹宁扎布	蒙古律例	刘满家、崔正保拉着两匹马到禄特家,说是收住两匹马,不知是谁家走失的,先放禄特家,如无人认领,卖钱分用。后被蒙人噶尔替塔发现是失马两匹。查蒙古例载被失牲畜三日后报明缉拿,如无事主收存隐匿者,罚一九牲畜。	80-4-243
17	乾隆四十九年七月	初审窃马犯图布申案	盗马案	归化城蒙古民同知常明	蒙古律例	窃马犯图布申于夜间走到特克什草场里,将一匹黄骒马盗回家中,把黄骒马宰杀吃肉,余下肉放于家中,后被特克什发现,将窃马犯图布申连同余下皮肉一同拿获。依照蒙古偷窃四项牲畜一二匹,例发往山东、河南等省交驿站充当苦差。	80-4-256
18	乾隆四十九年七月十七日	民人刘五子偷牛一案	盗牛案	和林格尔通判	蒙古律例	民人刘五子见有牛一头,无人看守,起意行窃,随将丹巴海乳牛一头,赶至清水河,卖给不识姓名之人,得钱两千文。后见野地有牛一头,又将纳素黑乳牛一头偷赶走,被丹巴撞见,将该犯连同牛一同交给失主纳素呈送都统衙门。依照蒙古偷窃四项牲畜一二匹例,发往山东河南等省交驿站,充当苦差。	80-4-257

续表

序号	案发时间	案件名称	案件类型	承办官员	适用法律	基本案情及裁决理由	档案号
19	乾隆四十九年十一月十三日	民人朱继德赶拉路失牲畜	赶拉路失牛案	归化城蒙古民事同知智常	大清律例	因见野地牛无人照看起意偷赶。官批：赶拉路失牛只虽无偷盗之心，但限外并不报官者坐赃律。一两以上笞三十，系私物减二等笞一十。	80-4-303
20	乾隆五十年	蒙人巴特曼殴伤毕里衮身死	斗殴命案	理藩院会同刑部审理	大清律例	死者毕里衮与鄂尔哲依图之关系，经查其甲喇，两人确系堂兄弟，鄂尔哲依图之妻听到殴打之声，便手持铁棍自墙口过去，见夫与毕里衮揪着头发，惟恐夫被打伤，以铁棍打去，毕里衮头顶受伤倒地，后毕里衮之伤并未好转，至正月二十一日故去。查得蒙古例内载并无堂弟之妻将堂兄殴打致死后拟罪之文，既然如此，则理当照律例拟罪。	第155卷第324号
21	乾隆五十年十月初三日	蒙人克什图殴伤民人郭维绪案	斗殴案	托克托城通判重舒	大清律例	争地起衅互殴，克什图用镰刀砍伤郭维绪，因该犯年岁未及罪名，例应收赎。	80-4-284

注：本表格依据土默特左旗档案馆馆藏档案汇总制定。

需要强调的是，学界对清代蒙古地区国家法的范围探讨较少，有学者仅从国家法和民间法二元结构对少数民族地区习惯法展开讨论，而忽视了清代少数民族地区国家法渊源的多元性、复杂性及动态性。也有学者认为国家法的法律渊源是一元、统一的，并对有些学者提出的清代法律渊源中国家法和民间法二元结构的观点提出异议，认为在中国清代司法审判机关一元的情况下，不可能也不允许出现法律渊源的二元结构："清代国家政权一元化，从中央到地方，审判机关（被包容在国家政府机关之内）只有一种体系；因此，法律渊源也是一元的、统一的。地方审判官（知县、知府等）在审判实践中，也会适用国家律例之外的各种规范，如习惯、情理、成案，但这些形式上多元的规范，一旦被纳入法律适用的渠道，它们就成为国家法律的一部分，而不再是'民间法'了。"①

因此，在探讨国家法在蒙古地区的法律适用问题时，首先需要厘清的是清代蒙古地区国家法法律渊源问题，而非简单地从一般法与特别法，或国家法与民间法二元结构的角度探讨国家法适用问题，只有这样才能真正理解国家律例、习惯、情理、成案等在司法实践中的地位与作用。为使讨论的主题高度集中，本书在探讨国家法在蒙古地区的法律适用问题时，主要针对《蒙古律例》与《大清律例》在司法实践中的适用展开讨论，其他问题暂不展开讨论。至于国家法在蒙古地区的法律渊源等问题，在笔者2019年主持的国家社科基金年度一般项目"清代国家法在内蒙古蒙汉杂居地区的适用研究"中另有专题研究，在此不再赘述。

（一）《蒙古律例》在贼盗命案中的适用

1. 蒙人之间命盗案件

对于蒙人之间命盗案件，若《蒙古律例》中有专条规定，则按照特别法优先一般法的法律适用原则，适用特别法，这种实效性也包括程序性规定。如从对乾隆五十年（1785）归化城发生的什拉布多尔济盗窃一案的审理过程可以看出，清代蒙古地区基层司法官吏在审理刑事案件，尤其在审理徒罪以上案件时，是严格按照《蒙古律例》相关规定审理的。什拉布多尔济系乌兰察布盟人，乾隆四十九年（1784）十一月，其伙同巴达玛偷窃圪楞玛牛一双，虽被拿获，事主却不追究此事。乾隆四十九年十二月，什拉布多尔济在七气汉部落又偷牛三头，后被侍卫端多布拿获。

此案发生在喀尔喀旗，从乾隆五十年（1785）归化城蒙古民事同知为照例监禁事件司法档案中，可以看出，司法官吏对该案的处理程

---

① 何勤华：《清代法律渊源考》，《中国社会科学》2001年第2期，第132页。

序是严格按照《蒙古律例》的规定处理的。"查蒙古律载蒙古等偷窃四项牲畜数至三五匹者，发往湖广、福建、江西、浙江、江南等省，交驿充当苦差，各札萨克凡拟徒罪以上人犯，一面咨报理藩院，一面派差员弁移送应行监禁地方官员处暂行监禁等语，今本旗业将该犯拟罪并照例赔还事主一并咨报大部，并将什拉布多尔济解送贵衙门查收监禁。"① 从本案的审理程序来看，案发地在喀尔喀旗，被告人偷盗牛三头，按照《蒙古律例》"首从治罪"条规定："三匹至五匹为首者发遣湖广、福建、江西、浙江、江南。"② 因此，本案被告人应被判处发遣之刑。而对于徒罪以上案件，按照《蒙古律例》乾隆三十一年（1766）奏准定例规定："诸札萨克等将凡拟徒罪以上人犯，一面报院，一面即派官兵解赴应禁地官暂令监禁。"③ 从该份司法档案中可以看出，喀尔喀旗札萨克已将什拉布多尔济拟罪并将初步审判结果咨报理藩院。其次，从该案的执行程序看，在等候理藩院复议期间，乌兰察布副盟长又行文归化城蒙古民事同知，要求照《蒙古律例》将其监禁，因按照《蒙古律例》"拿获贼人解该旗收管就近令地方官监禁会审"条规定，喀尔喀旗应押送归化城蒙古民人理事同知衙门收监。而归化城蒙古民事同知对收押也严格审核了相关手续，"查该旗来文声称业将该犯拟罪报，并未移送部文前来"，因此，归化城蒙古民事同知要求乌兰察布副盟长提供相关文件。

在乾隆四十九年（1784）巴尔旦扎布偷窃伊母舅青奔尔牛只宰杀一案中，则涉及《蒙古律例》无相关规定时法律适用问题，该案基本案情如下：

---

① 土默特左旗档案馆馆藏档案：《归化城同知申报移来贼犯什拉布多尔济监禁书册》，档案号80-4-281。
② 王国维校注：《蒙古律例》，台湾广文书局1972年版，第52页。
③ 王国维校注：《蒙古律例》，台湾广文书局1972年版，第82页。

蒙古民事同知为饬行办理事，乾隆四十九年二月二十九日，蒙都统大人清文内关兵司案呈，乾隆二月初十日，葛尔旦佐领下披甲青奔尔呈称，本月初七日晚上，被贼从院墙挖掘进院，窃去白犍牛一头，第二日天明知觉，跟踪找寻至沙尔沁村蒙古巴尔旦扎布家里，从他院内麻莲草内寻获小的原被窃的牛，已经宰倒。小的通知本村甲头图速图等一令看明。据巴尔旦扎布说，有归化城五十家子披甲巴浪托克托、杨五子向他说是偷来宰杀的。小的同甲头图速图等将贼犯巴尔旦扎布等四人拿获，连原被窃牛头皮一并呈请伏乞转交该地方官办理施行等情。据此，当将拿获贼犯巴尔旦扎布、巴浪托克托、杨五子锁押移送归化城同知衙门监禁外，相应将此案饬知该同知会审办理，仍移归绥道查办可也等因。蒙此随即订期于本年三月初七日会审。至期，兵司参领宁补带领事主青奔尔前来，提犯当堂共同会审讯。①

归化城兵司参领宁补、蒙古民事同知常明经过会审，认为该案事实清楚，证据确实充分：

巴尔旦扎布、班达尔偷窃伊母舅青奔尔牛头宰杀一案，会同研讯已据供认不讳，赃经主认，正贼无疑。合依蒙古偷盗牲畜一二匹例发遣。惟是该犯等系事主外甥，有外姻小功服制，亲属相盗蒙例无文，自应引用刑律。查律载外姻亲属相盗财物者，大功减四等语，班尔旦扎布、班达尔二犯均应照发遣山东、河南，减四等，各杖七十，徒一年半，系蒙古，折枷二十五日，满日鞭

---

① 土默特左旗档案馆馆藏档案：《归化城同知详报会讯巴尔旦扎布偷青奔尔牛只案情》，档案号80-4-240。

七十。[1]

该案在审理程序上是按照《蒙古律例》规定的会审程序审理的，对被告人则按照《蒙古律例》"偷盗牲畜一二匹例发遣"之条裁决，但因本案属于亲属相盗案，故在量刑上又参照《大清律例》"亲属相盗"之规定，最终对被告人权衡定罪量刑。

由以上司法档案可以得出结论，在乾隆朝归化城土默特，《蒙古律例》有明文的规定，基层司法官吏是严格按照法律条文执行的，尤其在涉及命盗案件时。一旦面对蒙古律的适用范围和效力问题产生歧义时，刑部作为中央专门刑事司法部门，会从维护蒙古律的适用效力角度出发，做出适用解释。随着清政府对边疆蒙古地区控制力加强，其对蒙古地区法律的渗透力也越来越强，刑部通过立法的形式将《大清律例》中诸多制度转化到《蒙古律例》中。中华传统法律文化中许多体现法律儒家化制度，如存留养亲、亲属相盗，在乾隆、道光时期的《蒙古律例》《理藩院则例》中均有所体现。需要强调的是，这种制度转化并不意味《蒙古律例》失去其实效性。相反，《蒙古律例》与《大清律例》的法律效力区别是明显的，一般对《蒙古律例》没有相关规定的，审判官吏才会"自应引用刑律"作为裁决的依据，即适用《大清律例》。对《蒙古律例》与《大清律例》法律适用次序问题，一般程序是："查蒙古人犯罪，俱应依蒙古例定拟；若蒙古例无明文之案，方可援照刑例办理。"[2]

针对民人在蒙古地区盗窃蒙古牲畜刑罚不允的问题，乾隆十四年（1749）六月，理藩院奏请改定民人在蒙古等地偷窃牲畜律例：

---

[1] 土默特左旗档案馆馆藏档案：《归化城同知详报会讯巴尔旦扎布偷青奔尔牛只案情》，档案号 80-4-240。

[2] 吴潮等：《刑案汇览续编》，台湾文海出版社 1970 年版，第 245 页。

现今蒙古偷窃民人牲畜，治以重罪，而民人偷窃蒙古牲畜，止从轻杖责发落，殊未平允……凡在蒙古地方行窃之民人，理应照蒙古律治罪，如谓新定例不无过重，则蒙古之窃蒙古，照蒙古例，蒙古之窃汉人，照汉人例，始为允当。但蒙古地方辽阔，部落蕃孳，俱赖牲畜度日，不严加治罪，何所底止，今将汉人之窃汉人，仍照汉人例，汉人之窃蒙古，照蒙古律，则窃盗自必渐少，而立法亦属平允。著照理藩院所奏，将律文更定。①

从上述资料可知，清统治者在确定《蒙古律例》的适用效力时，综合权衡了法秩序的维护、刑罚均衡等因素。

2. 蒙汉交涉命盗案件

乾隆二十五年（1760）归化城土默特发生一起蒙古偷盗拒捕杀死事主案，被告人看扎布系土默特蒙古，在昆都仑丹代村偷窃糜穗，被事主张四小子瞥见赶拿，看扎布情急拒捕，杀死事主。山西巡抚按照《大清律例》裁决，将看扎布拟以斩候，其主要裁判理由如下：

严诘并无护赃格斗、有心扎死情事。查蒙古律载，官员、常人或一二人偷盗牲畜等物，事主知觉追赶，因而拒捕杀人者，将杀人为首之贼拟斩立决，其妻、子、产、畜抄没，给付事主等语，并无盗田野谷麦，被事主追逐拒捕，扎伤事主身死作何治罪之条。惟查刑律盗田野谷麦，拒捕，依罪人拒捕，科断，罪人拒捕杀所捕人者，斩监候等语。此案看扎布偷窃张四小子地内糜穗，被事主遇见，弃赃逃走，因被追殴倒地，骑压不放，情急图脱，是以扎伤事主毙命，并非偷盗牲畜等物拒捕杀人，亦非护赃格斗，将

---

① 《高宗实录》卷三四二，《清实录》第十三册，中华书局影印版1985年版，第739页。

看扎布依罪人拒捕杀所捕人律，拟斩监候等因具题。①

而刑部则认为山西巡抚对该案法律适用错误，认为从该案的案情来看，被告人系蒙古贼犯，又在蒙古地方犯事，应适用蒙古律，刑部官吏认为：

> 查乾隆二十六年七月内，山西按察使索琳条奏，"蒙古偷盗田野谷麦因而拒捕杀伤之案，请照刑律科断"。臣会同理藩院，以蒙古偷盗四项牲畜，俱分别拟以绞流，况拒捕杀伤事主，尤应立法惩创，不便轻更旧制。并请嗣后蒙古在内地犯事者，照刑律办理。民人在蒙古地方犯事者，即照蒙古律办理等因。奏准咨行该抚，遵照在案。
> 　此案看扎布系土默特蒙古，在昆都仑丹代村偷窃糜穗，被事主张四小子瞥见赶拿，看扎布情急拒捕，杀死事主，自应按照蒙古定例科断。该抚将看扎布照刑律拟以斩候，与例未符，应令该抚再行照例妥拟具题，到日再议等因。

题驳去后，山西巡抚遵照刑部官吏的意见改判该案：

> 查看扎布偷窃张四小子地内糜穗，被事主遇见，弃赃逃走。因被追殴倒地，骑压不放，情急图脱，扎伤事主毙命。既系蒙古贼犯，又在蒙古地方犯事，诚未便照刑律问拟斩候，今奉部驳，自应遵照现奉定例改正，将看扎布依蒙古律拟斩立决等因具题

---

① 全士潮、张道源等纂辑：《驳案汇编》，何勤华等点校，法律出版社2009年版，第144—145页。

前来。①

最终该案依照《蒙古律例》裁决，看扎布合依"蒙古偷盗牲畜等物，事主知觉追逐，因而拒捕杀人者，将为首之贼犯拟斩立决"。该抚称，"看扎布并无产畜，无凭抄没，虽有妻烛拉并子丹进达什扎布，但事主系民人，依律不准给付，仍应赏给蒙古公事效力台吉为奴。张焕荣因看扎布持刀拒捕，是以用棒殴伤，应免置议"。②

《蒙古律例》"斗殴杀人"条规定："凡斗殴伤重五十日内死者，下手之人绞监候。"该条文非常简单粗糙，并不能适应刑事司法实践中错综复杂的案情。因此，在清属蒙古命案审理的司法实践中，《大清律例》关于命盗的相关条文逐渐在蒙古地区得到适用。如在乾隆三十七年（1772）由刑部、理藩院等会审，托克托通判承审的民人贾明聪殴伤致人死亡一案中，贾明聪之妻病故，无处安葬，随即向那木毡借场浮厝尸棺，令人抬棺赴场。尔金图对此阻拦。贾明聪遂自带木棒并带其妻的前夫王连冬及侄子贾文德等人，前往尔金图处理论，后与尔金图发生争执，贾明聪先用木棒殴伤尔金图左后肋骨，王连冬等共殴尔金图，后尔金图被贾明聪所殴的右臂骨折，并因医治未愈身死。托克托通判认为：

> 查蒙古律内并无共殴人致死作何治罪明文，应依律问拟，王连冬等所殴尔金图各伤俱恢复，惟贾明聪所殴右胳膊相连右臂骨折处久治未痊身死，应以该犯拟抵，将贾明聪依律拟绞监候，王

---

① 全士潮、张道源等纂辑：《驳案汇编》，何勤华点校，法律出版社2009年版，第144—145页。

② 全士潮、张道源等纂辑：《驳案汇编》，何勤华点校，法律出版社2009年版，第144—145页。

连冬等拟杖等因。①

该案由山西督抚上报至刑部后，刑部也认同山西督抚的意见，即"应如该护抚所题，贾明聪合依共殴因而致死，下手伤重者绞监候"②。

3. 民人与民人间命盗案件

在乾隆四十六年（1781）民人霍忠殴死民人王荣一案中，霍忠与被害人王荣俱系忻州人，来萨拉齐伙卖羊肉生理，八月间又伙卖月饼。后因"霍忠责以不应容蒙妇在院居住胡闹，王荣嗔怒致相争论，王荣出言混骂，霍忠回言王荣，持碌轴沿子扑殴，霍忠情急即系用手持木棍殴打王荣一下，王荣又肆意辱骂，因碌轴沿子跌落地上，随即拾取，霍忠恐被殴伤，弃棍夺取复向连殴，致伤王荣门脑后倒地"③，最终导致王荣死亡。

在乾隆朝初期，"民人所犯人命、盗窃等重大案件，照例由同知等呈报该巡抚，按内地刑律治罪"④。乾隆三十六年（1771），刑部会同理藩院议覆山西按察使索琳所奏定例："蒙古等在内地犯事，照依刑律定拟，民人在蒙古处犯事，照依蒙古律定拟。"⑤

《蒙古律例》"斗殴杀人"条规定："凡斗殴伤重五十日内死者，下手之人绞监候。"⑥ 萨拉齐通判按照《大清律例·刑律》斗殴之相关律文处理此案，认为该案中被告人"霍忠一犯应合依闻殴杀人者，不问手

---

① 土默特左旗档案馆馆藏档案：《绥远将军伯审结贾明聪因坟地纠纷殴伤致死尔金图的咨文》，档案号80-4-81。

② 土默特左旗档案馆馆藏档案：《绥远将军伯审结贾明聪因坟地纠纷殴伤致死尔金图的咨文》，档案号80-4-81。

③ 土默特左旗档案馆馆藏档案：《萨拉齐通判详报霍忠殴死王荣一案审结情况书册》，档案号80-4-147。

④ 土默特左旗档案馆馆藏档案：《萨拉齐通判详报霍忠殴死王荣一案审结情况书册》，档案号80-4-147。

⑤ 王国维校注：《蒙古律例》，台湾广文书局1972年版，第105页。

⑥ 王国维校注：《蒙古律例》，台湾广文书局1972年版，第66页。

足、他物、金刃并绞律，应拟绞监候"，其在认定事实和适用法律上是正确的，适用的法律依据是《大清律例》中的"斗殴杀人者，不问手足、他物、金刃，并绞监候"。何为"斗殴"？晋张斐《注律表》释曰："两讼相趣谓之斗"。《唐律疏议》采取了相同的解释："相争为斗，相击为殴。"从该案现有证据来看，被告人霍忠在其供述中一直否认其因妒奸预谋杀人，其在主观上系因与被害人王荣发生争执，本无杀人之心，"实因那时小的吃了酒了，心里就慌，手势去的重，不料把他打得伤重死了，实没别的缘故，也没有心致死他的事"①。被告人霍忠与被害人王荣相斗殴，致被害人王荣死亡，是为斗杀。从萨拉齐通判的裁决来看，其在裁决中并没有将《蒙古律例》作为该案法律适用依据，且其在裁决中并没说明适用《大清律例》的理由。由此可推测，在乾隆四十六年（1781）时，至少在土默特地区的民人间斗殴命案中，应适用《大清律例》。乾隆三十六年（1771），刑部会同理藩院议覆山西按察使索琳所奏定例"民人在蒙古地方犯事照蒙古律治罪"，至少在斗殴命案中并未得到实际执行。

（二）《蒙古律例》在普通刑案中的适用

1. 蒙人之间普通刑案

在乾隆四十五年（1780）八月十六日温达脱逃被获一案中，据被告人温达供述：

小的是德木楚克家人，同母亲独拉吗白契，今年四十岁了。乾隆三十八年间，小的因主人打骂受苦不过，乘空逃走在各处受苦度日，也没一定住处。乾隆四十五年八月里，小的从吉旦板申

---

① 土默特左旗档案馆馆藏档案：《萨拉齐通判详报霍忠殴死王荣一案审结情况书册》，档案号80-4-147。

村，向蒙古云木丹津借骑了白骟马一匹，走到昌合赖村撞遇乌云达赖，叫小的下马，小的并不认识他，就与他争斗起来。小的打他不过，原拔出身上带的刀子吓扎一下，乌云达赖闪开，小的将马弃下，又跑往各处受苦度日，并没为匪，并不知乌云达赖是小的主人差去拿小的。到本年十二月十七日，小的又到昌合赖村，不想就被主人带领托托木尔，将小的拿住送往案下。

该案裁决如下：

归化城蒙古民事同知常明、兵司参领宁普审看的温达脱逃被获一案，缘温达系佐领德木楚克白契家人，乾隆三十八年脱逃，四十五年来至昌合赖村。伊主闻知差乌云达赖往拿，途间撞遇，温达并不知乌云达赖系主人差役，致相争斗，用刀扎伤仍复逃往各处受苦，并无窝留为匪情事。兹经伊主佐领德木楚克拿送到案，会同讯悉前情不爽。查温达系家奴脱逃应照例鞭一百，其扎伤乌云达赖系斗殴并非拒捕，例应罚畜，讯无畜可罚，仍应鞭一百，两罪相等，免其重科交主严行管束，马匹讯系借来应毋庸议，缘奉会审，事理拟合具文详报都统大人饬司销案。①

《蒙古律例》"斗殴损伤眼目折伤肢体"条规定："斗殴致伤眼目、折伤肢体者，罚牲畜三九，平复者罚一九。"②《蒙古律例》"罚罪牲畜不足者责打"条规定："凡罚取牲畜不足一，则鞭二十五，足二则鞭五十，不足三，则鞭七十五，不足四数以上牲畜，则鞭一百，不许多

---

① 土默特左旗档案馆馆藏档案：《归化城同知详报审拟逃奴温达扎伤乌云达赖书册》，档案号80-4-153。
② 王国维校注：《蒙古律例》，台湾广文书局1972年版，第68页。

责。"① 从该案审理适用法律依据来看，司法官吏是依据《蒙古律例》相关法律条文裁决的。

2. 蒙、民之间普通刑案

在乾隆四十五年（1780）十月蒙妇沙音图与民人王荣通奸一案中，据蒙妇沙音图供述：

> 我今年二十九岁，尔得泥是我男人，是上年十月初六日搬在王荣院里居住的，他女人上年秋后死亡，只留下两个女孩子，叫小妇人与他照管。我们搬到他院里居住后，我男人尔得泥到十月十三日就往归化城去了，十四日王荣把他两个女儿就送往他妹妹家去居住了。就是那晚，王荣与我调戏通奸起的，后来通奸了好几次，也记不清次数了。到二十一日，我男人回家就不敢通奸了。到十月二十三日，男人往村东秦家帮忙去了，霍忠从墙壑里来叫王荣去算账。王荣叫我照看着他两个孩子，就相随出去了。停了一会儿，王荣回来叫了我到他屋里坐着说话，正脱了衣服褂子要和我睡觉，霍忠又来叫他出去，再没回来。他们两个因甚起衅，霍忠怎样把王荣打死了，我并没看见，也没听见吵嚷，我与王荣通奸，我男人实不知道，并没知情纵容的事是事实。②

由蒙妇沙音图的供述可知，其与王荣存在通奸事实。该案属于民人互殴命案，故在初审过程中，并无蒙古族官吏参与。对于民人与蒙人之间的奸非行为，《蒙古律例》与《大清律例》均没有明文规定，但该案审理结果是适用的《蒙古律例》"平人奸平人之妻"条，该案裁决如下：

---

① 王国维校注：《蒙古律例》，台湾广文书局1972年版，第101页。
② 土默特左旗档案馆馆藏档案：《萨拉齐通判详报霍忠殴死王荣一案审结情况书册》，档案号80-4-147。

查蒙古律载平人奸平人之妻，取其妻，罚五九牲畜，将奸妇交本夫杀之，若不杀，将所罚牲畜给伊贝勒各等语。霍忠一犯应合依闻殴杀人者，不问手足、他物、金刃并绞律，应拟绞监候。蒙妇沙音图与王荣通奸，应照蒙古律交本夫杀之。兹讯，据尔得泥供称，不愿处死、情愿领回管束，应将蒙妇沙音图交本夫尔得泥领回管束，毋再滋生事端。王荣之妻早经病故，毋庸断给，王荣也已身死，应罚牲畜，照律免追，馀属无干概行省释。霍忠与王荣合伙账目，也经尸兄王光查讨算给，尸棺饬令尸兄领埋，凶器木棍、碌轴沿先验贮库。①

该案中，蒙妇沙音图按照《蒙古律例》之规定接受处罚，而本案另一被告民人王荣应罚牲畜，因已身死而不予处罚。从该案裁决可知，在归化城土默特的司法实践中，蒙汉之间所涉诸如通奸等普通刑案，无论蒙人或民人均适用《蒙古律例》处罚。

四、《大清律例》对归化城土默特刑法体系的渗透

在清代中原地区，《大清律例》是清代法律的主要渊源，有学者经考证后认为："《大清律例》不仅在刑事案件中几乎百分之百地得到了适用，即使在大量琐碎的民事案件中也是得到贯彻的，那种认为《大清律例》只是具文，在司法实践中并没有得到遵守的观点是缺乏依据的。同时，在清代，律是基础，例是补充，一般情况下，当某个案子呈送到审判官面前时，他首先适用的是律，只有在律文明显落后于形

---

① 土默特左旗档案馆馆藏档案：《萨拉齐通判详报霍忠殴死王荣一案审结情况书册》，档案号80-4-147。

势发展或没有律文可适用时,才会适用例 。"① 在清代归化城土默特,《蒙古律例》作为地区特别法具有一定的实效性,但作为国家刑法典的《大清律例》在该地区的适用范围却处于动态变化之中。长期来看,清统治者所制订的国家法典总是处于向边疆民族地区不断扩张的状态。"文化多样与政治一元之间的空间张力始终存在,推动国家法的统一适用乃中央王朝一贯之策。这意味着,在文化多样与政治一元的紧张关系中,随着时间的流逝,'化外人'接受中央王朝足够的礼教熏陶,政治一元化逐渐占据上风"②。

在《大清律例》对归化城土默特刑法体系渗透的过程中,刑部和理藩院起到了重要作用。清代刑部兼有立法和审判职责,《大清会典》对刑部的职责作了明确界定:"掌天下刑罚之政令,以赞上正万民,凡律例轻重之适,听断出入之孚,决宥缓速之宜,赃罚追贷之数,各司以达于部,尚书、侍郎率其属以定议,大事上之,小事则行,以肃邦纪。"理藩院在行使蒙古地区刑事立法职能过程中,如何处理与刑部的关系,这是个错综复杂的问题。相比《大清律例》而言,《蒙古律例》无论在内容还是在体系上均显得粗糙,而刑部掌握《大清律例》的立法解释权。因此,在中华法系向蒙古地区渗透的过程中,刑部逐步掌握了立法的话语权,但这一趋势是缓慢的,至少在乾隆四十八年(1783)以前,刑部对蒙古地区刑事立法还没有主动权。如在乾隆四十八年归化城巡检详报贡布扎伤达尔丹身死一案中,作为基层官吏的领催敦克明在该案中作了虚假证词,受理此案的喀尔喀盟长认为,"敦克明知贡布行凶致伤人命,胆敢朦胧混供,蒙律虽无正条,理应严行拟罪,革其领催,罚二九牲畜"。而理藩院会同刑部、都察院审理结果则为:"敦克明知贡布扎伤达尔丹身死,胆敢受嘱诬供,实属可恶,

---

① 何勤华:《清代法律渊源考》,《中国社会科学》2001 年第 2 期,第 130 页。
② 邓建鹏:《"化内"与"化外":清代习惯法律效力的空间差异》,《法商研究》2019 年第 1 期,第 190 页。

如罚二九牲畜罚，革其领催，不能惩治戒众，应将敦克明鞭责八十，罚三九牲畜。"① 关于在刑案中作虚假证词如何处罚，《大清律例·诬告》条规定："词内干证，令与两造同具甘结，审系虚诬，即将不言实情之证佐，按律治罪。"而《蒙古律例》对于在刑事诉讼中做伪证如何惩罚无明文规定，理藩院在会同刑部、都察院审理时，采用自由裁量方式，对于敦克明的处罚并没有参照《大清律例》，而是采取"鞭责八十，罚三九牲畜"，这种判决结果具有蒙古传统刑罚特征。这也体现了这一时期，刑部对于蒙古地区刑事案件允许当地司法人员在《蒙古律例》无明文规定时，因地制宜，结合当地的风俗人情实际情况予以自由裁量。

至乾隆五十年，刑部已拥有立法的发言权，积极参与蒙古地区刑事立法。如康熙时《蒙古律书》对于偷窃四项牲畜者，处罚的标准是按照参与者人数，即"若为一人，不分主奴处绞；若为二人，将一人处死；若为三人，将二人处死；纠众伙窃，处死为首二人，余者为从各鞭一百"。而乾隆五十年（1785）刑部会同理藩院奏准定例，完全改变了对偷盗牲畜罪行量刑的基本原则，即按照首从治罪原则，同时采取了《大清律例》中的发遣制度。很显然，在该定例的制定过程中，刑部是将《大清律例》中的精神和制度植入《蒙古律例》中。虽然刑部采取与理藩院共同起稿，向皇帝奏准后通行方式制定该定例，但很显然在该定例制定过程中，刑部起主导作用。

由此可以得出结论，对于专属于蒙古地区的案件，如该案件涉及法律适用问题，《大清律例》和《蒙古律例》均无相应条款者，则无法按照"凡办理蒙古案件，如蒙古例所未备者，准照大清律"之规定处理。按照清政府"因地制宜"立法原则，对属于《蒙古律例》延伸出

---

① 土默特左旗档案馆馆藏档案：《归化城巡检详报贡布扎伤致死达尔丹一案审结情形》，档案号 80-4-199。

来的法律问题，理藩院仍需给出最终立法解释。

理藩院作为清代蒙古地区的专门刑事立法机构，在涉及蒙古地区刑事案件问题时，通过刑事立法功能，完善了中央政权对蒙古地区的刑法规制。但随着中央政府对蒙古地区法律统治强化，刑部也强化了对蒙古地区的立法统治功能，立法表现出统一化趋势。在刑部的立法推动下，《大清律例》对蒙古地区的影响力愈来愈强，尤其在涉及儒家纲常伦理问题时，这反映出中华法系对蒙古社会的法律改造。后期的《理藩院则例》则以《大清律例》的基本原则为基础。尤其体现在刑罚上面，《大清律例》中的流刑、斩立决、枭首均在蒙古地区得到适用，而这些刑罚理念是与蒙古族传统刑罚注重教育感化的刑罚理念相悖的。

这种法律统一化趋势，并不意味后期理藩院刑事立法功能完全缺失，相反，在涉及蒙古地区的一些专门性法律问题时，理藩院仍享有立法主导权。理藩院在蒙古地区刑事立法中，仍然保留和尊重蒙古地区的风俗与习惯，如"入誓"源自蒙古习惯法，"入誓"的条件是"案情可疑"，"事涉疑似者，令其入誓"，"如肯入誓，仍令该管佐领等加具保结，令本犯入誓完结"。这体现出蒙古地区刑事立法的一定的自理空间。

相对于蒙古族传统刑法而言，中国传统刑法文化以儒家文化为载体，儒家文化之本在于以礼守己、以德服人，故中国传统法律文化也在不同的层面都表现出重教化、慎刑罚的人文特征。中国古代刑法思想把道德教化与刑罚视为维护"三纲五常"的两种手段，如北魏时，规定了存留养亲制度，即若犯了死罪但非十恶的，而祖父母、父母年老病疾，家中又无成丁扶养老人的，允许具状上请，暂不处死刑而存留养亲。在刑部和理藩院立法推动下，《大清律例》对蒙古土默特地区的影响力愈来愈强，尤其在涉及儒家纲常伦理问题时，刑部通过判例或刑事立法解释等方式直接将其转化为蒙古地区法律。推动清代蒙古土默特刑事法律伦理化进程的原因有四：

其一，深受儒家伦理法影响的理藩院和刑部官员掌握了对蒙古地区刑事立法主导权。在清属蒙古地区刑事法律制定过程中，立法已被中央机构即理藩院和刑部官员控制，蒙古贵族已丧失对蒙古地区刑事立法的主导权。而清代理藩院和刑部官员作为相对专业的司法官吏，就其法律素养而言，并不能想当然地认为他们具备充分的法律专门知识并掌握专业的司法技能，正如有的学者所认为的那样，"科举所要选拔的是通才而非法律专家，就法律实务而言，通过科举踏入仕途的清代官员并不必然具备相关的专业知识和技术才干，充其量只是对一些基本律文有所了解"①。但这些官员的法律思维方式的出发点深受儒家经典学说的影响。因此，随着这些官员掌握了对蒙古地区刑事立法、司法主导权，《大清律例》渗透到蒙古地区司法实践中的趋势不可避免。

其二，清代儒家思想在蒙古土默特地区的传播与影响使蒙古地区刑事法律儒家化具备可能性。清统治者在入主中原之后，将其定位为传承中国历代政统和儒家文化道统的王朝，儒家正统思想在边疆蒙古地区也逐渐得到传播。如雍正朝的丹津在任归化城都统后，以"内地皆建文庙，设立官学；归化虽属夷地，亦向化日久"为由，将新建而尚未完成的生祠改为文庙。②另外，由于大量汉人移入归化城土默特等地，儒家思想在归化城土默特得到进一步传播。蒙古地区许多基层司法官吏也受到儒家思想熏陶，而中华法系以儒家思想为核心，礼法结合，注重基本伦理关系的维护，这使得中国传统儒家化法律在土默特地区传播具备可能性。

其三，大一统的历史观影响。在大一统思想下，蒙古地区不断受到先进农耕文明的冲击，这种影响体现在立法与司法上，就是国家公

---

① 徐忠明：《清代司法官员知识结构的考察》，《华东政法学院学报》2006年第5期，第23页。
② 刘鸿逵纂修：《归化城厅志》卷二十，远方出版社2011年版，第359页。

权力强行将其立法与司法理念渗透与贯彻到蒙古地区的立法与司法中。清代归化城土默特刑事法律伦理化，只不过是大一统的历史观影响在归化城土默特法律中的具体体现。

其四，《大清律例》成为《蒙古律例》的适用标准，是清代蒙古地区刑事法伦理化要求推动的。鉴于《蒙古律例》自身伦理色彩不强，刑部和理藩院对归化城土默特严重侵犯基本伦理关系的犯罪，也逐步参照《大清律例》相关条文处理，即刑部认为《大清律例》是《蒙古律例》的参照标准。

如前所述，中国传统刑法最主要特征是深受儒家伦理思想影响，而儒家伦理法思想的核心内容是礼法结合、德主刑辅。在司法实践中形成了维护亲情伦理、准五服以治罪、矜恤老幼妇残、存留养亲等一系列司法原则与制度，体现了中国传统刑法伦理化特征。清统治者为维系蒙古地区社会基本伦理关系，维护边疆稳定，将《大清律例》中体现儒家精神的法律原则贯彻于归化城土默特刑事司法实践中，具体包括准五服以定罪原则、存留养亲等原则，以达到彰明德教、提倡孝悌之教化目的。《大清律例》伦理化制度对归化城土默特刑事法的渗透主要体现在如下几个方面：

（一）准五服以治罪

五服制度是中国古代以亲属死亡后为其服丧的轻重为标志，来表示亲属关系亲疏远近的制度。按古代礼制，亲属死后要服丧，依据服丧期限的长短、丧服质地的粗细和服丧期间应遵循规则的不同，服制分为斩衰（服丧三年）、齐衰（服丧一年）、大功（服丧九个月）、小功（服丧五个月）、缌麻（服丧三个月）五等，故称"五服"。"准五服以治罪"是处理亲属相犯时刑事责任承担的基本原则，西晋《泰始律》将服制与刑事法律相结合，将服制作为定罪量刑的标准之一。瞿同祖先生指出，晋律的儒化，"今所可知者除重奸伯叔母之令外，最重要的一点为'峻礼教之防，准五服以治罪'"①。《大清律例》继承发展了这一法律原则。清代中期汉人大量移居归化城土默特，从事农耕或经商，归化城土默特原来传统的伦理观念受到中原地区儒家文化的冲击，出于均衡伦理秩序的需要，掌握刑事立法话语权的刑部积极推动蒙古地区法律儒家化进程。

如在乾隆五十六年（1791）巴特曼殴伤毕里衮身死一案中，死者毕里衮与鄂尔哲依图系堂兄弟，居住鄂尔因孙村，与毕里衮为邻居，平日里相互和睦，毕里衮家的空闲院落常留侯超依的羊群住宿。乾隆五十六年正月初八日，侯超依驱赶羊群来村里，得知毕里衮出门在外，便住进鄂尔哲依图家里。初九日，毕里衮回来后，因侯超依未住其家，便骂鄂尔哲依图抢了他的买卖，鄂尔哲依图夫妇并未介意。至傍晚，侯超依驱赶羊群返回时，毕里衮拦住去路，侯超依央求，然毕里衮仍不罢休，动手殴打起来。侯超依持牧羊棍回击，击伤毕里衮左膀骨，毕里衮扑上前去厮打，此时，鄂尔哲依图赶来劝架，劝侯超依返回家中，将毕里衮扶回其家中。待鄂尔哲依图返回后，毕里衮又爬上墙肆意谩骂起来，侯超依回在院门外，虽听到谩骂声未理睬。鄂尔哲依图一气之下，手持棍自墙口过去欲与毕里衮讲理，毕里衮见其过去益加谩骂不止，扑来欲动手，鄂尔哲依图侧身避开，以手中木棍回击，击伤毕里衮左侧额部，毕里衮上前揪住鄂尔哲依图之头发。正在此时，鄂尔哲依图之妻巴特曼听到殴打之声，便手持铁棍自墙口过去，见夫与毕里衮揪着头发，唯恐夫被打伤，以铁棍打去，毕里衮头顶受伤倒地，毕里衮仍不停谩骂，但再未动手。后毕里衮之伤并未好转，至正月二十一日死去。② 该案经会审，审判官吏认为：

---

① 瞿同祖：《中国法律之儒家化》，载《瞿同祖法学论著集》，中国政法大学出版社1998年版，第371页。
② 土默特左旗档案馆馆藏档案：《详报巴特曼殴伤毕里衮身死一案书册》，档案号：满文第155卷第324号。因土默特左旗档案馆馆藏档案对部分蒙文、满文档案与汉文档编号不统一，故本书涉及的蒙满文档案以档案后汉译稿所标编号为准，特此说明。

经查验死尸，审取口供，会同审议之处一并上报后，业已饬交查办，由本厅呈文后，派出官员复经会审，其各自口供与前无异。由此审得，并无不实之情，查得蒙古例内载并无堂弟之妻将堂兄殴打致死后拟罪之文，既然如此，则理当照律例拟罪该案。①

该案的裁决结果显示，服制关系是法官在裁判过程中的重要权衡因素，也是刑事案件中需要首先查明的基础性事实。《大清律例》"同姓亲属相殴"条规定：

凡同姓亲属相殴，虽五服已尽而尊卑名分犹存者，尊长犯卑幼减凡斗一等，卑幼犯尊长加一等，不加至死。至死者，无论尊卑长幼，并以凡人论，斗杀者绞故杀者斩。

从以上法律条文可以看出，服制存在与否对于被告人量刑有很大影响。由该案可见，在清代乾隆时期，司法官吏在审理蒙古边疆地区命案时，由于《蒙古律例》对于服制没有明文规定，因此，基层司法官吏在涉及服制命案时，一般直接适用《大清律例》中的相关条文作为裁判依据。这体现了清朝蒙古地区刑事法律多元化与一元化并存的特征，如乾隆三十九年（1774）土默特贝子旗布林殴伤伯母致其身死一案中，案犯布林于乾隆三十九年三月二十七日，因撞见伯母罗摩噶与喇嘛垂多布通奸而生争执，布林在推搡罗摩噶过程中致其头部成伤，后罗摩噶自缢身亡。理藩院定拟时适用《大清律例》中的相关条文作为裁判依据定罪："查照刑律，弟、妹殴兄、姊成伤，于杖一百徒三年以上加一等，杖一百，流两千里……布林即照刑律加一等，杖一百，

---

① 土默特左旗档案馆馆藏档案：《详报巴特曼殴伤毕里衮身死一案书册》，档案号：满文第155卷第324号。

流两千里，折枷五十日，满日鞭一百。喇嘛垂多布杖一百，徒三年折枷四十日，满日鞭一百。"①

又如在乾隆四十三年（1778）哈尔柱哈喇殴毙族侄一案中，被告人哈尔柱哈喇曾向族侄莫伦兑借款四千文，后莫伦兑多次向其催讨，但哈尔柱哈喇一直拖欠不还。八月初二，哈尔柱哈喇在回家时遇到莫伦兑。莫伦兑认为哈尔柱哈喇拖欠借款，并追打哈尔柱哈喇。哈尔柱哈喇因激愤将对方打伤，五日后，莫伦兑身死。理藩院认为："《蒙古律例》并无尊长因口角殴毙卑幼如何治罪专条。查刑律，殴毙大功兄妹、小功近支兄弟之子并缌麻兄弟之孙，杖一百，满流……（哈尔柱哈喇）并无故杀等情节，哈尔柱哈喇既系莫伦兑小功之叔，请照刑律，将罪犯喇嘛哈尔柱哈喇杖一百，满流，折枷号六十日，杖一百完结。"②

（二）存留养亲制度

孝道是中国传统道德规范之一，敬祖孝亲、传宗接代的孝道构成传统中国社会的基础。儒家认为，"孝"是各种道德规范的根本，贯穿于人的行为始终，从侍奉顺从父母，到治国安邦，由君主到平民都离不开孝。孝是适应古代家庭宗法制度提出来的，提倡孝悌，是遵循礼义规范的开端。而统治者为维系社会基本伦理关系，不仅通过禁止性规范彰明德教，提倡孝悌，而且将孝道贯彻于司法实践。存留养亲制

---

① 《兼管理藩院事务工部尚书福隆安等题议土默特贝子旗布林殴伤自姐身死按律拟罪杖流本》（乾隆三十九年九月初三日），载《清朝前期理藩院满蒙文题本》卷十三，内蒙古人民出版社2010年版，第603页。转引自关康：《理藩院题本中的蒙古发遣案例研究——兼论清前期蒙古地区司法调适的原则及其内地化问题》，《清史研究》2013年第4期，第44页。

② 《理藩院尚书奎林等题议土默特贝勒旗哈尔柱哈喇殴殂族侄按律拟流放本》，《清朝前期理藩院满蒙文题本》卷十六，内蒙古人民出版社2010年版。转引自关康：《理藩院题本中的蒙古发遣案例研究——兼论清前期蒙古地区司法调适的原则及其内地化问题》，《清史研究》2013年第4期，第45页。

度就是儒家孝道在司法领域的体现。该项制度最初形成于北魏，后传承并发展至清代，是中国传统法制"礼法结合"的具体表现。该制度规定，人犯若犯了死罪但非十恶的，而祖父母、父母年老病疾，家中又无成丁扶养老人的，允许具状上请，暂不处死刑而权留养亲。《魏书·刑法志》载："太和十二年诏：犯死罪，若父母、祖父母年老，更无成人子孙又无期亲者，仰案后列奏以待报，着之令格。"《唐律疏议》规定："诸犯死罪非十恶，而祖父母，父母老疾应侍，家无期亲成丁者，上请。"明清律中始有"犯罪存留养亲"的律文。《大清律例·名例》规定："凡犯死罪非常赦不原者，而祖父母（高、曾同）父母老、疾应侍，家无以次成丁者，开具所犯罪名奏闻，取自上裁。若犯徒流者，止杖一百，余罪收赎。"①

传统蒙古族刑法中无存留养亲制度之规定，乾隆初的《蒙古律例》对此也无专门性规定。但在乾隆朝归化城土默特刑事司法实践中，存留养亲制度已得到普遍适用。如在乾隆四十七年（1782）托克托城板达尔什殴伤他人致死一案中，被告人板达尔什在供述中特别强调其"孤子"身份。该案中，据板达尔什供：

> 我是土默特蒙古，三十四岁了，在案属五十家子村驿站色令架章盖属下当差。生母早已亡故，继母白音扣今年六十六岁了，父亲班第现年七十一岁，还有我女人祝拉扣生有一个女儿，并没儿子，也没弟兄，是个孤子，没有产业。②

从被告人板达尔什供述来看，其应知道《大清律例·名例》中关

---

① 张荣铮等点校：《大清律例·名例律》卷十八，"犯罪存留养亲"条，天津古籍出版社1993年版，第106页。
② 土默特左旗档案馆馆藏档案：《托厅通判详报板达尔什压伤张子扬致死书册》，档案号80-4-182。

于存留养亲制度之规定，意识到其"孤子"身份是减轻其罪责的关键量刑情节。故在其供述中便特别强调这一法定减轻处罚量刑情节，恳请"只求把我孤子的情由声明"。托克托城通判对该犯的身份信息也非常重视，"咨明杀虎口驿传道转饬该佐领，查明该犯之父班第实在年岁，该犯板达尔什果否独子，饬知下厅，以凭按拟"。存留养亲制度在清代蒙古地区国家法中一直被完善运用，从现存的《蒙古律例》版本来看，一直到嘉庆九年（1804）理藩院会同刑部奏准的"喇嘛犯罪留养"条对存留养亲制度作了明文规定："喇嘛犯罪如在俗家同居者，准其留养。如虽系孤子，也已弃亲从师另居者，不准留养。"[②]该制度经历了从乾隆时期援引《大清律例》到嘉庆朝在蒙古律中创设专条的过程。究其原因，"嘉庆朝初期，蒙古人的赡养习俗、刑罚观念以及此时期蒙古律的刑罚制度等条件的具备，是蒙古律存留养亲制度形成的内在原因。清廷追求'法制统一'和稳固边疆统治的意愿，则作为外部原因推动了该制度的形成"[③]。

（三）亲属相容隐

亲属相容隐是传统中国法律文化中一项重要法律制度，充分体现了儒家"孝"的伦理法思想。《论语》载："叶公语孔子曰，吾党有直躬者，其父攘羊，而子证之。孔子曰，吾党之直躬者异于是，父为子隐，子为父隐，直在其中矣。"[④]传统中国以"孝"作为立法核心伦理基础，因此，历代统治者均主张屈法而伸孝，汉宣帝地节四年（公元前66年）下诏明确规定："父子之亲，夫妇之道，天性也。虽有患祸，

---

① 土默特左旗档案馆藏档案：《托厅通判详报板达尔什压伤张子扬致死书册》，档案号80-4-182。
② 王国维校注：《蒙古律例》，台湾广文书局1972年版，第155页。
③ 包思勤、苏钦：《清朝蒙古律"存留养亲"制度形成试探》，《民族研究》2016年第1期，第98页。
④ 杨伯峻：《论语译注》，中华书局2009年版，第139页。

犹蒙死而存之。诚爱结于心，仁厚之至也，岂能违之哉！自今子首匿父母，妻匿夫，孙匿大父母，皆勿坐。其父母匿子，夫匿妻，大父母匿孙，罪殊死，皆上请廷尉以闻。"① 诏令从人类亲情的本性出发解释容隐，认为基于血缘、亲情、人伦，容隐之行是出于天性，不可违之且不为罪。容隐以人为本，突出伦常，是人伦精神在法律制度中的直接体现。亲属相容隐原则在汉以后历朝刑法典中均有体现。《唐律疏议·名例》则规定："诸同居，若大功以上亲及外祖父母、外孙，若孙之妇、夫之兄弟及兄弟妻，有罪相为隐；部曲、奴婢为主隐，皆勿论，即漏露其事及擿语消息亦不坐。其小功以下相隐，减凡人三等；若犯谋叛以上者，不用此律。"《大清律例·名例律》"亲属相为容隐"条规定："凡同居，若大功以上亲及外祖父母、外孙、外孙妇、夫之兄弟及兄弟妻，有罪相为容隐。"② 在乾隆朝早期《蒙古律例》中并无亲属相容隐之规定，但随着《大清律例》对《蒙古律例》的渗透，亲属相容隐在蒙古地区刑事司法实践中得到适用的趋势不可避免。

如在乾隆四十八年（1783）归化城洒拉行窃败露羞愧投井淹死一案中，蒙古人洒拉自幼父母俱故，依随其叔腮不痛，家计贫难。乾隆四十八年五月二十五日早晨，洒拉外出起意窃取本村井旁王才所有汲水麻绳，后至本村民人殷贵玉家，入室窃得毛口袋、泥抹铁斧等物。本村王必令同都㾾见洒拉行走慌张，询知洒拉窃得他人之物欲往别处售卖，王必令念洒拉年轻，虑日后事犯有坏品行且恐累及其叔，即用洒拉所窃麻绳同都㾾拴住，带回交腮不痛送官治罪。后各自回归。腮不痛问明被窃事主，斥责洒拉之非，欲行呈送，洒拉再三告饶，自怨无颜在世欲觅死路，腮不痛喝阻。许其找至事主交还赃物。傍晚时，腮不痛甫出门往找事主，洒拉羞愧莫释，乘间急出投井。腮不痛知觉

---

① 班固撰，颜师古注：《汉书·宣帝纪》，中华书局1964年版，第251页。
② 张荣铮等点校：《大清律例·名例律》卷三十二，"亲属相为容隐"条，天津古籍出版社1993年版，第134页。

追阻及喊同村人捞救，业已毙命。①

归化城兵司佐领会同和林格尔通判会审后裁决此案：

> 洒拉跳井身死，委系窃物败露被王必令等拴送回家交伊叔腮不痛送官治罪，虽其叔不即呈送，许其交还事主赃物，洒拉羞愧难堪轻生自尽。王必令、都塄知同村蒙古为窃携有赃物，令其回家不允，用绳拴送交于伊叔，事无不合。腮不痛知其亲侄行窃，不即禀送治罪，律得相容隐，其不能禁约侄子为窃，蒙古律无拟罪之条，应照刑例拟答四十，但腮不痛年已七十，例得收赎，其赤贫如洗且即当场直供其侄行窃，交出赃物情有可原，邀免置议。②

在该案件中，审判官吏认为"腮不痛知其亲侄行窃不即禀送治罪，律得相容隐"，因按照《大清律例·名例》"亲属相为容隐"条规定，洒拉与腮不痛同居，系叔侄关系，属大功以上亲，有罪可相为容隐不论罪。但审判官吏又认为，对于腮不痛不能禁约侄子为窃的行为，虽然《蒙古律例》无拟罪之条，但《大清律例》规定了"不能禁约子弟为窃，答四十"，因此腮不痛应依据该条处罚。从该案审理结果可以得出结论，这一时期的蒙古地区基层司法官吏在刑事审判过程中，深受《大清律例》影响，在涉及伦理问题而《蒙古律例》没有明文规定时，一般以《大清律例》作为法律适用依据。

（四）亲属复仇

在传统中国社会，复仇是与儒家伦理紧密相关的法律和社会问题，

---

① 土默特左旗档案馆馆藏档案：《和厅通判详报洒拉因窃被获自行跳井的呈文》，档案号 80-4-198。

② 土默特左旗档案馆馆藏档案：《和厅通判详报洒拉因窃被获自行跳井的呈文》，档案号 80-4-198。

《大戴礼》曰："父母之仇，不与同生。兄弟之仇，不与聚国。朋友之仇，不与聚乡。族人之仇，不与聚邻。"《礼记·曲礼》载："父之仇弗与共戴天，兄弟之仇不反兵，交游之仇不同国。"按照儒家孝义伦理要求，为亲属复仇是一项伦理义务。但如私相复仇的行为出现得太多，则会对法律秩序造成冲击和破坏，即所谓"今人相杀伤，虽已伏法，而私结怨仇，子孙相报，后忿深前，至于灭尸殄业，而俗称豪健"[①]。因此，自唐之后历朝法律均规定禁止私相复仇的相关律令，如《大清律例》明确规定："若祖父母、父母，为人所杀，而子孙擅杀行凶人者，杖六十。其即时杀死者，勿论。"虽然法律禁止被害人的亲属复仇，但传统法律同时也对私相复仇者体现出一定的宽容度，以显示对儒家孝义伦理的认同和肯定。

蒙古族传统刑法虽有血亲复仇制度之遗迹，但"随着蒙古高原的统一和蒙古民族共同体的形成，这种古老的习俗也逐渐衰落并消失了，取而代之的是蒙古各部与其他民族间的冲突与大规模的战争"[②]。且蒙古地区至清初一直没有受到中原地区儒家伦理复仇观的影响。而在土默特馆藏档案乾隆时期绥远城孟克殴死王德功一案中，刑部同九卿理藩院官员的处理方式体现出对此类行为的宽赦。

该案中，因"王德功饮醉在伊家院内混闹并揪住伊母颈发按地殴打，孟克回家瞥见顺取石块殴打致伤王德功额角、额门、左耳，倒地并擦伤左臂胳，越三日殒命"。刑部同九卿、理藩院认为会审后认为该案"殴由护母，伤系地物，孟克应缓决"[③]。

刑部同九卿、理藩院之所以对孟克作出缓决的审理结果，正是考

---

① 范晔：《后汉书》卷五十八，世界书局影印本1936年版，第23页。
② 那仁朝格图：《古代蒙古族社会规范考述》，《内蒙古师范大学学报》（哲学社会科学版）2010年第1期，第45页。
③ 土默特左旗档案馆馆藏档案：《刑部奉旨对绥远城等处阿拉什等各犯应缓决的咨文》，档案号80-4-197。

虑到此案中孟克的行为是基于护母心切，情由可恕。由此可见，司法官吏在审理蒙古地区刑案时，也会考虑亲属复仇这一酌情量刑因素。

随着清朝对边疆地区统治的不断深入，边疆与内地的政治、经济和文化联系进一步密切，引发了边疆民族地区更深层次的社会变革。在这场社会变革过程中，边疆地区在延续原有传统民族文化和治理结构的同时，更深层次地融入中原地区主导的政治、经济、文化体系中。可以说，清朝对各民族地区实施的一系列统治政策，使各个民族逐步形成了政治利益一致的政治联盟，增强了各民族对清朝政府的政治认同，也使清朝在遭受帝国主义列强侵略的过程中没有出现大规模的国家分裂。[①] 这种变革也体现在归化城土默特法律层面，如在乾隆二十六年（1761），山西按察使索琳的奏折中建议对沿边察哈尔、喀喇沁、土默特地区法律适用问题进行改革：

> 窃照律例一书，原系因地制宜、随时损益。我圣朝钦定刑律节目详明，条分缕析，实为薄海共守之宪章，万事遵行之良法。而惟蒙古所用律例则与内地不同，缘蒙古生长边隅住居，游牧牲畜之外别无，生计事务不烦，故所定律法亦多简易。今则内外一家，渐被日久，沿边察哈尔、喀喇沁、土默特各部落蒙古咸知营治房室、垦种地亩，其安居乐业之情形，实与内地无殊。且民人出口营活者多，命盗事件，往往互相交涉。遇有交涉之案，有照蒙古律办理者，亦有参用刑律办理者，原未拘泥。惟是蒙古律无明文，方准引用刑律，若蒙古律内本有专条，自又不便混行引用。而蒙古专条之内或语涉疑似，或义属笼统，则拟断易致歧互，似应酌为变通，免轻重出入之虞……因沿边察哈尔等处蒙古与民人杂处，易于交涉事件，故敢冒昧敷陈，其外藩蒙古，仍应照蒙古

[①] 余梓东：《论清朝的民族政策》，《满族研究》2005 年第 3 期，第 63 页。

定律遵行。①

从索琳的奏折可知，基于土默特各蒙古部落实与内地无殊，故归化城"偷盗牲畜等物拒捕伤人及蒙古斗殴杀人"等类型案件，其主张强化《大清律例》的适用。由此可见，清代蒙古地区法律的内地化是边疆内地化的一个方面，是清朝整个边疆内地化的一个缩影。无论是对蒙古，还是新疆、苗疆，清政府都在吸纳当地原有法律传统的条件下，将内地的刑罚、量刑原则推广到边疆地区，以《大清律例》补充涉及边疆地区的法律，逐步推行边疆地区法律的内地化，使边疆成为清政府牢牢控制的地区。这一举措，对边疆地区的稳定，中华民族的形成具有深远的影响。② 随着清统治者对归化城土默特地区控制力加强，《大清律例》在特定法律领域有完全替代《蒙古律例》的趋势。

本章小结

为了能够深入地研究和认识清代乾隆朝归化城土默特刑事法律体系，本章首先对后金及清代土默特地区的法源进行了系统研究。依照时间的不同，对土默特地区刑事法律按照"清以前土默特地区蒙古法传统"和"《蒙古律例》形成后土默特地区法律"两个方面，归纳分析后金政权及清初统治者对土默特地区的刑事立法。在归化城土默特刑事立法过程中，通过对土默特地区历史上刑事体系的考察发现，理藩院在其中起到主导作用。清政府在修纂《蒙古律例》时充分考虑了蒙古部落的民族因素。同时，在对《蒙古律例》的修订过程中，为促

---

① 中国第一历史档案馆：《奏为偷盗牲畜等物拒捕伤人及蒙古斗殴杀人等律例敬陈管见事》（乾隆二十六年六月十二日），档案号04-01-01-0250-015。

② 关康：《理藩院题本中的蒙古发遣案例研究——兼论清前期蒙古地区司法调适的原则及其内地化问题》，《清史研究》2013年第4期，第54页。

进边疆地区司法有效治理，维护边疆地区国家法秩序成为《蒙古律例》的修纂理念。

本章一方面对《蒙古律例》的实效性进行了系统研究，主要通过分析《蒙古律例》在贼盗刑案、人命刑案、婚姻刑案中的实效性等方面展开了论述，并通过进一步分析发现，《蒙古律例》是清代边疆地区刑事治理过程中最核心的工具，在盗窃案及部分斗殴伤害案中得到广泛适用，得到蒙古基层地区司法官吏的普遍遵守，具有广泛实效性；另一方面，《大清律例》在归化城土默特地区也得到了广泛适用，但《大清律例》的适用是在《蒙古律例》没有明文规定的情况下，即《蒙古律例》具有优先适用效力。但事关儒家伦理方面及贼盗命案，《大清律例》在乾隆朝后期已逐渐替代《蒙古律例》。随着清统治者对归化城土默特地区控制力加强，《大清律例》在特定领域有完全替代《蒙古律例》的趋势。

第二章 刑案（一）——贼盗刑案

贼盗刑案是传统刑案中最常见的类型，盗即窃盗，《礼记·礼运》载："是故谋闭而不兴，盗窃乱贼而不作，故外户而不闭，是谓大同。"窃和盗的共同点，在于乘人不知而取得非分财物，两者的区别则在犯罪主体亦人和民的血统不同。"贼和蠚同音，属于德韵。贼省作贼；贼借为蠚。……释文贼作蠚。蠚是食禾节的蝗虫，引申为列人而食肉，也名蠚，省作贼。乱贼实是挛贼，亦即捕人杀食。"[①]后期贼则成了伤害的别名，如《管子·七法》："奸民伤俗教，贼盗伤国众。"此时的贼盗即为盗窃、劫夺他人财物。《笺释》："贼，害也。害及生民，流毒天下，故曰贼。盗，则止于一身一家一处而已。明火持械，撞门入室，劫取财物，谓之强盗。响马则白日在道路邀劫者也。江洋大盗则在水路邀劫者也。与强盗相等，而治罪尤严。"[②]

明末清初，归化城土默特的产业类型主要是畜牧经济。康熙朝时，大量民人涌入蒙地租垦，至乾隆朝，土默特地区已成为蒙、民等族杂居之地。而土默特地区部分蒙人失去草场，又不如内地民人善于经营，因而陷入贫困境地。如乾隆十九年（1754），大岱、杜尔巴等四村蒙人联名呈文都统衙门禀称当时蒙人的经济困境：

[①] 蔡枢衡：《中国刑法史》，中国法制出版社2005年版，第148页。
[②] 薛允升：《读例存疑》卷二十五，光绪三十一年京师刊本。

我等数村众人原先均各自孳养牲畜，当差为生，因开垦牧场，我等众人生活渐次下降，牲畜荡然，唯靠田地承担一切赋税，维持生计。以青黄不接，致不能还历年债，去年又遭旱灾，贫穷无计，无处可告。①

孟子曰："民之为道也，有恒产者有恒心。无恒产者无恒心，苟无恒心，放辟邪侈，无不为已。"② 即孟子认为经济因素与涉财犯罪之间存在一定联系，民"无恒产"则会导致犯罪的增多。虽然经济因素不是决定犯罪的唯一因素，但不可否认的是，蒙人的贫困不可避免地导致财产犯罪的增多。同时，部分流入蒙地的民人处于贫困境地，此类人也往往会成为涉财犯罪的高发人群。正是在这种错综复杂的经济社会环境下，贼盗问题成为土默特地区高发性犯罪类型。清代乾隆朝归化城土默特的贼盗刑案主要包括普通盗窃案及牲畜刑案、抢劫刑案等。"而在蒙古地区，朝廷认为最能威胁到社会秩序是偷盗和强盗行为，而对这些罪行唯一的有效政策就是用刑罚镇压。"③ 下文将对此类问题逐一分析。

一、盗窃牲畜刑案

从表3可以看出，在乾隆十一年（1746）至乾隆二十六年（1761）的盗窃案件中，盗窃牲畜类犯罪占了绝大部分比例，42起盗窃案中，只有3起犯罪系盗窃普通财物，其余39起犯罪均为盗窃牲畜类犯罪或与牲畜有关。这一时期归化城盗窃犯罪具有非常典型的地域特征，

---

① 土默特左旗档案馆馆藏档案：《大岱、杜尔巴等四村蒙人联名呈文》，档案号：满文第77卷第167号。
② 钱逊：《〈孟子〉读本》，中华书局2010年版，第84页。
③ 康斯坦：《从蒙古法看清代法律多元性》，《清史研究》2008年第4期，第137页。

明显不同于中原地区的盗窃犯罪类型。蒙古地区盗窃牲畜案多发，主要与边疆蒙古地区特殊的生活及生产环境有关。而在盗窃案中，民人所占比例非常大，占18人，蒙人盗窃比例较低，占13人，回人1人。在42名失主中，表明为民人身份的只占5人。这也和当时土默特地区蒙人经济模式相契合，在乾隆十一年（1746）至乾隆二十六年（1761），蒙人主要还以畜牧业为主。

表3　清代归化城土默特乾隆十一年至乾隆二十六年盗窃案件简况

序号	案发时间	失主身份	被告人身份	被盗物品	归案情况
1	乾隆十一年五月	蒙人据拉什佐领下老占拉什	回人马回子	牛头牛皮	官府抓获
2	乾隆十二年三月十六日	未注明	蒙人班第鄂尔追图	马	官府抓获
3	乾隆十五年十月初四	蒙人归化城察哈尔典齐召拉木扎布喇嘛	民人翁右尔会	牧场牲畜	官府抓获
4	乾隆十五年十月二十一日	蒙人五巴什	民人石英	牛头	官府抓获
5	乾隆十六年七月二十日	未注明	民人李才	马	官府抓获
6	乾隆十八年三月二十三日	蒙人色布腾	民人于五子	马	失主报官
7	乾隆二十一年四月十五日	未注明	蒙人厄尔得尼	驼	官府抓获
8	乾隆二十一年闰九月二十日	蒙人五尔古	民人任三莱	马	失主报官
9	乾隆二十二年正月二十七日	蒙人胡图克	民人郭景名	马	失主报官
10	乾隆二十二年二月十八日	民人唐古忒	民人宋国栋	马	失主报官
11	乾隆二十二年三月十四日	未注明	蒙人七巴克	马	官府抓获
12	乾隆二十二年三月二十三日	蒙人逊都布	蒙人五尔进扎布五巴什	马	失主报官
13	乾隆二十二年六月十六日	蒙人嘛河砸色楞	民人李凤集	窃宰杀牛	官府抓获
14	乾隆二十二年七月二十七日	未注明	蒙人巴尔密特	马	官府抓获

第二章 刑案（一）——贼盗刑案

续表

序号	案发时间	失主身份	被告人身份	被盗物品	归案情况
15	乾隆二十二年九月三十日	未注明	民人李正才	牛	官府抓获
16	乾隆二十二年十月十四日	蒙人五尔古呼家人那逊	蒙人毕齐汉扣	马	失主报官
17	乾隆二十三年六月十二日	民人阿尔那	民人张世爵	牛	失主报官
18	乾隆二十三年十一月十八日	未注明	民人任术	牛	官府抓获
19	乾隆二十三年九月二十五日	民人索约达什	蒙人扎什朋素克	马	失主报官
20	乾隆二十四年三月十五日	蒙人喇嘛扎布	蒙人班第替布	马	官府抓获
21	乾隆二十四年七月十二日	蒙人阿里马称	民人登有	牛	官府抓获
22	乾隆二十四年八月初三	蒙人吴拉忒台吉根扎布	民人刘性	驼两头	官府抓获
23	乾隆二十四年十一月二十四日	未注明	民人李旺	牛	官府抓获
24	乾隆二十五年正月初九	未注明	民人张富子、赵观	牛	官府抓获
25	乾隆二十五年三月初七	蒙人萨勒图召喇嘛宗兑	蒙人阿尔善家	驴皮	失主报官
26	乾隆二十五年三月二十六日	未注明	民人压胡子	骡马	官府抓获
27	乾隆二十五年四月初十	未注明	民人	衣服	官府抓获
28	乾隆二十五年六月二十日	蒙人佛保住	民人楚秉盛	驼	官府抓获
29	乾隆二十五年六月二十三日	蒙人那苏图	民人陶约才	牛	官府抓获
30	乾隆二十五年十月十一日	蒙人乌拉忒章京吹林	民人丁元柱	驼	官府抓获
31	乾隆二十五年十月十三日	蒙人七旺	民人于怀杭	牛	官府抓获
32	乾隆二十五年十一月二十日	蒙人拉特那什第	蒙人扎布	弓一张	失主报官
33	乾隆二十五年十一月二十日	蒙人三扎布	蒙人萨拉扣绍	乳牛	失主报官
34	乾隆二十五年十二月初七	蒙人巴彦达赖	蒙人巴尔克	马	官府抓获

续表

序号	案发时间	失主身份	被告人身份	被盗物品	归案情况
35	乾隆二十五年十二月初十	蒙人萨恰	民人刘全义、王现清	牛	官府抓获
36	乾隆二十六年二月二十八日	民人李维贞	民人李三保	牛	官府抓获
37	乾隆二十六年四月十三日	蒙人喇嘛丹巴林臣	民人秦子印	马	官府抓获
38	乾隆二十六年五月二十五日	未注明	蒙人巴尔党敦多布	马	官府抓获
39	乾隆二十六年七月十三日	蒙人那苏图	民人同大图尔根	牛	失主报官
40	乾隆二十六年九月初七	蒙人那苏图	民人何建仁、何东富	牛	失主报官
41	乾隆二十六年十月十四日	蒙人达赖	民人王冶繁	驼	官府抓获
42	乾隆二十六年十月十九	民人安春	民人裴二	家中物件	失主报官

注：本表格依据土默特左旗档案馆馆藏档案乾隆十一年至乾隆二十六年案件简况（档案号80-4-240）汇总制定。

（一）盗窃牲畜案的司法治理政策

清统治者一直认为窃盗犯罪对整个边疆基层司法和社会秩序危害极大，主要基于边疆蒙古地区特殊的生活及生产环境。因此，清政府非常重视打击盗窃牲畜犯罪，康熙三十年（1678）颁布上谕称：

> 边外无城郭墙垣，故不肖之人易于偷盗，闻比年以来此风日炽，马牛牲畜多被攘窃。边外蒙古俱赖畜牧为业，其家有牲畜可以资生之人，恐被偷盗，各将牲畜圈縶，不行放牧，必致瘦毙。如此则虽可以资生之人，亦必致穷蹙，而贫富同归于困苦矣。尔等宜不时晓谕所属之人，严加禁止，使盗贼永息……①

---

① 《圣祖实录》卷一五一，《清实录》第五册，中华书局影印本1985年版，第677页。

康熙三十八年（1686）上谕又强调了严惩蒙古地区盗贼的必要性和紧迫性：

> 往者塞外多盗，近朕遣人教养蒙古，申严法禁，盗贼屏迹，四十八旗各获生理，风俗稍醇，而图萨独先犯禁，决不可恕，且此法非朕创之也。太宗文皇帝时，因蒙古等无房舍墙垣，法令若轻，则马匹难养，故尔定法以警匪类，嗣后有犯此者，杀无赦。①

康熙帝在上谕中声明，对"盗马人犯"从严处罚的目的在于"定法以警匪类"，但他同时强调此法条"非朕创之也"，故其认为此法条不可改变。在清初，对于蒙古地区盗窃牲畜案的惩罚与中原地区不同，康熙六年（1667）规定：

> 凡蒙古偷盗他人骆马牛羊四项牲畜，一人盗者，不分主仆绞决；两人盗者，一人绞决；三人盗者，二人绞决；纠众伙盗者，为首两人绞决，为从者，鞭一百，罚三九。②

从该条规定可知，当时对盗窃牲畜案被告人适用何种刑罚主要取决于犯罪主体数目，而非所获取赃物的价值。这种只按照参与犯罪主体数目而非按赃值、犯罪情节量刑的刑罚原则，必然导致罪刑的不均衡，且这种定罪量刑模式毕竟与常理、法理相悖。在中原地区，清入关之初，确立了"详译明律，参与国制"的立法指导思想。顺治二年（1645），《大清律集解附例》刊行天下。乾隆元年（1736）六月十九日，刑部尚书傅鼐奏称：

---

① 《圣祖实录》卷一九三，《清实录》第五册，中华书局影印本1985年版，第1049页。
② 昆冈、李鸿章等编修：《钦定大清会典事例》卷九百九十四，赵云田点校，中国藏学出版社2006年版，第150页。

伏查《大清律集解附例》一书，系雍正三年刊刻之板，现今不行之例，犹载其中，恐问刑之员，援引舛错，吏胥因缘为奸。且与其临时斟酌，时时上廑圣怀，不若先事精详，事事立之准则。应请皇上特降谕旨，简命通达治体、熟谙律例之大臣为总裁，将雍正三年刊行律例，详加核议，除律文律注外，其所载条例，有先行而今已斟酌定议者，改之，或有因时制宜，应行斟酌而未逮者，亦即钦遵世宗宪皇帝遗诏，酌照旧章，务期平允。①

该次修律最终成果被后世称为《大清律例》。《大清律例》对偷盗马、牛等畜产类犯罪规定了不同的量刑模式：

凡盗民间马、牛、驴、骡、猪、羊、鸡、犬、鹅、鸭者，并计（所值之）赃以窃盗论。若盗官畜产者，以常人盗官物论。

按照上述规定，《大清律例》对偷盗马、牛等畜产采取的是以计赃论罪作为量刑基本原则。"计赃论罪"是指按照犯罪所得赃物的价值多少来确定刑罚轻重。在中国传统刑法中，"计赃论罪"是财产犯罪的基本量刑原则。《唐律疏议》规定：

窃盗人财，谓潜形隐面而取。盗而未得者，笞五十；得财一尺杖六十，一匹加一等，即是一匹一尺杖七十；以次而加至赃满五匹，不更论尺，即徒一年；每五匹加一等，四十匹流三千里，五十匹加役流。②

---

① 薛允升：《读例存疑》卷五十四，光绪三十一年京师刊本。
② 长孙无忌等：《唐律疏议·贼盗律》，刘俊文点校，中华书局1983年版，第358页。

第二章 刑案（一）——贼盗刑案

罪刑相适应是现代刑法基本原则之一，这一原则与人们朴素的公平公正意识的法律思想相适应，该原则要求对不同的犯罪设定并科处与之相适应的刑罚。虽然在中国传统刑法典中没有明文规定罪刑相适应原则，但儒家"中庸"思想在中国传统刑法文化中占据核心地位。中庸是儒家的道德标准，中庸的重点在"中"字，其含有不走极端，待人接物不偏不倚，调和折中之意。儒家的理论根源源于人性，其思想核心与罪刑相适应的原则相符。"中罚"的应有含义包括犯罪与刑罚的相适应，因此，"中罚"历来是立法者追求的司法理想。一方面，相比于中原地区刑法典的精细化规定，《蒙古律例》立法条文则显得粗糙，已不适应蒙古地区的司法治理，不能达到遏制蒙古地区盗窃行为的目的；另一方面，《蒙古律例》与中原地区施行的《大清律例》在立法精神、刑罚原则上相悖。正因意识到上述立法缺陷，从雍正朝开始，统治者逐渐对蒙古地区盗案量刑采取改革策略。雍正元年（1723），土默特事务刑部郎中福柱等奏：

> 披甲阿纳等盗牛二头，照例应绞立决。得旨，偷盗一二牲畜，即将蒙古立绞，人命重大，嗣后应改为拟绞监候。若从此蒙古盗案渐少，则照此例行。倘蒙古无知，法轻多玩。而盗案比往年较多，则仍照原例拟罪。①

从该资料可知，此时蒙古地区对偷盗四项牲畜的量刑标准已发生改变，是以被偷牲畜数目作为量刑依据，这体现了刑法原则及理念的进步。至乾隆二十四年（1759），清统治者对于蒙古地区偷盗牲畜之刑罚方式又做出了重大调整。乾隆二十四年上谕：

---

① 《世宗实录》卷四，《清实录》第七册，中华书局影印本1985年版，第95页。

蒙古野地，并无房屋院落，而蒙古等俱赖四项牲畜养生，故偷牲畜之贼，其罪视内地窃贼所定较重。但今蒙古例内偷畜寡少之贼拟以绞监候，过数年仍减等放出，定例并无分轻重。此辈皆素习为贼之人，减等放出，仍令住蒙古野地，仍偷牲畜，于有业蒙古全无裨益。嗣后此等贼匪内若偷畜较多情节可恶者，当时即入情实，倘偷畜寡少情有可原者，不若即视其偷畜多少以为远近，分别发遣内地。庶蒙古野地可以清肃，行窃之人亦知儆畏。后刑部会同理藩院，于同年十月初七日议覆，奏准定例。偷蒙古等四项牲畜至十头以上者，首贼拟绞，就近在同知衙门监候，秋审作为情实；六头至九头者，将首贼即发云贵、两广等省烟瘴地方。三头至五头者，发湖广、福建、江西、浙江、江南等省，若数止一二者，发山东、河南等省，俱交驿站充苦差。民人在蒙古地方偷牲畜九数以下者，亦照此例分别治罪，为从者，鞭一百，罚三九牲畜，给付事主。①

乾隆二十四年（1759），清统治者修改了蒙古地区偷盗四项牲畜的刑罚方式，以《大清律例》的发遣刑作为蒙古地区刑罚之一，但对偷盗马、牛等畜产并没有采取"计赃论罪"的量刑原则，这可能主要考虑到量刑程序的可操作性。因在蒙古地区，四项牲畜是重要的生产和生活资料，每年发生的盗窃四项牲畜案很多，如对所有偷盗四项牲畜案均计赃论罪，则可能导致诉讼成本提高，拖延诉讼时间，反而不利于打击此类犯罪。

---

① 昆冈、李鸿章等编修：《钦定大清会典事例》卷九百九十四，赵云田点校，中国藏学出版社2006年版，第151页。

（二）审理偷盗牲畜案的主要证据规则

1. 注重人犯身份信息的查明

在现代刑事诉讼中，特别注重被告人身份信息查明，因为这直接影响被告人的定罪和量刑。人犯身份信息主要包括其年龄、是否有前科等信息，现代科学技术的发展使得司法机关获取上述信息相对容易。在清代蒙古地区刑事诉讼中，人犯身份信息亦为司法官吏所重视，但与现代刑事诉讼不同的是，清代审判官吏更关注犯罪主体亲属关系的相关信息。因为在传统中国法律中，"服制"是审判官吏在刑事诉讼过程中必须查明的核心问题。如在上述乾隆四十九年（1784）巴尔旦扎布偷窃其母舅青奔尔牛头宰杀一案中，审判官吏查清人犯是事主外甥，有外姻小功服制，故裁定：

> 人犯本应依蒙古偷盗牲畜一二匹例发遣，惟是该蒙例无文，自应引用刑律。查律载外姻亲属相盗财物者，大功减四等等语。巴尔旦扎布、巴达尔二犯均应照发遣山东、河南上减四等，各杖七十，徒一年半。系蒙古折枷二十五日，满日鞭七十。①

从此案可知人犯身份信息对定罪量刑的重要性。又如在乾隆四十九年六月王有起意商同郭满库等偷窃沙克都尔等马匹卖钱分用一案中，归绥道认为归化城同知在审理该案时，对犯罪人身份信息均未查清，而加以驳斥：

> 查审办偷马案件，必先究明贼犯向系作何营干，如有伙贼脱逃未获，其籍贯年岁并其留寓口外住居何处，有无家属，向来作

---

① 土默特左旗档案馆馆藏档案：《归化城同知详报会讯巴尔旦扎布偷青奔尔牛只案情》，档案号80-4-240。

何营生，亦必向现审案犯逐一究明，均不便率忽了事。此案逸贼郭满库向来作何行业，并是否与该犯王有同院居住，有无家属以及籍贯年岁均未讯及，该犯王有向来作何营干谋生并其子王喜子年岁亦未讯及。①

同时，由于清代归化城土默特蒙、民等各民族杂居，蒙、民交涉案件甚多，而犯罪主体是否包含蒙人，则直接影响到不同诉讼程序启动及法律的适用，乃至影响刑罚执行。如乾隆四十九年（1784）刘丑子偷窃丹巴一案中，和林格尔厅通判咨称：

> 会审刘丑子即扎米扬诺尔布行窃蒙古丹巴等牛头一案，缘刘丑子本系左云县民人，自幼父母俱故，无人依养，八岁时随伊叔口外乞食，过继与蒙古索诺木为子，改名为扎米扬诺尔布，并未呈明本管章京。该犯至十四岁即潜逃岱海地方。乾隆四十七年，该犯同素识之镶白旗蒙古伍把什之子巴延猛克均在岱海地方佣，后刘丑子伙同他人行窃蒙古丹巴、纳素牛各一头被抓获。②

在该案中，刘丑子是蒙人还是民人身份，直接影响本案的司法程序的启动及刑罚执行。正因如此，和林格尔厅通判才将刘丑子的身份信息作为必须查明的案件事实，在庭审过程中予以查清。

另外，在偷盗案件中，应查清"盗犯之伯叔兄弟是否同居，有无知情分赃，俱应问罪，再盗犯之妻子、未及许嫁之女俱要变卖赔偿，于盗犯初获到案，即应讯明，叙入获报文内"③。之所以要查清上述事

---

① 土默特左旗档案馆馆藏档案：《归绥兵备道驳审讯王有盗马一案漏洞的咨文》，档案号80-4-261。
② 土默特左旗档案馆馆藏档案：《和厅通判详报刘丑子偷牛一案情形书册》，档案号80-4-257。
③ 徐栋辑：《牧令书·刑名下》卷十九"勘丈"，道光二十八年刊本。

实,主要在于防止遗漏盗案同案犯及便于赃物及时起获。上述刘丑子偷窃丹巴一案中,和林格尔厅通判及时查清刘丑子如下身份信息:

> 该犯父母俱故,讯无伯叔弟兄分赃情事。其在外为匪,已从索诺木家逃出,并无地址,亦无稽查之牌甲,亦毋庸议。索诺木私自收留刘丑子,并未报明该管章京,应归宗,照律免罪。①

2. 罪从供定,犯供最关紧要

在现代刑事诉讼中,被告人供述和辩解及证人证言等言词证据,有利于及时查清犯罪时间、地点、手段及所涉案财物。在清代刑事诉讼中,由于刑事侦查技术的局限性,一些疑难刑案往往难以及时侦破。因此,被告人供述和辩解及证人证言等言词证据,对于及时查清案情,往往更具有证据价值。显而言之,被告人认罪口供成为司法官吏追求的首要取证目标。在清代归化城土默特盗窃牲畜案侦破及审理过程中,言辞证据往往成为案件的核心证据。如乾隆四十七年(1782)车楞等偷窃库尔替马匹一案中,据该案被告人之一车楞供称:

> 小人系乌拉特东公旗下五巴什佐领下人,素于土默特包头村八拜牧放牲畜。本年二月初九日,有本旗什尔吗、七密倒尔计至臭水井,纠叫窃牧放马匹。至十四日晚,什尔吗、七密倒尔计将伊牧放八拜之马窃取十三匹,赶回乌拉特地方,许以卖马后三股均分,至今并未给与银钱。什尔吗、七密倒尔计俱系东公所属阿扎尔佐领下人,求提质对等供。②

---

① 土默特左旗档案馆馆藏档案:《和厅通判详报刘丑子偷牛一案情形书册》,档案号80-4-257。
② 土默特左旗档案馆馆藏档案:《归绥兵备道请转咨东公旗拿获盗马贼以便结案的咨文》,档案号80-4-207。

据本案被告人什尔吗、七密倒尔计供述：

> 我们商同车楞偷窃马十三匹属实，我两个于二月十五日赶至茂明安和雅喇波勒克地方，交给黑人车楞巴尔几勒与我们喂养倒换。他先给了我们黑枣马一匹，他们二月里在和雅喇波勒克地方住着，如今或找好草地方搬了也不定。车楞巴尔几勒之兄喇嘛葛尔替七楞亦系知情，如今车楞巴尔几勒弟兄将我们的马匹倒换了没有，只求查起就是了。①

《牧令书·刑名下》卷十九载："地方被盗，必以事主呈报失单为据状，至即传入事主询其被盗情形。"因此在盗案中，事主的陈述甚为重要，据本案的被害人库尔替禀称：

> 本年二月十四日晚，被贼偷去八岁口红花马一匹，七岁口海伦马一匹，五岁口黑马一匹，七岁口红马一匹，二岁口白马一匹，七岁口黑骡马一匹，五岁口银合骡马一匹，三岁口黄花骡马一匹，三岁口红骡马一匹，五岁口土花骡马一匹，二岁口红马一匹，五岁口红骡马一匹，有他叔父八拜的三岁口红花骡马一匹，共马十三匹，在臭水井草场被贼偷去。②

本案中，萨拉齐通判所取的言词证据看似完整，并以茂明安旗不予配合抓捕贼犯而禀报归绥道，要求归绥道将此案上报至刑部。但归绥道对萨拉齐通判所获取的本案言词证据甚为不满，拒绝了萨拉齐通判要求将此案上报至刑部处理的请求，并在其驳饬中指出此言词证据

---

① 土默特左旗档案馆馆藏档案：《归绥兵备道请转咨东公旗拿获盗马贼以便结案的咨文》，档案号 80-4-207。

② 土默特左旗档案馆馆藏档案：《归绥兵备道请转咨东公旗拿获盗马贼以便结案的咨文》，档案号 80-4-207。

之内在缺陷：

> 今该厅详文内获贼什尔吗等供，将偷窃的马匹交给车楞巴尔几勒等喂养倒换等语，查交给之马匹是何毛片，倒换之马匹是何毛片，共倒换马几匹，现在何处，并未讯明。七密倒尔计等交十三匹马时，车楞巴尔几勒等给与七密倒尔计等黑枣马一匹，此马有无查获，亦未声明，且凡有报部案件，务必须将前后情节逐一叙明方可报部，免致驳饬。查此案系偷马至十匹以上重案，如办理未能确实，难以报部。①

清代司法官吏在审理刑案时，查清案件的核心事实是裁决的基础和前提，而刑案的基本事实需要证据证明，"罪从供定，犯供最关紧要"②，获取被告人的口供是基层审判官吏进行司法证明的核心环节。在本案中，归绥道正是以理性思维为基础，通过对本案言词证据的比较分析，寻找证据与证明目的之间的断裂点，认为本案未讯问销赃、收赃人员关于被盗抢财物的流转具体情况，言词证据与待证事实之间难以相互印证，形成完整的证据链。归绥道同时指出本案的赃物并未查获，"车楞巴尔几勒等给与七密倒尔计等黑枣马一匹，此马有无查获，亦未声明"③。在涉案赃物未查获，证据体系存在缺陷，前后情节未能逐一叙明的情况下，将该案上报至刑部，有可能导致被驳饬。在归绥道的坚持下，萨拉齐通判对此案证据做出补充查证："其车楞巴尔几勒先给之黑枣马一匹系七密倒尔计拉回，后在淤泥内陷死，皮张业已变

---

① 土默特左旗档案馆馆藏档案：《归绥兵备道请转咨东公旗拿获盗马贼以便结案的咨文》，档案号 80-4-207。
② 土默特左旗档案馆馆藏档案：《萨拉齐通判详报库尔替被窃马案书册》，档案号 80-4-196。
③ 土默特左旗档案馆馆藏档案：《和厅通判详报洒拉因窃为获自行跳井的呈文》，档案号 80-4-198。

卖。"① 清代司法官吏正是通过这种对证据体系的分析判断，尽量构建起证据之间相互印证、排除合理怀疑的证明体系。

图 1　车楞等偷窃库尔替马匹一案②

（清代乾隆时期，畜牧业在归化城土默特的经济结构中仍占重要地位，故在涉财案件中，牛马仍是盗窃罪主要侵害对象。司法官吏在审判时非常注重证据规则的运用。）

3."入誓"制度

"入誓"制度来源于蒙古族传统司法文化，在广袤无垠的蒙古边疆草原地区，民众缺乏日常性联系。在刑案发生后，官方往往很难及时获取到有效证据。因此，在蒙古司法文化中长期存在"入誓"证据制度，即遇到疑难案件时，令当事人宣誓，宣誓后其言词即认为具有可靠性。如《喀尔喀法典》规定：

> 若处理偷盗案时，曾由赛特宣誓被控告人清白无罪，其后被宣告清白无罪之贼人被确定为坏人，即应由诸赛特中之长者宣誓。

---

① 土默特左旗档案馆馆藏档案：《归绥兵备道请转咨东公旗拿获盗马贼以便结案的咨文》，档案号80-4-207。
② 插图绘制：韩弘力，内蒙古科技大学文法学院。

若此赛特宣誓声称，上述赛特未与贼人商量，他确不认识贼人，则以前宣誓之赛特即可免罪。①

《蒙古律例》"贼罪可疑者发誓"条也规定了该项制度：

> 偷盗骆马牛羊情有可疑者，令其发誓，入誓者免罪完结，不入誓者视其所偷牲畜数目多寡，照例分别立决、监候、发遣。②

"入誓"制度属于神明裁判的一种，该制度产生于人类司法证明方式发展的早期阶段，其存在基础是对神灵的虔诚信仰。蒙古族基于朴素的宇宙观，在其司法实践中设定了该项神明裁判制度。"宣誓的办法，虽说是，'能举出罪证的盗犯之中，谁声明说自己是清白的，谁就拿起斧头'，但这并非唯一的办法。""宣誓者除当事人本人外，还有许多情形是由第三者，如和硕、鄂托克、爱玛克、阿寅勒的诺颜、斋特、达尔嘎、收楞额宣誓的。下层社会集团即由其头头，上级则由其役吏或诺颜宣誓。"③但在清代归化城土默特基层刑事司法实践中，现存刑事司法档案中，却较少发现在审理命盗案件时适用"入誓"，唯一涉及"入誓"的刑案是乾隆三十五年（1770）的武信盗窃案，该案基本案情如下：

> 刑部咨山西司案呈，刑科抄出护晋抚朱题前事等因。乾隆三十六年十二月二十一日题，三十七年二月初八日奉三法司核拟

---

① 余大钧译：《喀尔喀法典》，内蒙古大学蒙古史研究所编：《蒙古史研究参考资料》1982年9月，第9页。
② 王国维校注：《蒙古律例》，台湾广文书局1972年版，第58页。
③ 田山茂：《近代蒙古裁判制度》，内蒙古大学蒙古史研究所编：《蒙古史研究参考资料》1982年9月，第63—64页。

具奏，钦此。本部会同吏部、理藩院、都察院、大理寺会看得萨拉齐通判承审民人武信伙同蒙古索楞等偷窃蒙古鄂特浑等马匹一案，据护晋抚朱疏称缘武信籍隶太原县，向在归化城贩卖生理，与蒙古索楞素相认识。乾隆三十五年十一月内，索楞撞遇武信，道及贫难，起意偷窃，与武信各骑马匹纠邀素识之蒙古金巴入伙，于十四日夜偷窃蒙古登进马三十二匹，除走失马十匹并索楞拉去马二匹外，余马武信卖得银钱三人分用。又三十六年五月内，金巴赴武信家内，武信起意纠邀蒙古七令同伙三人，各骑马匹于二月二十三日夜偷窃蒙古鄂特浑、旺扎尔、达尔济马三十匹，赶赴清水河厅地方售卖，被鄂特浑央同蒙古伊莫并清水河厅役侯正升、王子荣，将武信等及误与武信同行贩马之崔牛子一并拿获，武信等恳求罚誓，鄂特浑即行释放。崔牛子言非同伙，鄂特浑仅给马一匹而去。鄂特浑谢给伊莫等马匹并武信所遗衣物各散。嗣经清水河厅差役将武信等缉获移解，屡审供认前情不讳，赃马俱经主认，正贼无疑。①

在该案中，武信与同伙赶赴清水河厅销赃途中，被侯正升、王子荣等将武信等及误与武信同行的贩马之崔牛子一并拿获，武信等恳求罚誓，武信的罚誓得到事主鄂特浑认可而逃脱。而刑部对武信的罚誓持否定态度，认为侯正升、王子荣，"但既经拿获赃贼，听从事主释放并不拦阻，均应照不应重律杖八十，各折责三十板，革役"②。

由刑部对侯正升、王子荣的处罚可知，刑部认为武信的罚誓是无法律效力的，但刑部未进一步解释武信的罚誓无法律效力的原因。我们固然不能仅凭个案，得出"入誓"制度已在清代蒙古地区司法实践

---

① 土默特左旗档案馆馆藏档案：《刑部移咨盗马贼武信依拟绞决咨文》，档案号 80-4-85。
② 土默特左旗档案馆馆藏档案：《刑部移咨盗马贼武信依拟绞决咨文》，档案号 80-4-85。

中失效的推论。但笔者认为，结合土默特地区大量盗窃案件刑档，"入誓"制度在蒙汉交涉刑案中基本废置不用。究其原因，"入誓"制度存在的基础是对神灵的虔诚信仰，而民人向来"重人事轻鬼神"，在中原地区的法典中也鲜见神明裁判的踪迹。随着归化城土默特民人的大量涌入，蒙古族传统的"入誓"制度必然存在普遍的信任危机，在该地区盗窃案件中，"入誓"制度已失去其适用的前提性基础条件，即民众的信仰基础。正因如此，在归化城土默特刑事司法审判实践中，包括贼盗案件的大量刑案审理以证据裁判为主要原则，司法官吏在刑案审理过程中，非常注重证据的收集、固定、审查和运用，证据在查明案件事实的过程中发挥决定性作用。

4. 盗贼唯凭赃定赃

清人王凤生总结了贼盗案审理经验：

> 盗贼惟凭赃定赃，真则盗确罪，无可宽。惟鼠辈狡黠性成，每获到案，必将真窝真赃隐匿不吐，而嫁祸于平时嫌怨之人，指为寄买赃物，其有禁押。乏钱捕役牢头教串择殷而噬，一经吊赃传案，吏役为之从中说合，给贼多资，使其卸供省释，大众分肥。乡曲愚民最受其害，如学治臆说所论，余悉照法行之，捕贼俱不敢肆横，然远贼必有近窝，无论陆路负戴多赃不能远涉，即小舟偷越亦难以昼行，故凡获贼案必须严究窝家，又不可任其狡称尽卖与不识姓名人含混完案。①

因此，在盗案中查清赃物的种类、数量、特征、去向等情况，对于盗案的及时破获显得尤为重要。现代刑事诉讼过程中，赃物的查获与确认在盗窃案的证据体系中也处于非常重要的地位。如《贵州省

---

① 徐栋辑：《牧令书·刑名下》卷十九"盗贼案"，道光二十八年刊本。

高级人民法院、贵州省人民检察院刑事案件基本证据要求》（黔高法〔2016〕47号）规定："被盗抢赃物查获在案的，应组织被害人或其家属、犯罪嫌疑人进行混杂辨认。应询问销赃、收赃人员关于被盗抢财物的流转情况。"在清代归化城土默特盗案的侦破、审理过程中，赃物的确认亦是承审官吏的首要工作。如乾隆四十六年（1781）鲁布桑金巴盗窃案中，佐领古木色令都尔图报案禀称：

> 职等遵即带领兵丁在城附近各处巡查贼盗，于本年七月二十三日晚，走到牛桥见一蒙古骑黑马一匹同一喇嘛拉马一匹带酒行走，情形可疑，随即盘问，喇嘛即骑马跑走，职等将骑马蒙古拿获，又令巴图带领兵丁追赶至水泉村，将跑走之喇嘛拿获。随即查问喇嘛，口称名叫鲁布桑金巴，是喀尔喀达尔汗贝勒旗下台吉要速图家人。本年六月初八日记不清日子，意欲来城正走间，有西贝斯家人明珠尔骑红青马一匹，都古扎布尔骑红青马一匹，二人都身背鸟枪，又有那旺贝斯家人特旺多尔计骑骒骝马一匹，三人从后赶来，同到一处。特旺多尔济说他们从城西白塔尔后抢来马二匹，本年五月初几记不确日子了。同台吉吹金扎布、达什敦多克、台吉朝克图家人五巴什、敦度佐领下克什克图、台吉要速图家人班音珠尔我们六人从毛房院明珠尔内群偷来马九匹，乞问吹金扎布就明白了。随查问吹金扎布，据称行窃明珠尔马匹属实等语。①

归化城蒙古民事同知随即同兵司参领伊达水扎布会审当堂逐加研讯，据被告人鲁布桑金巴供：

---

① 土默特左旗档案馆馆藏档案：《归化城同知详报嫌犯吹金扎布暂回旗管束书册》，档案号80-4-209。

小的是喀尔喀达尔汉贝勒旗下五巴什佐领下人。今年三十三岁了,旧年七月里,小的同本旗吹金扎布来城,寻不见受苦地方,走到牛桥就被蒙员带领兵丁们将我们拿获,说是在白塔尔抢了达什扎布的马,小的们原说没有,他们就要吓打,小的害怕就混供说有那旺贝斯家人特旺多尔计说过,在城西白塔尔抢过马两匹,又问小的还偷过毛房院马匹,小的原又随口供说五月里,小的们同五巴什、克什克图、达什敦多克、班音珠尔偷了毛房院村的马匹是有的,其实小的们并不知抢达什扎布的马匹,也没有偷过毛房院村的马匹是实。①

吹金扎布的供述与鲁布桑金巴相同,其亦称鲁布桑金巴害怕拷打,就混供说偷窃过毛房院村外的马匹。审理此案的归化城蒙古民事同知认为:

　　查吹金扎布、鲁布桑金巴虽非此案正犯,但所供偷赶毛房院村外马匹似属可疑,屡次严诘并无赃据,且毛房院村亦无报窃马匹案件,其为被吓混供似属可信。②

清人何耿绳认为:"盗以赃获为定,赃以事主确认为定。"③归化城蒙古民事同知认为在该案中无赃据,且无受害人报案材料,无证据证明盗窃基本事实的发生。因此,鲁布桑金巴不应构成犯罪。但刑案案情错综复杂,有时会出现被告人陈述案情时避重就轻,同案犯又脱逃,

---

① 土默特左旗档案馆馆藏档案:《归化城同知详报嫌犯吹金扎布暂回旗管束书册》,档案号80-4-209。

② 土默特左旗档案馆馆藏档案:《归化城同知详报嫌犯吹金扎布回旗管束书册》,档案号80-4-209。

③ 徐栋辑:《牧令书·刑名下》卷十九"例案简明",道光二十八年刊本。

被害人又夸大损害的情况，使得盗赃数量难以确定，这时就需要司法官吏采用理性的司法技巧进行甄别推断。如在上述王有商同郭满库等偷窃沙克都尔等马匹卖钱分用一案中，归化城厅同知通判会审该案后禀报归绥道，但归绥道认为此案所偷马匹数目没有查明，其认为：

> 此案赃马虽据查讯事主共有四人，各主马匹亦系各占山沟牧放，满达户亦供认只偷马五匹。其郭满库等虽未到案，但王喜子系王有之子，断无不将伊自己所窃马数向王有切实讯明。而郭满库与王有究竟各分得银钱若干，亦未讯明，均属草率。王有招引李继等三人到伊家住歇买马，李继带钱五十余文，李永太等俱各带有现成银两。王有既欲图得银钱，起意商嘱郭满库等偷卖，势必计算李继等所带银钱数目，约计偷马若干，足数卖给郭满库等。起身往偷时，王有断无不将应偷数目酌量告知，此时郭满库脱逃未获查讯，事主供称各沟牧放核计数目均在十匹以下，该犯王有希图避重就轻，亦遂不将彼时商定所偷数目供明，希图狡展，案情亦尚有不实不尽之处。①

刑事推定是现代刑事诉讼中常见的认定案件事实的方法。通过刑事推定，可以使犯罪构成要素中一些无法通过证据直接加以证明的要素得到确认，如对诈骗类案件主观要件的推定，贩卖毒品案件中对于毒品数量的推定。归绥道在该案审理的过程中，从常理常情出发，认为"王喜子系王有之子，断无不将伊自己所窃马数向王有切实讯明"。同时，以李继所带的银钱数为推论基础事实，推定王有必定以李继所带的银钱数，作为其偷马数目的计算基准，进而得出推定事实，认为

---

① 土默特左旗档案馆馆藏档案：《归绥兵备道详报驳饬归万审讯王有盗牛一案漏洞的咨文》，档案号80-4-261。

王有在本案盗马数量上存在虚假口供,希图避重就轻逃避处罚。虽然在中国传统证据法理论中,并未有真正现代意义上的刑事推定规则;但在此案的审理过程中,审判官吏运用朴素自发的刑事推定规则,以日常经验法则为推定技巧,通过对已查明的案件基础事实进行分析,解决了本案中被告人关于盗马数量口供的真伪问题,而非简单地按照所谓的"有罪推定"刑事理念裁判案件。司法官吏在审理案件的过程中,非常注重证据的收集、固定、审查、运用,确保证据裁判在查明案件事实中发挥决定性作用。

二、盗窃普通财物刑案

与抢劫、故意杀人一样,盗窃可以算是人类最古老的犯罪之一。在中国传统刑法中,最初对于盗窃的对象是明确限定范围的。《大戴礼记·千乘》载:"作于财贿六畜五谷曰盗。"随着中原地区经济的发展,物质财富的种类增多,这种列举式规定盗窃对象的立法模式无法适应司法实践的需要,故《唐律疏议》改变了盗窃罪对象列举式立法模式,称"物有巨细,难以备论,略举纲目"。与同时期中原地区以农业为主的经济结构不同,畜牧业在乾隆朝归化城土默特依然占很大比例。故在现存司法档案中,乾隆朝归化城土默特的普通盗窃财物案非常少。但我们仍然可以从这些刑案中,分析出这一时期盗窃普通财物刑案的特征。

(一)普通盗窃财物案发案情况

在乾隆朝,归化城土默特盗窃普通财物刑案发案数较少,远低于盗窃牲畜类刑案。从现存记载较为详细的几件普通财物盗窃类刑档来看,稍微贵重的财物的失主主要为基层官吏阶层。如乾隆五年(1740)八月原任昆都仑协理通判叶赫那布衙内被盗衣物一案中,据被告人侯保供称，其与鲁县捕役崔金其、韩国良、赵国成三人商议，要偷昆都仑衙门。二十六日夜，侯保等四人先在衙门东首山坡上龙王庙内藏着，三更时候，在衙门后围墙东北角上拆了一个墙缺进去，窃得青花棉套一件，还有缎棉袍当票一纸等赃物。①

盗窃官署属重案，但本案所起获的赃物却十分有限，仅窃得青花棉套一件，还有缎棉袍当票一纸等赃物，且本案被告人还系合谋作案。这反映出在经济社会转型期，归化城土默特的财富种类非常单一，主要以牲畜为主，普通民众持有的非牲畜类财富的比例非常小。这也在一定程度上解释了为何在清代土默特地区普通财物盗窃案发案比例如此之低。从前文表3可以看出，这一时期盗窃案中被窃财物主要为牛、马等牲畜类，普通财物种类极少，主要为家中物件及弓箭等。

（二）盗窃财物案与贫富分化趋势

明末清初，土默特地区的畜牧经济仍占据重要地位。康熙朝时，随着大量内地民人涌入蒙地租垦，至乾隆朝时，土默特地区已成为蒙、民等族杂居之地。清前期土默特地区蒙人主要生产资料为"蒙丁地"，《清代边政通考·耕牧》载："顺治七年定，外藩蒙古，每十五丁，给地广一里，纵二十里。"但土默特地区普通蒙人因开垦牧场而失去草场，又不如民人善于经营，因而陷入贫困境地。从保存下来的盗窃类司法档案可知，这一时期财富日益积累到少数蒙人手中。"从资产情况来看，佐领以上的官员的豪富之家占有大量土地，如左翼都统古禄格家族拥有户口地、随爵地和牧场约千顷。辅国公喇嘛扎布及其家族原先拥有大青山后广阔的牧场，乾隆初年划拨驻防八旗马厂后，他除了捐给普会寺膳召地千余顷之外，仍有大公村一带和火烧地、克勒沟

---

① 土默特左旗档案馆馆藏档案：《昆都仑通判申报侯保等四人盗窃昆都仑通判衙内衣物案》，档案号80-4-19。

等处土地千余顷。"① 普通蒙人因贫困犯罪者日益增多，因而影响社会稳定。如乾隆五十年佐领巴力密特失窃一案，即反映了这种贫富分化趋势：

> 托克托城通判为报明被窃事，乾隆五十年十月三日，据卑属五申村蒙古三雅图索、旺第、阿力不探报称，原本月初六日夜，本官佐领巴力密特在归化城差务不在家，不知何时被贼爬北墙入院，拨开窗户进室将柜橱捅开，窃去石青缎灰鼠皮褂一件，随红蜡扣五道；青缎银鼠皮褂一件，随琥珀扣三道；石青花缎棉褂一件，古铜绒领，随镀金扣五道；石青花缎袷褂一件，随镀金扣五道；石青缎金花袷褂一件，紫绒领，随银扣五道；青坎肩一件，金黄碎花缎袷袍一件，石青褐子棉袍一件，绿缎碎花棉袄一件，红缎碎花棉袄一件，桂紫绫女袄一件，月蓝布大女衫一件，京花鞘小刀一把，桂紫绉细五尺，花布手巾二块，红花布包袱一个，蓝明棱包袱一个。次早知觉，着家人告知。我们在四外找寻无获，不敢隐匿，理合报明等情。②

从该案的失窃清单，可以看出作为基层官吏的佐领巴力密特的富裕程度。而与之形成鲜明对比的是，众多普通蒙古民众则处于一种赤贫状态，"清代蒙古地区的社会统治阶层包括世袭的王公贵族、僧侣封建主，被统治者则包括向王公、僧侣缴纳贡税的阿勒巴图、私属民以及奴仆。前者通常占有较多的人畜财产，后者不但占有财富较少，且需要为前者服役。理藩院题本中的蒙古流犯，大多是被统治者，这些蒙古社会下层的民众，往往因为生计艰难，忽然起意盗窃牲畜，最终

---

① 晓克主编：《土默特史》，内蒙古教育出版社2008年版，第345页。
② 土默特左旗档案馆馆藏档案：《昆都仑通判申报侯保等四人盗窃昆都仑通判衙内衣物案》，档案号80-4-19。

被流放"①。

图 2　佐领巴力密特家失窃案②
（清代归化城土默特贫富分化严重，社会下层的民众往往因为生计艰难而盗窃。从佐领巴力密特失窃案财物清单，可知佐领巴力密特的富裕程度。）

如从乾隆四十六年（1780）蒙人淖克图扎伤哈达逊一案中可知，伊达木扎布佐领下披甲淖克图父母都已死，没有妻子，没有地方居住，而向其他蒙人借了一间空屋居住，连日常生活用具都没有，故而向蒙人哈达逊借了一个碗，平常靠拾粪为生，赤贫程度由此可见。③

有学者认为，客民中有些人是从关内"驮着银子出口来当老财的"，有些则是关内的奸究之民，他们是为"抱金娃娃"而进入蒙古地区。前者为富不仁，自不待说；后者则机关算尽，甚至不惜行凶杀人，

---

　　① 关康：《理藩院题本中的蒙古发遣案例研究——兼论清前期蒙古地区司法调适的原则及其内地化问题》，《清史研究》2013 年第 4 期，第 50 页。
　　② 插图绘制：韩弘力，内蒙古科技大学文法学院。
　　③ 土默特左旗档案馆馆藏档案：《清水河通判呈报淖克图扎伤哈达逊详情》，档案号 80-4-144。

许多矛盾和纠纷的始作俑者就是这些人。① 笔者认为，上述说法失之偏颇。一些民人在蒙古地区没有恒产，无法谋生，因而走上了偷盗或劫掠的犯罪道路。在某些情况下，蒙人与汉人会合谋犯罪，在此情形下，民族身份因素与犯罪无关，经济因素才是犯罪的最根本原因。如乾隆三十八年（1773），因盗牛被发遣的被告人毕礼克图供称："小的上年十二月初六日，遇素日认识的民人谢财……互相提起贫穷难以谋生。小的说：'似这般困苦，若盗得几头牛卖钱分着用岂不好？'谢财同意。"同案民人谢财供认："小的是山东人，本年四十一岁，家中并无父母兄弟，也没有财产，小的甚是穷困，独自流浪在外。在口外谷子营地方流寓养蚕为生。"② 整体而言，涌入蒙地的大量民人，绝大部分是安分守己的普通底层民众，这些民人的到来，促进了归化城土默特经济的发展和转型。我们从归化城土默特一些盗窃案被害人的身份信息来看，这些被害人一般从事一些普通商贸业或农业，而非"为富不仁"或者会"行凶杀人"。如乾隆四十八年（1782）五月民人杜有尚被盗布匹钱文一案中，据事主杜有尚供：

> 小的是忻州人，在东老丈营村货郎生理，五月初八日夜，小的因天气炎热，没上窗户，被贼爬墙进院，由窗入室窃去布匹钱文，第二日天明方知。查明被窃白布二十尺、制钱八千文。③

不仅在盗窃案中，在归化城土默特其他一些刑案中，当事人的身

---

① 晓克主编：《土默特史》，内蒙古教育出版社2008年版，第351页。
② 《兼管理藩院尚书事务兼工部尚书福隆安等题议土默特贝子毕礼克图等盗牛按律分别拟罪事宜本》（乾隆三十八年闰三月二十二日），《清朝前期理藩院满蒙文题本》卷十三，第341页。转引自关康：《理藩院题本中的蒙古发遣案例研究——兼论清前期蒙古地区司法调适的原则及其内地化问题》，《清史研究》2013年第4期，第50页。
③ 土默特左旗档案馆馆藏档案：《萨拉齐通判申报东老丈营村杜有尚被窃布匹钱文一案甘结与书册》，档案号80-4-215。

份也一般为普通民众，很少见到所谓的"奸宄之民"。那些为个人生计而涌入归化城土默特的内地民人，在一定程度上促进了清代蒙古地区经济的发展，促进了该地区的民族融合。

三、抢劫刑案

抢劫是现代刑法罪名体系中一种常见罪名，《中华人民共和国刑法》第二百六十三条规定，抢劫是以非法占有为目的，对财物的所有人、保管人当场使用暴力、胁迫或其他方法，强行将公私财物抢走的行为。在中国传统刑法中，并无"抢劫"之罪名，但《大清律例·刑律·贼盗》具体列举了诸种抢劫行为，"凡强盗已行，而不得财者，皆杖一百，流三千里。但得财者，不分首从，皆斩。若窃盗临时有拒捕及杀伤人者，皆斩"。

（一）《蒙古律例》中抢劫刑案刑罚演变

在蒙古族法文化传统中，死刑的适用是非常慎重的，宽容教化是主要的刑事立法理念。如对于抢劫重罪，蒙古族传统刑法只规定了监禁刑，《喀尔喀法典》规定：

> 若有人犯盗（抢劫），无论盗贼多寡，一律掘一深，宽为4阿勒丹（"阿勒丹"——两手向左右平伸的长度）之牢，监禁一年。主犯之妻、子、帐幕和牲畜全部没收，交给牲畜的主人，从犯每人罚三九博多。盗贼出牢后，每人鞭打1000，并捡柴三年。[1]

---

[1] 余大钧译：《喀尔喀法典》，内蒙古大学蒙古史研究所编：《蒙古史研究参考资料》1982年9月，第16页。

第二章 刑案（一）——贼盗刑案

康熙六年颁布的《蒙古律书》对于抢劫犯罪的最严厉刑罚为斩刑：

> 凡抢劫物件者，若为王等，则罚马百；若为札萨克诺颜、固山台吉、公等，则罚马七十；若为台吉等，则罚马五十；若为平人，则斩。①

与中原地区的刑罚相比，康熙六年关于抢劫罪的刑罚规定到乾隆朝时，已不能体现严惩贼盗犯罪的刑罚目的。在当时中原地区刑法典中，有诸如凌迟刑、枭首、绞刑等刑罚，而这些刑罚很多都是蒙古族传统刑罚体系中所没有的。而贼盗刑案严重地扰乱蒙古地区的经济发展和法制秩序，历来是统治者打击的重点，故至乾隆时期，曾专门颁布上谕称：

> 康熙年间曾派御前侍卫等赴口外一带查拏盗贼，缘口外地方辽阔最易藏奸，非内地可比。如直隶前办盗犯马什之案即系在口外行劫，该省地方官因循未审，特提至行在交军机大臣，严加研鞫立正典刑，并将贻误各员分别治罪。自此大加惩创之后，数年来口外一带盗风渐熄，但恐地方官日久玩生又疎于缉捕，着传谕梁肯堂仍宜留心，并饬口外各属实力巡查，务使劫盗潜踪地方安静，不可稍有懈忽。②

正是在这种严惩盗贼的立法理念影响下，乾隆二十八年（1762）十一月，军机大臣按照乾隆上谕，会同刑部、理藩院议奏定例，对

---

① 李保文：《清朝〈蒙古律〉的题名及其历史作用》，《故宫学刊》2007年12月第3辑，第43页。
② 土默特左旗档案馆馆藏档案：《传上谕口外地面辽阔最易藏奸望实力巡查咨文》，档案号80-4-377。

《蒙古律例》第七十三条做了修订,重新制定的条文如下:

> 官员、平人或一二人伙众强劫什物杀人者,不分首从,俱即处斩,枭首示众;强劫伤人得财者,不分首从,皆即处斩,籍没其妻子牲畜给付事主;若伤人而未得财,为首一人拟斩监候,籍没其妻子牲畜给付事主,其妻子暂存该旗,俟将来秋审减等放出,该犯妻子发河南、山东交驿站充当苦差,其从贼牲畜抄给事主外,妻子发河南、山东交驿站充当苦差。①

从该法律条文知,《蒙古律例》关于抢劫罪之刑罚在乾隆二十八年(1763)发生了重大变化,清统治者将《大清律例》中极具中原地区特色的刑罚制度,移入蒙古地区的刑罚体系,其主要体现如下:

其一,将《大清律例》中的枭首示众移入蒙古刑罚体系。枭首示众是中华传统刑罚体系中历史较为悠久的刑罚,在秦代刑罚体系中业已存在。张家山汉简《二年律令·贼律》载:"子贼杀伤父母,奴婢贼杀伤主、主父母妻子,皆枭其首市。"②乾隆四年(1739),刑部议覆安徽巡抚孙国玺咨称:"强盗杀人等项,如系盗首下手行凶,将盗首斩枭,如系伙盗下手行凶,即将下手行凶之伙盗,并造意纠约以致伙盗杀人放火之盗首,均拟斩枭。"③由此可见,清统治者将独具中原特色的刑罚移入到蒙古地区。而诸如斩立决、枭首示众等刑罚是与蒙古族传统刑罚观念相悖的,这也反映出统治者边疆司法治理理念的一种转变,即从对民众的宽容教化转向以维护边疆的国家法制秩序为核心目的。

其二,发遣制度开始在蒙古地区实行。发遣制度相当于中国传统

---

① 王国维校注:《蒙古律例》,台湾广文书局1972年版,第46页。
② 张家山二四七号汉墓竹简整理小组:《张家山汉墓竹简》,文物出版社2006年版,第56页。
③ 薛允升:《读例存疑》卷十,光绪三十一年京师刊本。

刑罚体系中的流刑。在中国传统刑罚体系中,"类似流刑的刑罚名目颇多,除流之外,还有放、逐、窜、奔、谪、出军、迁移、迁徙等,其中多为流之异称,惟迁移、迁徙、出军、谪的适用,虽然在一些案例中与流刑相混淆,但迁移、迁徙更多地类同唐宋'杀人移乡'之法;出军、谪则与秦汉以来的谪戍及后世的充军类似,与单纯刑法意义上的流刑有一定的区别"[①]。在蒙古族早期习惯法中已有流放之刑,《史集》载有成吉思汗的一道训令:"我们的兀鲁黑中若有人违反已确立的札撒,初次违反者,可口头教训。第二次违反者,可按必里克处罚,第三次违反者,即将他流放到巴勒真—古勒术儿的遥远地方去。此后,当他到那里去了一趟回来时,他就觉悟过来了。如果他还是不改,那就判他戴上镣铐送到监狱里。"[②] 从《卫拉特法典》《喀尔喀法典》等法典所规定的刑罚体系来看,蒙古地区在明清之际并不存在流放之刑。之所以在乾隆时期发生这种变化,主要原因在于,当时生效的《蒙古律例》中惩罚盗贼的刑种单一,已无法消弭蒙古地区的贼盗行为,统治者控制边疆地区法制秩序的目的无法达到。清统治者认为有必要在权衡民族关系的基础上,降低牲畜刑在《蒙古律例》刑罚体系中的重要性,最终以达到"庶蒙古野地可以情肃,行窃之人亦知敬畏"[③] 的法律实施效果。

(二)抢劫刑案的案发原因

抢劫罪历来是帝制中国严厉打击的对象,其发生与社会的治安环境、贫富差距等因素密切相关。随着经济和社会转型,区域间人口流动性加强,清代归化城土默特抢劫案件呈现出一定的高发态势。从现

[①] 曾代伟:《蒙元流刑考辨》,《内蒙古社会科学》(汉文版)2004年第5期,第45页。
[②] 拉施特:《史集》第1卷第2分册,余大钧、周建奇译,商务印书馆1983年版,第359—360页。
[③] 王国维校注:《蒙古律例》,台湾广文书局1972年版,第151页。

存土默特司法档案来看，归化城土默特地域广阔，随着外来移民的增多，复杂的地理、人文环境导致该地区抢劫案多发。如在乾隆二十五年（1760）"蒙人贼犯看扎布行窃拒捕"一案中：

> 先据山西巡抚鄂弼疏称：缘看扎布系土默特蒙古达克巴佐领下人，在昆属地方佣工度日，与民人张四小子同村熟识。乾隆二十五年七月二十七日夜，看扎布因贫难度，起意行窃。独自携带口袋出村，走至张四小子糜地时已二更，随用身带小刀割取糜穗半袋。适值张四小子同兄张焕荣各带木棒赴地巡查。张四小子瞥见偷糜即向赶捉。看扎布弃糜奔逸。张四小子用棒追殴看扎布额颅倒地，并骑压身上。看扎布情急，随用刀扎伤张四小子左腿。张四小子仍压不放，并唤伊兄协力擒拿。看扎布复用小刀扎伤张四小子左肋，滚倒在地。看扎布正欲爬起，张焕荣赶至，用棒殴伤看扎布右胳膊、右脚腕。认明拿获。张四小子伤重殒命。屡审供认不讳。①

在该案中，被告人看扎布系土默特蒙古达克巴佐领下人，其行窃的主要原因是"因贫难度"，实施盗窃的财物只是民人种植尚未收获的"糜穗"，这反映了当时归化城土默特蒙人的贫困程度。蒙人"看扎布因贫难度，起意行窃"，最终导致命案发生。如前文所述，在清代土默特地区，贫困是引发刑事案件的主要原因，不仅在抢劫类涉财案件中，在其他非涉财案件中，经济因素也往往会成为诱发犯罪的原因之一。

---

① 全士潮、张道源等纂辑：《驳案汇编》，何勤华等点校，法律出版社2009年版，第144—145页。

图 3　偷盗拒捕杀死事主案①

（清乾隆朝时，经济因素往往会成为诱发犯罪的原因之一。本案中，看扎布因贫难度，起意行窃。被张四小子同兄张焕荣发现，最终酿发命案，看扎布用小刀扎伤张四小子致死。）

又如在"蒙人根栋杀害民人解永太"一案中，萨拉齐通判称：

> 分驻萨拉齐管理蒙古民事通判为详请委员会审事，卷查乾隆四十八年，乌喇特西公咨称，据本旗家人特素恼木汉等禀称，上年十二月十五日，有一不认识民人赶牛车一辆在车楞素亥地方蒙妇呢吗家住宿两夜。至十八日，见民人套车之牛跑来，查看井内有车头两个等情。又据本旗家人巴图报称，上年冬月间，有民人蒙名毛特力图，用两辆牛车拉货来卖，到我家里寄下牛车一辆并羊皮布衫等物，留下喂牛钱五百文就走了等情。又据差人铺尔驾回禀，奉差前往呢吗家内查问，据称我将民人杀了埋藏井内，并

---

① 插图绘制：韩弘力，内蒙古科技大学文法学院。

将零星货物藏埋野地，上年冬月间等情。今将呢吗拿住，起获所埋之货物等情。据蒙妇供称，有一不认识民人于上年十二月十五日，赶着一辆牛车做买卖到我家里住了两夜。十七日晚上，民人和我喝醉了，叫我和他一处睡觉，我不依从，他要打我，我就拿起斧子在他头上砍了一下，不想将他砍死。我害怕，把货物藏埋野地，把两篓酒倒并其他等物用火烧了，把牛车拆开藏在井内，把民人尸首埋在门外灰内。因尸首冻了，一人不能抬动，将尸头并两条胳膊、两条腿用斧头砍下，另藏一个井内是实等供。①

在该案中，民人解永太，蒙名毛特力图，系普通商人，在贸易过程中被蒙人杀害并被肢解尸体，该案的发生与清代边疆地区的社会经济环境密切相关。"蒙古向以游牧为生，不事商农，所有商业均腹地汉人经营之。由附近城市办货，运至蒙境，随游牧而转移。夏去冬归。无一定之设置。以茶、粗细洋布、米面等货物易蒙人之牲畜、皮张，返回售卖。"②清朝顺治、雍正年间，从山西来土默特地区及周边盟旗经商的小商小贩逐渐增多，并形成了一些村落。至乾隆年间，由山西的各州府县来蒙古经商的各种行业逐渐增多，他们所经营的行业，主要与蒙古牧民生活、生产的必需品有关。在嘉庆中叶前后，土默特一些地方已初步具备了商业城镇规模。这些商人采用骆驼、牛马驮运茶布烟糖、油酒米面等商品，与蒙人进行交易。③这些来蒙地经商的民人常年孤身奔走，而又携带一些商品，很自然地成为抢劫的对象，本案的被害人解永太系交城县人，用两辆牛车拉货在蒙古地区进行交易而遭遇不测。

---

① 土默特左旗档案馆馆藏档案：《萨拉齐通判详报会审根栋杀死解永太押解人员疏脱人犯书册》，档案号80-4-205。
② 绥远省政府编印：《绥远概况》第十四编"乌伊两盟概况"，1933年，第65页。
③ 韩怀信：《经营蒙民用品的包头工商业》，《包头蒙古族史料》1982年第1辑，第23—24页。

图 4　根栋杀害解永太案[1]

（清朝雍正、乾隆年间，由山西来土默特地区及周边盟旗经商的小商小贩，逐渐增多。清代归化城土默特商业贸易兴起。来蒙地经商的民人常年孤身携财奔走，也很容易成为涉财犯罪的侵害对象。）

（三）抢劫刑案证据的收集

在清代刑事诉讼实践中，对于强盗刑案的审理采取极高的证明标准，故清代官吏非常注重强盗刑案的证据收集。清人王又槐在《办案要略》中指出审理强盗案件应当关注证据的收集与甄别，其认为：

> 真正被盗，必有撞门毁户，遗下油捻火踪器械绳带等项情形，四邻无不听闻，室内不无凄凉惨苦光景。若系假装，则事主及家属之神情，似属恍惚，口供亦多不对。此在验勘时留心体察，于无关紧要处，一鞫而即败露也。[2]

---

[1]　插图绘制：韩弘力，内蒙古科技大学文法学院。
[2]　王又槐：《办案要略》，华东政法学院语文教研室注译，群众出版社1987年版，第78页。

结合土默特地区司法档案分析，在清代审理抢劫案的过程中，基层司法官吏也非常注重证据的收集。现结合土默特地区刑档，分析该地区抢劫案证据收集的主要特征：

1. 被告人的口供与动刑严讯

按照现代证据法概念，所谓口供，指"犯罪嫌疑人的供述和辩解，是犯罪嫌疑人、被告人就有关案件的事实情况向司法机关所做的陈述"①。在中国刑事司法传统中，口供历来是最重要的一种证据形式，"断罪必取输服供词"是中国古代刑事司法制度中最基本的证据收集原则。在清代，一些司法官吏在盗贼案件审理过程中，也总结出一些收集证据的经验，如王又槐在《办案要略》中指出：

> 审理盗贼，不可急躁，致陷无辜。盗案隔别研审，紧要处，须逐层清出。如人数、姓名、住址、何年月日、谁为起意、谁为同谋、有无线跷窝家、如何纠邀、何处会齐、执何器械、是何时候、如何上盗、何人入室、何人接赃、有无捆缚、考逼、架送、何处出水、是何赃物、何处表分、分得赃物现在何处、伙盗在何处、如何被获、有无私拷、曾否窃劫、剑别案及同居父兄人等，知情分胜清事。一人如此供，人人亦如此供，方是一线穿成，阅者醒目。②

从现存的刑档来看，在清代归化城土默特刑事司法实践中，司法官吏特别注重收集被告人的供述，但同时也并非盲目地相信被告人的口供，而是对被告人的口供从各方面进行审核后，方决定是否将其作为最终定案依据。如在上述民人解永太被劫遇害一案中，蒙妇呢吗初

---

① 何家弘、刘品新：《证据法学》，法律出版社2007年版，第174页。
② 王又槐：《办案要略》，华东政法学院语文教研室注译，群众出版社1987年版，第78页。

次供称其作案的动机是因民人求奸而报复，其称遇害民人"和我喝醉了，叫我和他一处睡觉"，而否认其主观上具有抢劫目的。该案移送到萨拉齐通判衙门后，萨拉齐通判认为该案"据此恐有帮助之人，照依蒙古例动刑严讯，据供无异"。从萨拉齐通判审理此案程序来看，乾隆朝时《蒙古律例》应有"动刑严讯"之规定，然笔者通过查阅乾隆朝《蒙古律例》全文，并无对命盗被告施行"动刑严讯"的具体条文规定。《大清律例》"故禁故勘平人"条对于刑讯则有明文规定：

> 强窃盗人命及情罪重大案件正犯，及干连有罪人犯，或证据已明，再三详究，不吐实情，或先已招认明白，后竟改供者，准夹讯外，其别项小事，概不许滥用夹棍。若将案内不应夹讯之人，滥用夹棍，即虽系应夹之人，因夹致死，并恣意叠夹致死者，将问刑官题参治罪。若有别项情弊从重论。①

《蒙古律例》例文中虽无刑讯条文，但因《大清律例》对此有明文规定，故案例二中萨拉齐通判对呢吗"动刑严讯"的审讯行为应属合法审讯行为。从现有的清代归化城土默特命盗刑档来看，在清代的命盗重案的审理过程中对命盗重案被告人"动刑严讯"属于常态。如在乾隆五十七年（1792）包头村民人杨起旺之子杨鳌成被害一案中，审判官吏亦对不吐实情的被告人采取"动刑严讯"的审讯措施：

> 二十五日审讯喇嘛达尔济始初不认，套夹吓讯，据达尔济将听从其父尼克图，叫同其叔黑拉八拜一同致死剥取衣物等情，亦

---

① 张荣铮等点校：《大清律例·刑律·断狱》卷三百九十六"故禁故勘平人"条，天津古籍出版社1993年版，第606页。

供认不讳。①

对被告人蒙妇呢吗"动刑严讯"虽无结果，但萨拉齐通判坚信此案并非如此简单，即萨拉齐通判认为呢吗的供词存在虚伪性：

> 提讯蒙妇呢吗，虽坚称系移砍伤身死，但供词闪烁游离无定，并据供称特托素恼木汉、喇嘛吹珠尔均系邻佑，据属知情，显有别故致死情事。②

就在此案陷入停顿之时，忽萨拉齐通判属下来报：

> 据报蒙妇呢吗在监自行碰伤头颅等情，提讯呢吗供称，原系伊子根栋喇嘛致死民人，伊念子情切是以承认，前在公上查讯，原许稍迟即送伊子根栋前来替换，今日久不至，故尔情急碰伤等情。③

蒙妇呢吗的翻供也印证了萨拉齐通判判断的准确性。而后，西公关拿获根栋。在对根栋讯问过程中，根栋"业已承认砍伤民人身死属实"，这对查清案情起到关键作用。

2. 证人证言证据的收集

西方的司法证据制度曾深受神明裁判制度影响，直至1215年召开的第四次拉特兰会议，才明文禁止教士参与神明裁判，第四次拉特兰

---

① 土默特左旗档案馆馆藏档案：《兵司为杨鳌成被纳旺等用鸟枪打死一案请归绥道会办的咨文》，档案号80-4-365。

② 土默特左旗档案馆馆藏档案：《兵司为杨鳌成被纳旺等用鸟枪打死一案请归绥道会办的咨文》，档案号80-4-365。

③ 土默特左旗档案馆馆藏档案：《兵司为杨鳌成被纳旺等用鸟枪打死一案请归绥道会办的咨文》，档案号80-4-365。

会议的成果有效地终止了通行西方基督教世界的神明裁判制度，神明裁判制度才逐渐在西方证据史上消亡。[1] 在中国司法证据史上，在西周时期，虽然西周的法律思想对夏商有所继承，即敬事"上帝"为神，但西周统治者也开始认识到"天命靡常""天不可信"，由此提出"明德慎罚"的司法理念。在这种司法理念影响下，西周初步形成言词证据收集制度，证人证言成为最重要的刑事证据形式之一。在春秋战国时期，审理一些疑难案件时，则主张充分发挥证人证言对案件事实的证明作用，如《礼记》载："疑狱，泛与众共之，众疑。赦之，必察大小之比以成之。"[2] 秦汉时期，人证在刑事司法实践中得到更广泛的运用。《睡虎地秦墓竹简·封诊式·奸》载："甲诣男子乙、女子丙，告曰：乙丙相与奸，白昼见某所。"[3] 在该案中，对乙、丙定罪的证据就是现场目击证人甲的证言。唐宋法律则明文规定，"皆据众证定罪"，清代刑事法律对此加以沿袭。

在清代刑事司法实践中，审判官吏也非常注重对证人证言的收集，但由于很多刑案没有现场目击证人，故其他知情人的证言显得尤为重要。如在上述民人解永太被劫遇害一案中，该案最初的证据就是报案材料：

> 本旗克齐岩贵佐领下家人特乞素哈拉扣、佐领恼木汗等禀报。乾隆四十七年十二月十五日，有一不认识民人，赶着牛车在旗巴奔佐领下蒙妇呢吗家里住下。到本月十八日，那民人车上套的牛一双跑到我们牛棚里，我们将牛拦住正查问间，有拾粪的小孩子

---

[1] 哈罗德·J. 伯尔曼：《法律与革命——西方法律传统的形成》，贺卫方等译，中国大百科全书出版社1993年版，第311页。

[2] 叶绍钧选注：《礼记·王制》，万有文库本，商务印书馆1930年版，第21页。

[3] 睡虎地秦墓竹简整理小组：《睡虎地秦墓竹简》，文物出版社1978年版，第278页。

回来说，枯井内有个车头，我们前去查看属实，理合报明等情。①

通过报案人的证言，该案得以启动刑事诉讼程序。萨拉齐通判通过询问证人，得到本案被害民人解永太的详细身份信息：

卑属包头村查得已死民人名解永太，系交城县人，现有伊表兄王天顺在卑属皮匠生理，随传到案。讯据供称与解永太系属表兄弟，解永太自赶牛车两辆拉货赴乌喇特贸易属实，伊父解廷现在原籍，今被杀身死，情愿跟往查认等语。②

同时，审判官吏又获取了本案被告人根栋兄弟七楞扎布证言，从而理清了本案的基本案情：

我在外边各处乞食，前年十二月里回家，探望我母亲，我母亲告诉我说有那民人在我家里，黑夜和我哥子根栋一处喝酒，那民人向我哥子讨要该他的六钱货银子争吵起来，我哥子把那民人就杀死了。我听了这话没敢言语，到第二日仍然出外乞食去了。③

从以上司法档案可知，在清代刑事司法实践中，证人证言已成为非常重要的证据形式之一，尤其在命盗案件中，司法官吏为了获取证人证言，往往不顾路途遥远而实地取证。从该案可以看出，清代司法官员在审理抢劫刑案过程中，非常注重对证言的收集，但这也对清代

---

① 土默特左旗档案馆馆藏档案：《萨拉齐通判详报会审根栋杀死解永太押解人员疏脱人犯书册》，档案号80-4-205。

② 土默特左旗档案馆馆藏档案：《萨拉齐通判详报会审根栋杀死解永太押解人员疏脱人犯书册》，档案号80-4-205。

③ 土默特左旗档案馆馆藏档案：《萨拉齐通判详报会审根栋杀死解永太押解人员疏脱人犯书册》，档案号80-4-205。

司法官员的证据收集能力和判断能力提出了很高的要求。

3. 物证的收集

按照现代证据法概念，所谓物证指"以其内在属性、外部形态、空间方位等客观存在的特征证明案件事实的物体和痕迹"[①]。物证不会像言词证据那样受外界环境的影响，因此，即使在现代证据制度中，物证也是非常重要的一种证据形式。在中国古代证据制度发展史中，物证是在刑事司法证明中运用比较早的证据。《周礼·秋官·司厉》载："司厉，掌盗贼之任器、货贿，皆有数量，贾而褐之，入于司兵。"[②]根据《睡虎地秦墓竹简·封诊式》记载的一些案例可知，秦代的审判官吏在诸如"贼死""穴盗"等刑案证据的收集过程中，亦是非常注重犯罪现场遗留的绳索、衣物等物证。

《刑幕要略》载："命案无证见，必须据供查起凶器，或死者遗落衣物并血衣等类，方为敷实。"从清代土默特一些刑案审理的过程来看，司法官吏也特别注重物证的收集。如在上述民人解永太被劫遇害一案中，在案发后，萨拉齐通判立即采取如下措施保存和收集本案的物证，其"当即飞咨西公将特托素等并凶器逐一查获齐全，并将尸身及所遗之物，派员严加看守，毋致遗失，以便亲诣相验"[③]。

本章小结

本章重点对清代土默特地区的贼盗刑案进行了系统研究。主要通过分析盗窃牲畜犯罪、普通盗窃刑案、抢劫刑案，对乾隆朝土默特地区贼盗刑案的特征、证据运用、社会背景进行阐述和分析。具体而言，

[①] 何家弘、刘品新：《证据法学》，法律出版社 2007 年版，第 152 页。
[②] 郑康成注：《周礼·秋官》，福礼堂刊，清芬阁重刊，第 56 页。
[③] 土默特左旗档案馆馆藏档案：《萨拉齐通判详报会审根栋杀死解永太押解人员疏脱人犯书册》，档案号 80-4-205。

在清代土默特社会及经济转型期错综复杂的社会环境下，盗贼问题成为土默特地区高发性犯罪类型。

首先，本章通过分析认为，土默特地区财富类型单一，牲畜是主要的生产资料，并重点研究了盗窃牲畜案的司法治理政策、证据规则；其次，本章分析了外来民人在当地经济发展中的角色；最后，本章研究了清代土默特地区关于抢劫之刑罚演变，探讨了抢劫罪的刑罚在乾隆时期的重大变化，即清统治者将《大清律例》中极具中原地区特色的刑罚制度移入蒙古地区的刑罚体系，进而结合个案详细分析抢劫案件的证据收集等诸法律问题。

第三章　刑案（二）——斗殴命案

与抢劫案不同，斗殴命案多因民事纠纷或琐细小事而引发。人命关天的观念在中国传统文化中根深蒂固，正因如此，历朝统治者非常注重命案的侦破与审理。从表4可以看出，在清初土默特地区的五起命案中，蒙汉交涉类占了四起，民人之间一起。其中多数系临时起意斗殴而引发，蓄意谋杀型命案非常罕见。土默特左旗档案馆所藏的清代乾隆朝斗殴命案刑档中，详细反映了这一地区斗殴命案中的案发过程、当事人的诉讼心态，同时也展现了基层司法官吏在审理命案诉讼过程中，对证据的运用与推理，为我们了解清代边疆地区命案的基层审理过程提供了原生态的档案资料。有学者认为："在治理越有效、市场越发达、生活越富裕的地区，人们普遍的暴力倾向较低，命案率因此也较低。"[①] 这种推论虽然具有逻辑上的天然自洽性，但从实证角度来讲，如不建立在大数据的分析基础上，很难具有实证上的结论可靠性。按照该学者的观点，与同时期的中原及江浙地区相比，归化城土默特的基层司法治理很难说更有效，市场不会更发达，民众生活也不会更富裕。按照上述逻辑推定，归化城土默特的命案率应远远高于同时期的中原及江浙地区。但基于对土默特左旗档案馆所藏的清代乾隆朝斗

[①] 陈志武：《民间借贷中的暴力冲突：清代债务命案研究》，《经济研究》2014年第9期，第167页。

殴命案刑档的分析，我们很难得出此类结论。当然，实证分析结论的正确性需要诸多基础性前提条件，如研究样本的广泛性、历史档案真实性、完整性等，而这些前提性条件往往是从事区域法制史研究难以保证的。正因如此，笔者在分析清代乾隆朝归化城斗殴命案时，尽量避免归纳或论证这种宏观或全局性的结论，而仅针对具体个案展开精细分析。

表 4 清代归化城土默特乾隆十一年至乾隆二十六年命案简况

序号	案发时间	被害人身份	原告人身份	被告人身份	作案方式	归案情况
1	乾隆十一年七月二十九日	色布吞家住居之民人李姓	蒙人达什扎布	雇工李姓	色布吞家住居之李姓被伊雇工李姓杀死逃走	自行报官
2	乾隆二十四年闰六月十三日	蒙人罗布藏多尔齐	蒙人永寿寺格素艮敦	民人王姓	蒙人罗布藏多尔齐前往牧放羊，王姓民人地内被伤身死	自行报官
3	乾隆二十六年十一月三十日	蒙人班第	未注明	民人三满富	民人三满富等用小刀扎死本村班第	自行报官
4	乾隆二十六年十二月三十日	蒙人朋苏克拉什	蒙人色布吞	民人	有一民人向朋苏克拉什斗殴，用小刀扎死伊母等情	自行报官
5	乾隆二十六年三月初五	蒙人达赖	未注明	开饭店民人	蒙人达赖与开饭店民人斗殴被伤身死	官府抓获

注：本表格依据土默特左旗档案馆馆藏档案乾隆十一年至乾隆二十六年案件简况（档案号 80-4-240）汇总制定。

一、土地纠纷命案

土默特地区的最主要的土地法律关系就是租典关系。"所谓租，即蒙人将土地租给民人耕种。租的形式有两种，一是永租，即契约载明'永远耕种'或'许退不许夺'字样；另一种是活租，契约之中写明租种'不计年限，钱到回赎'。"[①] 在乾隆朝，由于蒙人已逐渐由畜牧业转

---

① 晓克主编：《土默特史》，内蒙古教育出版社 2008 年版，第 313 页。

为农业，土地成为其赖以生存的唯一生活资源。而民人通过租佃土地的方式大量涌入蒙地，民人拒交租金、擅自转租转典的行为屡见不鲜，蒙、民之间的土地纠纷案件时有发生。这一问题一直延续到清末仍未得到彻底解决，清末绥远城将军贻谷在奏折中称：

> 土默特附近边内，其服食起居与内地民人无异，渐至窳惰成性，有地而不习耕耘，无畜而难为孳牧，惟赖客民租种其地，籍资当差。久之土客混淆，漫无稽考，而奸民非以利诱即以术欺。有本非业主挺然冒称者，有霸种多年抗租不给者，侵占不已，世业全无，无地者有地，有地者无地。①

其又分析引发土地纠纷的原因：

> 土默特地土，晋之北鄙也，境内分设归化、萨拉齐、托克托、和林格尔四厅，武川、清水河二厅亦半属土默特之地，其间村落相望，人烟稠密无异内地，推原其始，民人负耒出疆爰得我所，蒙户质田得价以养其生。民有余力假蒙地以耕之，蒙有余地假民力以耘之，公平交易人情之常，固朝廷禁令所不及，乃转相租典叠经分割。始则蒙与民私立约据，一地数约，一约数主，而蒙户年久迷失，既失其地又失其租。虽经涉讼，官断无从，如此则病在蒙。②

而土地纠纷命案则是土地纠纷后果的极端表现形式。下文主要以乾隆四十七年（1782）托克托城板达尔什用膝压伤张子扬左肋骨损身

---

① 贻谷：《绥远奏议》，载沈云龙主编：《近代中国史料丛刊续编》第11辑，台湾文海出版社1988年版，第175页。
② 贻谷：《绥远奏议》，载沈云龙主编：《近代中国史料丛刊续编》第11辑，台湾文海出版社1988年版，第175页。

死一案，探讨清代蒙古地区土地纠纷命案的特征。

（一）张子扬被殴身死一案基本案情

讯张朝富供，小的是河曲县人，三十七岁了，是张子扬左邻。赵开基供，小的是马邑县人，七十三岁了，是张子扬右邻。又据同供今年二月十七日什么时候，张子扬因甚缘故与色尔计、板达尔什打闹，如何受伤，小的们在外营干，不知道。二十九日黎明时，张子扬女人叫说他男人死了，央小的们到街上叫他的兄弟张子贵去。小的们随把张子贵叫回家来，他去告知甲头赴案具报，终知道的是实。讯据忙奈供，我是鄂尔多斯达赖贝子旗下人，三十二岁了，刚到案属五十家子村驿站上收牲口。今年二月十七日日落时候，我在院墙豁口上站着，见色尔计和张子扬两个揪扭相打，都跌倒地上，板达尔什到跟前把张子扬手捉住膝盖，按着张子扬身上，并没有打。我站的墙豁口离他们打闹处有二十来步远，我正要到跟前拖动，板达尔什把张子扬放起，他三个各自走了。他们因甚打闹我并不知道，我实在劝救不及是实。

讯据张子贵供，小的是大同县人，三十九岁了，在案属五十家子村当伙房营生，父母早已亡故。已死张子扬是小的亲哥子，他今年四十九岁，和小的各另居住。今年二月十八日，小的听得哥子十七日和蒙古色尔计打闹，小的走来查问情由，哥子告说上年九月里，他向色尔计租了二十亩地，每年租钱七百文，已经支使了一千文钱，是都谷尔扎布承保的。到今年二月里，色尔计又要长支地租，他因没钱支给，色尔计不给他地种。十七日日落时候，就因这个情由嚷打，两个揪扭跌倒地上，随着板达尔什走来，哥子只道帮拳原骂了几句，板达尔什就把他按住了，用膝在他左肋上压着了，头上是被色尔计用拳打伤皮破，伤不重，不用通知甲头，养几天罢。那时原没告知甲头，不想肋上一伤已经骨损，到二十八日半夜时候，哥子就因伤死了。第二日早晨，有邻右张朝富叫回告知甲头赴案具报的，求给哥子申冤罢。

讯据张高氏供，板达尔什把他按住，在他左肋上用膝盖压着了觉得疼痛，第二日兄弟张子贵到来查问情由，男人说伤不重不用通知甲头，养几天罢。不想肋上一伤已经骨损，到二十八日半夜时候男人因伤死了。小妇人就央邻右张朝富把兄弟张子贵叫来告知甲头报案的，今蒙验明伤痕求给男人申冤罢。

讯据都谷尔扎布供，我今年五十七岁了，我是案属五十家子村管驿章盖色令架属下保什号。上年九月里，张子扬向色尔计租了二十亩地，言定每年租钱七百文，已支使过一千文钱，是我承保的。如今色尔计又要支钱，同板达尔什合张子扬如何打闹，我不知道是实。

讯据色尔计供，二月十七日日落时，我在马圈圐圙跟前遇见张子扬，他说正要寻你里把地亩指给我好耕种。我说你支给我钱叫你种地，他不依，要和他相跟上寻保人都谷尔扎布去。我原说不用，在问有话明日在讲罢，他们就松手起来没有再闹各自回家了。第二日听得张子扬在家揍伤，不告知甲头，我就不理会了。不想张子扬左肋被压骨损，到二十八日因伤死的。我用拳打伤他额头皮破血出，我认罪就是了。[①]

（二）归化城土默特土地纠纷与命案

在清朝初期内地人眼中，塞外蒙古向来属于落后、荒芜的游牧之地。张鹏翮在康熙二十七年（1688）出使俄罗斯的过程中，记载了传

---

① 土默特左旗档案馆馆藏档案：《托厅通判详报板达尔什压伤张子扬致死书册》，档案号80-4-182。

统的蒙古习俗：

> 随水草畜牧而转移，无城郭常居耕田之业；以肉为饭，以酪为浆，无五谷菜蔬之属，衣皮草，处毡庐。见中国之茶、布则宝之，而金银非其好也。其天性嗜杀，宽则随畜田猎禽兽为生业，急则人习战攻以侵伐。①

而在归化城土默特，蒙、民关系从明代后期即已日益密切，南境临近长城一带蒙汉人民早已"饮食、语言既已相通"。归化城土默特按照满洲八旗的组织形式划分为二旗，但因蒙人不擅长农业，因此只有依靠内地民人代耕，这也造成部分蒙人失地而导致贫困。清政府意识到这种趋势不利于边疆控制及司法治理，在乾隆七年（1742）、八年（1743）通过核实归化城土默特土地，重新分拨蒙人户口地，每丁一顷等一系列措施，试图解决此问题。

> 从前喀尔吉善，请令民人纳粮，分给蒙古，并将未垦之地，招民耕种。经臣等议令该抚，会同该将军都统，妥议具奏。今该都统吉当阿等会议，以量征官银，为数无多，不敷散给。转启民人久远侵占之弊，惟当定以年限彻还，使民人不致亏本，而蒙古得复原业。应如所议，按原价定限退还，均匀分给蒙古，自后不许复行典卖，违者按例治罪。再土默特地土，本系恩赏游牧，从前既未均派，任有力者多垦，则侵占既多，无力之人，不得一体立业。今吉当阿等议，以地多之人，酌量拨出，分给穷苦之家。据称官兵喇嘛等，俱各悦服，亦应如所议，令地多者量拨五千顷，将家口众而地亩少及无地之蒙古等，按口分给，立业耕种。将来

---

① 毕奥南整理：《清代蒙古游记选辑三十四种》，东方出版社2015年版，第29页。

年满,撤回再行均分。至未垦草地,原恐其荒弃,是以招民垦辟。今既称土默特两旗蒙古,并各喇嘛沙弼那尔等。牧厂不甚宽裕,且各札萨克游牧处之民人、蒙古及喀尔喀贸易之马驼牲畜,皆赖此牧放。若将草地陆续招垦,必致侵占牧所,于蒙古未便,仍当禁其耕种,亦应如所请,从之。①

乾隆八年(1743)又载:

归化城都统噶尔玺等奏,上年十一月内。大学士议准山西巡抚喀尔吉善等所奏,将土默特蒙古典给民人地亩,年满赎回,分给贫乏蒙古。臣等遵即晓谕众蒙古,将牧场禁止开垦,并行令巡道,晓谕民人,外拣派参领十二员,会同该札萨克,覆查蒙古地亩及人口数目。②

清政府将土默特土地恩赏给蒙丁,目的只是使他们得到一定的生活保障,虽然规定蒙人"不许复行典卖,违者按例治罪",但从本案来看,乾隆年间一系列官方法律措施并未有效遏制蒙人、民人之间的土地典卖。当然也有学者认为,乾嘉之际,归化城土默特户口地又渐次落入商业高利贷者的手中,这不过是乾隆八年以前情况的继续。民人租佃的活租地虽有,但并不占主要地位。进而得出结论:1840年以前,围绕户口地问题的蒙汉纠纷,以蒙古人民和汉商高利贷者的纠纷为主。③笔者认为,上述观点缺乏一定基础史料支撑。乾隆时期蒙、民之间租赁土地现象是大量存在的,因为随着内地民人不断迁入,许多

---

① 《高宗实录》卷一七八,《清实录》第十一册,中华书局影印本1985年版,第291页。
② 《高宗实录》卷一九八,《清实录》第十一册,中华书局影印本1985年版,第542页。
③ 金启孮:《从清代归化城土默特地约、借约中所看到的问题》,载包头市地方志办编:《包头史料荟要》(内部印刷)1984年版,第44页。

蒙人便自然而然将自己的土地租与民人耕种，收取一定的租金以补助自己的生活。随着这种出租地形式的发展，官方也就由默许逐渐转变为公开认可，形成"户口地可以出租，但不能买卖"的不成文法了。我们从土默特地区现存土地司法档案来看，承租主体民人多为普通民人，蒙人和汉商高利贷者的纠纷并没有成为纠纷主体。

在归化城土默特，典地现象非常常见，出典者主要有两种，"一种是破产的蒙古族牧民，他们为了应付紧急的需要而典出土地以取得一笔货币；另一种是封建主，他们收入日渐不足，却又要大肆挥霍，也经常典出土地以取得货币"①。在乾隆朝土默特租地契约中，最常见的用语是"永远耕地，许退不许夺，又不许长租钱"，但"蒙人没有农业社会的经验，往往为了一点利益而放弃土地，得钱后又不会经营，很快挥霍一空，随着耕地逐步侵占了牧地，只有逃往别的牧业旗或忍受贫困化"②。因此，永租并不能得以稳定确立，"夺地"行为不时发生，租地民人与蒙人争端不断，这必然导致经济纠纷乃至刑事案件的产生，而纠纷主体则是蒙人与普通汉人。如乾隆五十二年（1787）土默特地区民人张高扎伤蒙人诺木独身死一案中，据诺木独供：

> 小的是土默特温达佐领下人，今年四十五岁了，在这台什村同儿子把尔弥居住，乾隆二十一年间，张高的伯父张廷柱从小的父亲圪什图手里承租地三顷，每年秋收粟粮，每石分给小的家二斗，并无租银使过。押地银二十九两，立有文约。小的父亲亡故，张廷柱将这地拨给张高的父亲张廷桂一顷耕种，照旧分粮。张廷桂亡故，张高承种，也没异说。到今年七月里，小的才知张高将

---

① 黄时鉴：《清代包头地区土地问题上的租与典——包头契约的研究之一》，《内蒙古大学学报》1978 年第 1 期，第 3 页。
② 王建革：《清代蒙地的占有权、耕种权与蒙汉关系》，《中国社会经济史研究》2003 年第 3 期，第 81—91 页。

这地转给王立功承种。小的向张高要地自种，他不肯给地，又向他支钱使用，他也不给钱。到九月初四日前晌时，小的见张高赴地耕地，赶去拦阻，他与小的争吵起来。①

关于归化城土默特土地的经营方式，有学者认为，在清代归化城土默特，土地出租中永佃权是普遍存在的，这是一种常态出租，土地拥有者主要是蒙古族，出租的土地在契约中称作户口地。②从民人张高扎伤蒙古诺木独身死一案来看，租地的方式虽无租银，但需将每年秋收粟粮每石分给出租者二斗。当然，该案发生的主要原因并非出租方式及租金问题，而是承租者又擅自将土地转包他人。在上述板达尔什用膝压伤张子扬左肋骨损身死一案中，色尔计供案发原因：

我是土默特蒙古，三十九岁了，在案属五十家子村驿站色令架章盖属下当差，父母早已亡故，并没叔伯兄弟也没妻子。我又记档本身的地，上年九月里，本村民人张子扬向我租了二十亩，言定每年租钱七百文，立有文约，我已支使过一千文钱了。本年二月里，因缺钱使唤又向张子扬支钱，他不支给，我原说不叫他种地了。③

从色尔计供述可知，其将其二十亩地租与张子扬，因索要租金而引发本案。而色尔计之所以如此，一方面性格使然，另一方面也可能与蒙户日渐穷困有关。通过对上述命案发生的原因、过程及涉案当事

---

① 土默特左旗档案馆馆藏档案：《归化城同知详报张高扎伤诺木独身死书册》，档案号80-4-322。
② 牛敬忠：《清代归化城土默特地区的社会状况——以西老将营村地契为中心的考察》，《内蒙古社会科学》（汉文版）2009年第5期，第61页。
③ 土默特左旗档案馆馆藏档案：《归化城同知详报张高扎伤诺木独身死书册》，档案号80-4-322。

人的身份分析，因土地纠纷引发的命案中的暴力冲突虽然都是突发性、非蓄意的争斗冲突，但这种冲突往往由日积月累的经济利益矛盾爆发所致，即所谓的事出有因。如在上述张高扎伤诺木独身死一案中，蒙人诺木独与民人张高在命案发生前就因租地的转租及租金问题矛盾已久。在土地纠纷命案中，出现重大伤害乃至死亡是小概率事件。而对于命案中的加害方来说，这种死亡的结果会导致不可承受之刑罚恶果。需要强调的是，这种冲突并非因族群矛盾而引发，其冲突本质是经济纠纷而非民族问题。在中原地区，同样存在大量因土地纠纷引发的民事纠纷甚至命案。

（三）清代斗殴命案中被告人的诉讼策略

在中国传统戏曲所体现的法律文化中，命案中被告人的情绪一直被描述为恐惧与绝望，是被刑讯和冤屈的对象。中国古代经典法律剧本《十五贯》形象地反映了此类审讯的全场景、全过程：

熊友兰：无有此事，难以招认。

过于执：来呀，扯下去重责四十！（差扯兰下，打板复上）有招无招！

熊友兰：打死小人，也是无招。

过于执：小刑可耐，大刑难挨。若不招供，夹棍等待。来呀！大刑侍候。

差役：是。（准备动刑）

熊友兰：（唱）我清白无辜受冤害，从天飞来这祸灾。

负屈含冤深似海，大动五刑我难挨。

（白）我愿招。

差役：他愿招。

过于执：命他画供收监。①

通过研读被告人板达尔什供述所体现出的关键案件信息，我们完全可以勾勒出一幅不同于传统戏剧形象的被告人的脸，在被告人的这张脸上，包含着小民的狡诈、对法律的熟识，也包含着对于己有利的诉讼策略的有效利用，甚至包含着对案件事实避重就轻的虚假表述。

被告人板达尔什供述：

我实是好意拉劝，被他骂我臭水蛋牲口，揪住我的衣领又要揍打，一时着急终用右膝把他左边身子按住，想不叫他起来打着的意思，不想压着他左肋骨损以致身死，并不是有心要致死他的。如今他已身死，我情愿认罪，只求把我孤子的情由声明，就是恩典了各等供据。②

从被告人板达尔什供述可知，第一，其供述冲突的缘由时，突出强调其好意拉劝被打的无辜者角色，而非斗殴杀人，这也是为了减轻被告人罪责做铺垫。其在供述中又声称：

我与民人张子扬素日并没仇隙，本年二月十七日日落时候，我路过见张子扬和色尔计揪扭跌倒地上，我感到跟前见张子扬头上有血伤，用手把色尔计衣领揪住，我怕他们再打，弯下腰去把张子扬的手剥开。③

---

① 朱素臣：《十五贯》，吉林文史出版社 1997 年版，第 64 页。
② 土默特左旗档案馆馆藏档案：《托厅通判详报板达尔什压伤张子扬致死书册》，档案号 80-4-182。
③ 土默特左旗档案馆馆藏档案：《托厅通判详报板达尔什压伤张子扬致死书册》，档案号 80-4-182。

板达尔什意欲说明，其在本案中并没有伤害张子扬的主观意图，这样，被告人便不具有伤害他人致人死亡的主观恶性，也同时提供了与被害人发生冲突的抗辩理由。

第二，在供述整个犯罪过程时，板达尔什供述的措辞用语都隐含本案是意外而非故意伤害行为或故意杀人行为。清代汪辉祖在《佐治药言》中就命案情形言：

> 命案出入，全在情形。请者起衅之由，形者争险之状。衅由曲直，秋审时之为情实，为缓决，为可矜，区以别焉。争殴时所持之具，与所伤之处，可以定有心无心之分。有心者为故杀，一必干情实，无心者为错杀，可归缓决。且殴状不明，则狱情易混，此是出入最为关键，审办时，必须令作与凶手，照供比试，所叙详供，宛然有一争殴之状，历历在目，方无游移干驳之患。①

从上述关于命案的审理要点可知，争殴时有心无心之分直接影响到被告人的定罪与量刑。被告人板达尔什接着供述称：

> 我赶到跟前，见张子扬头上有血伤，用手把色尔计衣领揪住。我怕他们再打，弯下腰去，把张子扬的手剥开，张子扬就骂我说臭水蛋牲口，你来帮拳么揍的，坐起来用右手把我衣领揪住要打。我恐怕他打来，一时着急，原用左手把他揪我衣领的手捉住，用右手也把他胸前衣领揪住，乘势把他仰面按倒地上，我恐怕他起来相打，原用右膝在他左边身上按着，色尔说不用再闹，有话明日讲吧，我们就都松手放开来，没有再闹各自回家了。②

---

① 汪辉祖:《佐治药言》，商务印书馆 1937 年版，第 34 页。
② 土默特左旗档案馆馆藏档案:《托厅通判详报板达尔什压伤张子扬致死书册》，档案号 80-4-182。

从"把张子扬的手剥开",到"张子扬就骂我",再到"我恐怕他打来一时着急",最终"一时着急,终用右膝把他左边身子按住,想不叫他起来打着的意思,不想压着他左肋骨损以致身死"。在逻辑上层层递进,被告人板达尔什在对其犯罪过程的描述中,完全将自己描绘成一个因劝架而无辜致人死亡的角色,最终得出其推论,"并不是有心要致死他"。也就是说,张子扬死亡实属意外事故。被告人是担心"他又要挣起,我恐怕他起来相打,原用右膝在他左边身上按着",其自我辩护的主观意图非常明确。

仔细研读上述司法档案中被告人板达尔什的供词及证人张子贵、张高氏等人的证词,可发现在本案关键案情的叙述上存在如下疑点,即板达尔什是否存在"帮拳"行为。

按照现代刑法理论,共同犯罪事中参与行为定义为,被告人事前虽未共同预谋参与其他被告人犯罪,但在明知其他被告人的行为性质、目的的情形下,且该犯罪行为仍处于持续状态期间,参与了其他被告人的犯罪行为。当然,清代刑法中关于共同犯罪理论并无现代刑法理论缜密完整,但上述理论依然可以作为分析本案的理论参考。张子贵、张高氏的证词关于这一情节的叙述非常简单,张子贵供称:"随着板达尔什走来,哥子只道帮拳原骂了几句。"张高氏供称:

> 二十七日点灯时,男人回家来,见男人头上带伤,查问说是因向色尔计要地争闹,两个揪扭跌倒地上,先被色尔计把他头上用拳打伤,板达尔什随后走来,他只道帮拳原骂了几句。[①]

无论是张子贵还是张高氏的证词,关于这一关键案情的叙述,均

[①] 土默特左旗档案馆馆藏档案:《托厅通判详报板达尔什压伤张子扬致死书册》,档案号80-4-182。

来源于被害人张子扬死前的陈述，在证据上属于传闻证据，且关于这一情节的叙述高度一致，即被害人张子扬怀疑板达尔什"只道帮拳"而引发事端。我们姑且撇开色尔计与板达尔什同属蒙人不论，仅从当时亲历现场的色尔计的供词来看，被告人板达尔什也有故意伤害的主观要件，而非被告人板达尔什所述的属于意外。据色尔计供词：

> 我们相跟走了几步就拌起嘴来，彼此嚷闹扯打。他用左手把我衣领揪住，用右手在我胸前打了一下，没有打伤我。我用左手把他衣领揪住，用右手在他额头上打了一拳流出血来。我们两个揪扭都跌倒地上，他把我的衣领还揪着，我的手已经松开了。正在此时，板达尔什走到跟前，弯腰把他手剥开，我随势站起来了。①

正是因为色尔计与板达尔什同属蒙人，张子扬内心深处高度怀疑板达尔什是来"帮拳"的，才辱骂板达尔什"臭水蛋牲口"，把板达尔什衣领揪住，板达尔什也把他的衣领揪住，仰面按倒在地上，他还往上起，不知板达尔什怎样用膝盖在他左肋上压伤。色尔计的供词直接证明了本案的核心案件事实，在整个事件中，是板达尔什将被害人仰面按倒在地上，且用膝盖将被害人左肋压伤致其死亡。在整个案件发展过程中，被告人板达尔什具有殴打他人的积极性和主动性，并非其所供述的那样，"一时着急，终用右膝把他左边身子按住，想不叫他起来打着的意思，不想压着他左肋骨损以致身死"。

从上述分析可知，与传统法律文化中的预设法律角色不同，我们仅从该案中就可知被告人板达尔什应该了解清代刑律制度。虽然被告人板达尔什口口声声情愿"认罪就是了"，但其供述的核心问题是，他

---

① 土默特左旗档案馆馆藏档案：《托厅通判详报板达尔什压伤张子扬致死书册》，档案号80-4-182。

坚称"并不是有心要致死他",而"故杀"与"误杀"在定罪与量刑上存在很大区别。

图 5　张子扬被殴身死一案①

(在张子扬被殴身死一案中,被告人板达尔什坚称并不是有心要致死被害人,这体现出清代斗殴命案中被告人一定的诉讼策略。)

按照《大清律例·刑律·人命》"过失杀伤人"条规定,"若过失杀伤人者,各准斗杀伤罪,依律收赎,给付其(被杀伤之)家","以为茔葬及医药之资"。② 正因如此,被告人板达尔什在整个供词中才一直称其非"故杀",这种能够熟练运用诉讼策略的被告人形象,与传统法律戏曲中的被告人形象大相迥异。

二、普通斗殴命案

斗殴命案是清代归化城土默特较为常见的类型案件。从现存司法

---

① 插图绘制:韩弘力,内蒙古科技大学文法学院。
② 张荣铮等点校:《大清律例·刑律·人命》卷二百九十二"过失杀伤人"条,天津古籍出版社 1993 年版,第 458 页。

档案来看，斗殴的原因各种各样，案发时具有一定的偶然性及多发性等特征，情绪失控、个人性格缺乏忍耐力往往是此类命案的根本原因。如乾隆五十年（1785）十一月在托克托城发生一起斗殴刑案，民人王延富是山西祁县人，平素作为货郎为生，与被害人五把什素不认识，并没仇隙。该年十月，王延富向巴雅尔图借了一匹马，骑着讨账，后来巴拉尔图向王延富说，驿站上的五把什说他走失了一匹马，总没找见，王延富骑的马像是他的，不要买下贼马。十九日傍晚时候，王延富到忽录盖尔家里要茶叶钱去，忽录盖尔不在家，遇见一个坐着的蒙古人，他会说民人话，他说他是驿站上的五把什。王延富说我借骑巴雅尔图的马，怎么说是买下的贼马，与他争辩，两人吵了起来。被害人骂王延富是讨吃鬼，两人发生争执，王延富遂用手里拿的木棒在被害人头上打了一下，致其死亡。①

《大清律例·刑律·斗殴》详细规定了斗殴的类型、斗殴的对象、保辜期限等。《蒙古律例》"斗殴杀人"条则规定："凡斗殴伤重五十日内死者，下手之人绞监候。"②但在现实司法实践中斗殴类型及表现形式多种多样，因此，法官的自由裁量就有发挥空间。如乾隆元年祁县民人逯广扎伤任谈成身死一案：

> 缘逯广与任谈成先后至归化城范茂旺面铺佣工，同睡一炕。查任谈成抱住逯广压腿、扭手，强欲鸡奸，以致逯广不能挣扎，希图松手，摸刀抵拒，扎伤任谈成右腿。其任谈成欲行强奸之处，不特同宿之范精致与雇主范茂旺供词凿凿，即任谈成亦自知有罪求免报官。是逯广因任谈成强奸不从，情急抵拒，一时扎伤，似与斗殴持刀杀人者有间。且右腿非致命处所，逾十日后任谈成自

---

① 土默特左旗档案馆馆藏档案：《托克托城通判详报王延富殴伤五把什身死验讯书册》，档案号80-4-304。
② 王国维校注：《蒙古律例》，台湾广文书局1972年版，第66页。

行碰于门框,撞破伤口,血流殒命。该抚将逯广依斗杀律拟绞,殊未允协。应令该抚妥拟具题,到日再议等因。

题驳去后,续据该抚称,复加提讯之下,似觉情可矜原。但律例内并无拒奸杀死奸夫作何治罪之条。检阅山西旧卷,曾有因强奸暧昧难凭,俱照斗杀律定拟。是以将逯广拟抵,实未允协。兹奉部驳妥拟,应将逯广改照斗杀律绞监候减一等杖流,援赦等因具题前来。

应如该抚所题"逯广改照'斗殴杀人绞'律,拟绞监候减一等拟流,援赦免罪"等语,应如该抚所题完结等因。乾隆元年十月十六日题,十八日奉旨:依议。钦此。①

在该案中,因"律例内并无拒奸杀死奸夫作何治罪之条",而按照刑部官员观点,该案被告人"似觉情可矜原",故最终"照斗杀律绞监候减一等杖流",从该案的审理过程来看,因为可证明该案发生是因为受害人欲行奸被告人,故被告人由死罪减为杖流刑。这一案件的审理,反映出清代乾隆朝命案审理过程中法律适用的复杂性。下文将以乾隆朝归化城土默特一起斗殴命案作为法律分析样本,探讨清代乾隆朝边疆地区斗殴命案的发案原因及基层刑事审判问题。

(一)王荣被殴身死一案基本案情

本案被告人民人霍忠的供词详细回顾了案发过程,他说:

> 小的是忻州人,今年三十岁了,父母俱故并没兄弟,娶妻侯氏生有一个儿子,小的在恼木漠村受苦生理。已死王荣是我的族间的表侄,平素相好并无仇隙。本年七月里,小的与他合伙卖羊

---

① 全士潮、张道源等纂辑:《驳案汇编》,何勤华等点校,法律出版社 2009 年版,第 210 页。

肉，到八月初间又与他合伙卖月饼，赊出账目没有讨要清楚。到十月二十三日起更时，小的从外村坐席回来，把王荣叫到家里算账，算罢他就走了。小的又想起姓梁的一宗账来没有算入，小的拿了棍子防狗，又去他家里寻他清算，见沙音图在他屋里。小的原说咱们到街上铺子里算去罢，王荣应允，在院里拿了一根碌轴沿子防狗。小的与他相随走到街上，一面走着，小的因王荣和沙音图在一屋里胡闹，原劝他说你不该叫沙音图来院里居住，干这苟且之事做什么，他就说与你何干，你管着我不成，口里就骂的。小的说我好意劝你，怎么你骂起来，他说我骂你还是抬举你呢，小的也回骂了他几句，他就拿碌轴沿子来打小的，小的着急原拿手内棍子在他头上打了一下，他把碌轴沿子掉落在地上，他口里越发混骂起来，就去拾碌轴沿子，小的恐怕吃亏，丢了棍子，原抢过碌轴沿子来，又在他头上打了两下，他就跌倒地上了。小的心里害怕，就把碌轴沿子撂在那里，拿了棍子悄悄跑回家去了。这实是因劝王荣不听，还混骂小的，小的把他打伤，不想伤重死了，并不是有心要致死他的，求恩典罢等情讯。①

结合上述证据，本案似乎事实清楚，证据确实充分，对被告人霍忠定罪量刑应当无法律障碍。事实上，萨拉齐通判也是依据法律程序，先行通报其上司归绥道。

（二）归绥道对此案的几点质疑

该案因属命盗重案，故需通过审转程序审理此案。从《萨拉齐通判详报霍忠殴死王荣一案审结情况书册》中可知，归绥道对此案的初

---

① 土默特左旗档案馆馆藏档案：《萨拉齐通判详报霍忠殴死王荣一案审结情况书册》，档案号：80-4-147。

审结果甚为不满，认为萨拉齐通判在未查明本案基本事实的情况下而得出结论，未免草率，并提出如下质疑。首先，霍忠所殴王荣各伤俱系致命，很明显系霍忠嫉妒王荣与蒙妇之关系而谋故杀人。至于霍忠所供述其杀人是因瞥见蒙妇沙音图在王荣家内，以正言相劝因而开杀毙命。归绥道认为，霍忠要不是有杀人之心，此话断难令人相信。其次，沙音图与王荣何时开始起意通奸，本夫尔得泥是否知情？霍忠殴死王荣之后即将通于王荣后院墙缺堵塞是何意图？萨拉齐通判并没有逐一讯供查实。最后，本案凶器碌轴沿子作何使用？

综合上述疑点，归绥道认为，"辨理案件贵乎简明，但此案简而未明，未免草率，仰即再行研审殴身死有无谋故，各确情按详解"。因此，其要求萨拉齐通判对上述疑点逐一核实查清，以核实被告人霍忠在此案中是否有谋杀他人的主观意图。

审转程序是清代刑事诉讼程序的重要特征，其理论基础是儒家的慎刑观。该项制度也是清统治者为实现对各层级官吏进行司法控制而精心设计的。归绥道作为清代边疆地区审转程序中重要一环，在该程序中起到了对同知、通判进行控制和牵制的重要功能。该案中，归绥道认为霍忠系嫉妒王荣与蒙妇之性关系而谋故杀人，属于主观上推测，并无事实基础。但需要指出的是，其之所以提出上述疑点，一方面可能与其司法思维有一定关系，另一方面在于其通过有疑必质的司法审判方式，达到对下级刑事审判过程之控制。萨拉齐通判在讯研时，对于本案证据的细节问题，显然有所忽略，故归绥道的上述疑问在合理怀疑的范围内。

针对归绥道的驳疑，萨拉齐通判只能对相关被告人及证人再次审理。针对本案被告人霍忠是否有妒奸而预谋杀人的主观要件，萨拉齐通判单刀直入，直接讯问被告人霍忠：

且你伤害王荣颔门、额角、脑后，均系致命地方，颔门脑后两伤俱系骨塌、骨损，这明是你因妒奸预谋，把王荣叫去致死的，快把事实供来，免得动刑。①

被告人霍忠则对此辩解道：

王荣的女人上年秋间死了，蒙古尔得泥和他女人沙音图是十月初六日搬到王荣院里居住的，十三日尔得泥住归化城去了。到十四日，王荣就把他两个女儿送往他妹妹家去了。小的与王荣合伙生理，后来往他家去时，见他和沙音图有在一块儿嬉笑说话的时候，小的看见沙音图不是正经人。到二十三日晚上，小的第二次到王荣家里找他算账，那时尔得泥并不在家，王荣已经脱了衣服褂子要睡觉了，沙音图还在王荣屋里，这不是通奸胡闹是做什么呢？小的是去到王荣家里寻他算账，因见沙音图在他屋里，所以知道。他同到街上铺里算账，走到街上小的劝他原是好意，不料他反混骂起来，拿碌轴沿子扑打小的，小的用手里拿的棍子打了他一下，他口里越发混骂起来，又去拾碌轴沿子。小的恐怕吃亏。就夺过碌轴沿子打了他两下，不料他就因伤死了。就是王荣与沙音图在家居住和他胡闹，小的上前劝他，哪有通奸的事呢，没预谋和有心致死的事，只求免动刑罚。②

针对萨拉齐通判认为其因妒奸而预谋杀人的推断性指控，霍忠断然否认，认为其是好意劝王荣不要与蒙妇鬼混，而王荣不知好歹辱骂他，在混打过程中导致王荣死亡，"哪有通奸的事呢，没预谋和有心致

---

① 土默特左旗档案馆馆藏档案：《萨拉齐通判详报霍忠殴死王荣一案审结情况书册》，档案号 80-4-147。

② 土默特左旗档案馆馆藏档案：《萨拉齐通判详报霍忠殴死王荣一案审结情况书册》，档案号 80-4-147。

死的事"。见从主观推断上讯问无效，萨拉齐通判进而就王荣各伤俱系致命深重、案发后将后院墙缺堵塞、碌轴沿子是何物件等诸疑问诘问：

> 你殴打王荣各伤俱系致命深重，若不是通奸预谋和有心致死，何致打的这样深重，你供述说因王荣与沙音图胡闹，正言相劝以致争斗殴伤身死，这话断难凭信的，至你殴死王荣之后，就将通着王荣后院墙缺堵塞，这是什么意见呢？那碌轴沿子是何对象，作何使用，逐一据实供来。①

而霍忠则对此一一辩称：

> 那晚小的去寻王荣原想在他家算账，因沙音图在他屋里不便清算，于是他同到街上铺里去算，小的只拿着一根棍子防狗，那碌轴沿子是王荣在他院里拾去防狗的，并不是小的拿去的。后来走到街上，小的劝他不服，两个真闹起来。小的先只拿棍子打了他一下，因他去拾碌轴沿子，小的怕被他打伤中，夺过来打了他两下，实因那时小的吃了酒了，心里就慌，手势去的重，不料把他打得伤重死了，实没别的缘故，也没有心致死他的事。小的与王荣是亲戚，又合伙生理，彼此时常取东西往来，他后院土墙上去年秋间倒了一个缺口，小的们只图走路近便就没砌上。后来晓得打伤王荣之后第二日，听得王荣已经死了，心里害怕就砌上了。那碌轴沿子是王荣家里打场用的石滚上边镶的木沿子，已经坏了，放在院子里的，小的供的都是实话，只求恩典罢各等情供吐在案。②

---

① 土默特左旗档案馆馆藏档案：《萨拉齐通判详报霍忠殴死王荣一案审结情况书册》，档案号80-4-147。

② 土默特左旗档案馆馆藏档案：《萨拉齐通判详报霍忠殴死王荣一案审结情况书册》，档案号80-4-147。

在清代土默特地区刑事诉讼过程中，审转程序中各级司法官吏相互牵制、相互制约，以达到查清案件事实之目的。在本案中，归绥道正是针对本案初审所存在的疑点问题，要求萨拉齐通判再从细节上审核，从而逐渐地查清本案的基本事实。

图 6 王荣被殴身死一案[①]

（在王荣被殴身死一案中，归绥道针对本案初审所存在的疑点，要求萨拉齐通判再从细节上审核，体现出审转程序中各级司法官吏相互牵制、相互制约。）

（三）该起斗殴命案原因分析

在本案中，被告人霍忠辩称："因王荣和沙音图在一屋里胡闹，原劝他说你不该叫沙音图来院里居住，干这苟且之事做什么。"[②] 被告人霍忠之所以劝说被害人王荣不要与沙音图产生奸情，主要原因在于沙音图的蒙妇身份。

在被告人霍忠看来，作为民人的王荣居然与蒙妇通奸，这种关系

[①] 插图绘制：韩弘力，内蒙古科技大学文法学院。
[②] 土默特左旗档案馆馆藏档案：《萨拉齐通判详报霍忠殴死王荣一案审结情况书册》，档案号 80-4-147。

不但为法律所不许，也有可能对王荣带来不可预测的社会风险。因此，他才对王荣加以斥责劝阻，而王荣则嗔怒，致使两者斗殴，随即导致王荣殒命。需要强调的是，在清代归化城土默特，一些内地民人在进入蒙地生活后也会取蒙名，学蒙话，甚至与蒙女通婚。这说明减轻生存的压力，在任何情况下都优先于文化差异所导致的隔阂，并且这种隔阂，会随民族融合程度的加深而逐渐淡化。整体而言，清代乾隆朝蒙汉融合是历史主流。

本章小结

本章重点对清代归化城土默特的斗殴命案进行了系统研究。笔者认为清代土默特地区的命案主要包括土地纠纷命案及斗殴命案等，并对乾隆朝土默特地区斗殴命案的特征、证据运用等进行了阐述和分析。具体而言，在清代土默特社会转型期错综复杂社会环境下，命案问题发生的原因诸多，而土地纠纷引发的族群矛盾也是命案发生原因。

本章通过进一步分析发现，在乾隆朝，由于蒙人已逐渐由从事畜牧业转为从事农业，土地成为其赖以生存的唯一生活资源。而民人通过租佃土地的方式大量涌入，民人拒交租金、擅自转租转典的行为屡见不鲜，蒙、民之间的土地纠纷不可避免，土地纠纷命案则是土地纠纷的极端表现。同时，本章重点分析了乾隆朝土默特地区租地契约及法律规制问题，研究了命案中被告人的诉讼策略。其次，分析了斗殴命案，并以霍忠打死王荣一案作为法律分析样本，探讨清代乾隆朝土默特斗殴命案的案发原因及审理过程。

第四章 刑案（三）——婚姻刑案

所谓婚姻刑案主要包括拐卖妇女、蒙汉通婚、通奸、夫殴妻等类型。在现代社会，婚姻刑案严重损害了家庭生活及社会秩序。在清代，婚姻刑案也是常见的案件类型之一，主要原因在于妇女权利低下及经济地位不独立。

一、拐卖妇女刑案

传说蒙古地区处于游牧社会，拐卖人口现象较为少见。但随着归化城土默特经济社会结构的变化，拐卖人口成为亟待官方处理的问题。从现存的土默特地区司法档案可知，在清代蒙古地区，拐卖人口也是一种较为常见的犯罪类型，下文将对此展开分析。

（一）法律适用问题

拐卖人口刑案在清代中原地区作为一种严重危害社会及家庭秩序的犯罪，为历朝刑律所严厉打击。《大清律例·刑律》"略人卖人"条规定：

凡设方略而诱取良人［为奴婢］及略卖良人［与人］为奴婢者，皆［不分首从未卖］杖一百，流三千里；为妻妾、子孙者，

[造意]杖一百，徒三年。因[诱卖不从]而伤[被略之]人者，绞；[监候]杀人者，斩[监候]，[为从各减一等]，被略之人不坐给亲完聚。

同时，在《大清律例》卷三十三"犯奸条"款中，明文规定对买休卖休的处罚："若用财买休、卖休（因而）和（同）娶人妻者，本夫、本妇及买休人各杖一百，妇人离异归宗，财礼入官。"

清人何耿绳总结了拐卖人口犯罪的类别："凡诱拐之案，当分略诱、和诱。略者，罔其所不知；和者，因其情愿，或先被哄骗，事出不得已而始行曲从，则方略已行，不得谓之和诱矣。"①

对于清代蒙古地区拐卖人口犯罪，较少有学者进行专门研究。在蒙古传统刑法典中，《喀尔喀法典》中关于夺取他人之妻女之规定非常令人费解：

凡夺取他人之妻女，躲藏于至圣（即格根）处，为不使二颗火热的心分离。应缴付8匹马、7头牛与40只羊作聘礼。若无牲畜，则由其妻招聘其夫。但若诺颜不愿给出其属民，即应付给这些牲畜。上列牲畜均为3岁。②

"夺取他人之妻女"，应属《大清律例·刑律·略人卖人》条所规制的犯罪行为，而《喀尔喀法典》的规定甚为宽容，这可能与蒙古族习惯有关。《卫拉特法典》则规定了诱拐妇女之相关罪名与刑罚：

诱拐有名望的人的妻女与之同居的人，罚骆驼一峰及牲畜

---

① 徐栋辑：《牧令书·刑名下》卷十九，道光二十八年刊本。
② 余大钧译：《喀尔喀法典》，内蒙古大学蒙古史研究所编：《蒙古史研究参考资料》1982年9月，第13页。

九九，但可依被害人的身份而减轻，最低限度罚骆驼一峰及牲畜三九。这也就是对诱拐平民之妻的人所科刑罚，但在这种情况下不能捕住逃亡者的话，应将诱拐者的妻及其财产给与被害人，或者由被诱拐的女人的亲族用聘礼退还。亲族无力偿还时，由王公裁断。①

该条与《大清律例》相关规定最大不同之处，在于对诱拐平民之妻的人的妻子施以连带刑罚，即"应将诱拐者的妻及其财产给与被害人"，这体现了蒙古法朴素的正义观，"刑法的发展一般是自复仇（主义）起始，经过赔偿主义，发展到实刑主义。然蒙古刑法的这种推移进行得缓慢，而且并不简单，赔偿主义、实刑主义中残留着复仇，又以罚畜为刑罚的中心，并没有进入完全的实刑主义时代"②。

中原地区刑法很早摆脱了复仇主义原始痕迹，以儒家伦理思想为基础制定理论。在蒙古刑法传统中，刑罚较为宽厚，复仇主义在蒙古传统法典中得到全面抑制。但在一些特定罪名中，仍有所体现，最典型就是涉及一些关系到家族及个人荣誉的罪名。复仇本质是一种个体的私刑，在中国传统法律文化中，复仇又受到儒家文化的深刻影响。《礼记·檀弓上》载："子夏问孔子曰：'居父母之仇如之何？'孔子曰：'寝苫枕干不仕，弗与共天下也。'"《礼记·曲礼上》有："父之仇弗与共戴天，兄弟之仇不反兵，交游之仇不同国。"但需要强调的是，鉴于私人复仇对于社会法秩序的破坏，在传统法典中，私人复仇在立法上是被禁止的，在刑事司法实践中，以儒家孝为中心的复仇观与国法之间的矛盾冲突一直是难以解决的难题。东汉时，章帝曾制定法律

---

① 余大钧译：《喀尔喀法典》，内蒙古大学蒙古史研究所编：《蒙古史研究参考资料》1982年9月，第16页。

② 潘世宪译：《卫拉特法典》，内蒙古大学蒙古史研究所编：《蒙古史研究参考资料》1982年9月，第56页。

允许私人复仇,《后汉书·张敏传》载:"建初中,有人侮辱人父者,而其子杀之,肃宗贳其死刑而降宥之,自后因以为比。是时遂定其议,以为《轻侮法》。"但这部法律很快被废除,后世历朝法典都没有认可私人复仇的合法性。

乾隆朝内府抄本《理藩院则例》中记载了清朝初期对于拐卖人口的刑罚:

> 又定:外藩蒙古买人出边,永行停止。
> 又定:归化城二旗,不许卖汉男妇子女与未降外国。
> 二十二年题准:凡外藩蒙古人,诱卖内地人及为妻妾奴仆者,为首人拟绞,解院送刑部监候,秋后处决;为从人鞭一百,罚三九。止一人者以为首论。诱卖蒙古人为妻妾奴仆者,为首人即绞,馀照前例。串诱买卖者,鞭一百,罚三九,被诱人鞭一百。[①]

上述规定反映出在当时蒙地,人口拐卖犯罪是普遍存在的,且对该类犯罪行为规定的最高刑罚为绞刑。在清朝前期,由于蒙地与内地经济交流程度加大,这成为滋生蒙地人口拐卖的外部因素。严重的拐卖妇女现象导致了一系列的社会问题,因此,清初加大了对拐卖人口的刑罚力度。

《蒙古律例》"诱卖内地之人"条规定:

> 口外蒙古等将内地男妇子女诱卖或为妻妾奴婢者,不分良人奴婢,已买未卖,但经诱拐,被诱之人如不知情,为首者绞监候,为从者鞭一百,罚三九牲畜。被诱之人不坐,若止一人,亦拟绞,

---

[①] 赵云田点校:《乾隆朝内府抄本〈理藩院则例〉》,中国藏学出版社2006年版,第249—251页。

> 若和诱卖为妻妾奴婢子孙，被诱之人知情，不分已卖未卖，鞭一百，罚三九牲畜，被诱人鞭一百。①

《蒙古律例》"蒙古等相互诱卖"条则无死刑和连带刑事责任，其规定：

> 凡蒙古等将良人卖为奴婢妻妾子孙者，不分已卖未卖，鞭一百，罚二九牲畜，被诱之人，鞭一百。②

从《蒙古律例》上述法律条文可知，首先，清统治者在制定《蒙古律例》时，对于诱卖女性的犯罪，摒弃了蒙古法传统中的复仇主义，但并不彻底，如通奸条款中，规定可将犯妻交本夫杀之，该条款明显带有原始复仇色彩。至于立法缘由，我们只能将其归纳为立法者的一种政策权衡。其次，《蒙古律例》针对犯罪主体的不同，适用不同的刑罚。对于蒙人互相哄诱，不适用死刑而适用牲畜刑，对于口外蒙古将内地男妇子女诱卖或为妻妾奴婢，为首者绞监候，对于诱卖内地之人的刑罚明显严厉于蒙人等相互诱卖的犯罪。产生这种立法上的刑罚差异原因在于，在蒙地，蒙人相互诱卖妨害了该地区的法秩序，口外蒙古等将内地男妇子女诱卖或为妻妾奴婢，则不仅妨害了该地区的法秩序，且影响到内地的社会稳定，对清边疆治理造成冲击。最后，"诱卖内地之人"条犯罪行为地一般在内地，犯罪结果发生地在蒙地，清统治者在制定"诱卖内地之人"条时，必然会兼顾《大清律例》关于诱卖人口之刑罚规定，权衡立法。

---

① 王国维校注：《蒙古律例》，台湾广文书局1972年版，第91页。
② 王国维校注：《蒙古律例》，台湾广文书局1972年版，第91页。

（二）归化城土默特拐卖妇女之社会经济根源

清初，草场是蒙人最主要的生产资料。如前文所述，在清代康乾时期，蒙人牧场被大量开垦，这也使大量蒙人成为贫困阶层，造成社会的动荡。如乾隆十八年（1753）四月十二日萨日乌苏村披甲蒙克、杜布新等人向官府控告哈喇班弟将草场私自租给民人耕种事宜：

> 乌力吉和额日和包力噶其寺院的徒弟哈喇班弟结识后，乾隆十六年，哈喇班弟把众人所有的草场私自租给姚姓民人耕种。蒙克等五人与哈喇班弟申理时，哈喇班弟用暴力殴打我们。哈喇班弟把众人所有的草场私自租给民人耕种，还盖了房子并私吞租金。以上情形已持续五年了。在这五年里从来没有给其他人分过。哈喇班弟把众人的草场划分给云强水、苏西、李素卫耕种，还有三个姓袁的民人，以上事情持续三年。去年五月哈喇班弟和朝格扎布两人合伙把南丁的草场租给了一个叫李宪玉的人耕种，当年七月上述两人又将该草场另一半租给一个叫沙宝乐的人耕种。后来蒙克等去找哈喇班弟和朝格扎布理论时，没有结果。今年五月哈喇班弟和朝格扎布又将南丁草场租给扣白耕种。哈喇班弟将众人草场私自招民人耕种并独吞租金，哈喇班弟长期欺压我。①

正因蒙人经济上的困境，所以清代归化城土默特拐卖贫困妇女的现象非常普遍，蒙古族妇女被特殊保护的法传统被破坏。清统治者也注意到这种现象，并试图通过法律措施遏制此类犯罪。因为土默特地处蒙古核心地区，因而成为当时人口交易的中心。正因如此，清统治者也曾试图制止当时归化城严重的买卖人口现象：

---

① 土默特左旗档案馆馆藏档案：《控告哈喇班弟将草场私自租给民人耕种事宜》，蒙文档案号80-48-199。

查得，乾隆四年三月初九日，据理藩院咨称，兹有苏尼特王旺青齐斯露克等处请示，彼等旗内有人赴归化城买来鄂尔多斯幼童。查得，雍正十三年四月初八日奉旨，据闻，鄂尔多斯地方贫困蒙古中，入关内糊口，典卖妻子者有之。将此着饬交地方官查明，若有内地人典卖鄂尔多斯贫困人口者，原价赎出，照看安置。①

但此类买卖很难被遏制，甚至出现了夫与妻商量将她卖掉的人伦悲剧。如在蒙妇寅察克被拐卖一案中，蒙人扎木藏格龙称：

此妇寅察克为我亲弟扎罕的妻子，我们无吃无穿的东西，我弟扎罕、弟媳寅察克我们三人，到土默特地方，寻吃度命。到了托克托城，寻不得东西。我对弟扎罕说，现我们寻不到吃穿的东西，这边等着饿死不成。要卖弟媳时，我弟扎罕与媳妇寅察克商量着告诉了，寅察克同意了我们的话，于是在雍正十三年三月，我和弟扎罕两人将寅察克以十两银卖给了土默特旗的帕木是实。②

从该供词可知，扎罕是因极度贫困而将其妻卖掉，且扎罕在出卖其妻时，已与其兄扎木藏格龙、其妻寅察克二人商量。正如扎罕所供："我们白白等着饿死，倒不如把你出卖时，你随意。"③ 而寅察克被卖后的境遇也非常悲惨，买主扎布经常折磨使唤，使其痛苦不堪。

而作为买主的侍卫扎布称交给帕木十八两五钱，买下女人寅察克，并没有将寅察克录档。所谓"录档"应为在买卖人口后到官方机构登记注册，这表明在清代土默特地区，合法的人口买卖是允许的。在清

---

① 土默特左旗档案馆馆藏档案：《归化城都统为严禁买卖鄂尔多斯贫困人口咨鄂尔多斯贝子》，档案号80-32-38。
② 土默特左旗档案馆馆藏档案：《蒙妇寅察克被拐卖一案》，档案号：满文第140卷第128号。
③ 土默特左旗档案馆馆藏档案：《蒙妇寅察克被拐卖一案》，档案号：满文第140卷第128号。

代，除贵族和世袭高官的家生奴仆外，很大一部分是买来的，北方普遍存在人市，谈迁《北游录·纪闻下》载："顺承门内大街骡马市、牛市、羊市，又有人市。旗下妇女欲售者丛焉。牙人或引至其家递阅。"①清初归化城的人市是因人口买卖而形成并兴盛起来。

清代土默特地区买主买下人口的目的多样，从该档案来看，侍卫扎布买下女人寅察克似充当女奴使用。而在另一份档案中，则载明"托托拜因没有儿子，是乾隆四十三年，买替奔儿做妾"②。而蒙人托托拜只是蒙古驿站底层人员，其也通过买卖人口来纳妾，这反映出在当时土默特地区，买卖人口现象的普遍性。

图7　蒙妇寅察克被拐卖一案③
（清初的归化城土默特，合法的人口买卖是被允许的。因蒙人经济上的困境，导致清代归化城土默特拐卖贫困妇女现象非常普遍，蒙古族妇女被特殊保护的法文化传统被破坏。蒙妇寅察克被拐卖一案，便是其与夫商量，将其卖掉的人伦悲剧。）

---

① 清史研究所：《康雍乾时期城乡人民反抗斗争资料》，中华书局1979年版，第45页。
② 土默特左旗档案馆馆藏档案：《和厅通判详报验审蒙古托托拜殴死伊妾书册》，档案号80-4-170。
③ 插图绘制：韩弘力，内蒙古科技大学文法学院。

（三）归化城土默特拐卖妇女犯罪的流向特征

从现有司法档案分析，清代归化城土默特买卖妇女案件局限于本地区，基本不存在外流现象，这一特征与同时期南方少数民族地区人口买卖特征不同。例如在清代贵州苗族聚集区，也存在大量买卖人口现象，但这种人口买卖往往是一种外流型人口买卖模式，地域差异而形成的巨大利润是这种模式的主要形成原因。雍正朝云贵总督高其倬描述了这种因地域原因而形成的人口买卖现象：

> 贵州接壤四川，四川人价颇高，川贩往往嘱托贵州土棍，土棍复又勾串诸苗，俾捆掠人口，互相授受。诸苗每得一人卖与土棍，可得四五两，土棍卖与川贩每一人可得十余两，川贩贩入川中每一人可得二十余两。①

清代土默特地区与南方少数民族地区人口拐卖现象的不同点在于：其一，清代土默特地区被拐卖人口基本不存在外流现象。因塞外蒙古地广人稀及交通不便，更主要的是存在文化差异，清人范昭在康熙五十八年（1719）曾记载当时蒙古女性，"颜色凝脂，发辫为两缕，分垂于胸前，以帛裹之，所衣蟒袍，袖甚窄，靴帽与男子同。与之烟，相递呼吸，喜笑而去"②。与深受儒家三纲五常等观念影响的中原地区女性不同，蒙古地区女性显得原始淳朴。这种由地理环境文化影响而形成的差异，使得归化城土默特邻近的晋陕等地民众，很少买下蒙古族女性作为妻妾，买方市场的需求弱势使得差额利润无从谈起。其二，清代归化城土默特被拐卖女性主要是蒙古族妇女。这种现象的形成与土默特地区所处的地理环境及经济因素有关。如从邻近地区贩卖汉族

---

① 中国第一历史档案馆：《雍正朝汉文朱批奏折汇编》（第三册），江苏古籍出版社1991年版，第60页。
② 毕奥南整理：《清代蒙古游记选辑三十四种》，东方出版社2015年版，第127页。

女性至蒙古地区，运输成本极高，故本地区的蒙古族女性成为被拐卖对象。其三，在清代归化城土默特存在一定的市场需求。由于清初大量内地男性民人涌入土默特地区，而这些男性很少携眷，且内地适婚女性民人很少进入蒙地，该地区民人男女比例严重失调，导致在该地区存在买卖人口的市场需求。上述原因导致了在清初土默特地区，形成了一个封闭性、自发性的人口买卖市场。

（四）官方对拐卖妇女犯罪的态度

虽然在清代归化城土默特，合法的人口买卖是允许的。但鉴于人口的非法买卖严重破坏基层社会结构，故官方对于非法人口买卖持打击态度。在上述蒙妇寅察克被拐卖一案的裁决中，主审官吏认为：

> 查得帕木等买卖人口，未入档册而暗地里买卖是不合法的。据此，应照例议治将出卖妻子的丈夫扎罕，其兄扎木藏格龙，土默特的帕木、察哈尔侍卫扎布等，但此案为雍正十三年三月的案件，免议罪。将寅察克配给她的丈夫扎罕，将帕木交出的原价十两银，从妇女寅察克的丈夫取后，本应交还给帕木，但帕木明知有丈夫之妇而买下，未报录档，肆意妄为，又暗地卖给鄂尔多斯人，实属可恶。扎罕家赤贫，被逼卖了妻子，现无赔偿能力，停止还帕木给的价银十两。因侍卫扎布出价十八两五钱，特惩治帕木从其处催取后，交给侍卫扎布。知道买下寅察克，而未出首揭发的纳旺罗卜藏格苏儿，当中人的噶路哥德的罪，遵蒙古赦前案件，免议罪。①

总体上，清代土默特地区司法官吏在处理该案时，综合考虑了导

---

① 土默特左旗档案馆馆藏档案：《蒙妇寅察克被拐卖一案》，档案号：满文第140卷第128号。

致该案发生的诸多事实及法律因素,包括被告人的情节恶劣与否、犯罪动机等,最终作出合乎情理法的裁决,尤其对该案被告人扎罕及帕木的涉案财物的处理,充分体现了司法官的司法智慧。在该案中,因扎罕家赤贫,被逼卖了妻子,现无赔偿能力,故裁决侍卫扎布出的十八两五钱,从帕木处催取,交给侍卫扎布,以此达到惩治帕木肆意妄为的犯罪行为。

特别需要注意的是,在土默特地区基层刑事司法实践中,司法官吏往往也会尽量将打击拐卖人口犯罪限制在刑法规制的范围内。如在乾隆朝初年班察布将女儿卖给多日察布一案中,鄂尔多斯贝子在公文中称,无论强制卖掉何人都是违法的,但被卖人自愿则无罪。班察布将其女儿宝日湖卖给多日察布时,多日察布支付五两白银,三两白银为后期支付,但多日察布的供词却称从未买过宝日湖。按照蒙古习惯法,多日察布给过班察布牛马作为彩礼,也给过班察布八两银两,达拉特旗的沙思布也可证明此事。鄂尔多斯贝子也认为班察布是将其女儿嫁给多日察布的,而不是买卖,但两人所述供词不符,故无法定案。按照法律约期会审,但久久没有此案相关档案送来,故鄂尔多斯贝子收到咨文,以便尽快会审此案。① 在蒙古传统法律中,聘礼是必需的,如《喀尔喀法典》规定:"平民相互结亲者,需送去酒、羊内脏、角、蹄全伤,婚约始视为有效。"②

该案的主审法官也认可这种习惯法传统,因此,鄂尔多斯贝子特别强调对该案的定罪不应以是否交付财物为准,而应以是否强制卖掉为准。这也体现出审理此类案件时,基层司法官吏在适用国家法时,也特别注重蒙古族习惯法在司法审判中的运用。

---

① 土默特左旗档案馆馆藏档案:《为定夺约期会审察布将女儿卖给多日察布一案咨文》,档案号:满文第 140 卷第 138 号。

② 余大钧译:《喀尔喀法典》,内蒙古大学蒙古史研究所编:《蒙古史研究参考资料》1982 年 9 月,第 16 页。

二、蒙汉通婚之刑法规制

（一）清代归化城土默特蒙汉通婚概述

《清稗类钞》载："满洲蒙古之男女类皆自相配偶，间或娶汉族之女为妇，若以女嫁汉族者，则绝无仅有。"[①] 由此可见，在蒙古族传统文化中，蒙汉通婚是存在一定限制的，尤其是蒙古女嫁汉族者应属禁止行为。清初统治者对于民人与蒙妇之间的婚姻一直进行严格的法律规制，但随着大量内地民人涌入蒙地，其中包括大量单身青年男性，导致蒙地民人男女比例严重失调，从而使民人适婚女性成为蒙地稀缺的婚姻资源。尽管蒙人与民人之间因文化传统的因素的影响，存在一定的民族隔阂，但在这种社会人口结构下，蒙、民之间尤其是民人婚娶蒙妇成为一种必然的社会现象。如在乾隆四十八年民人吉如详拐买蒙妇纳墨素一案中，据民人吉如详供述：

> 小的是太谷县人，四十二岁了，在吉尔登查汗圐圙居住，受苦为生。去年四月二十二日，有阿红袋认识的潘黑牛子到小的家，说他本村薄原义有一女人是蒙妇，养活不过要卖与人，不用多的钱文。小的因无女人就应允了，讲定彩礼钱两千文娶来为妻，他有两个女子并没带来。不想去年十二月初九日。这喇嘛温都尔户见了小的，说小的把他嫂子纳墨素拐来为妻，要使些钱用，若不与钱叫与他到城见他母亲。小的因无钱文，原与他想跟到城见了他母亲，其母黑拉批力亥也要使些钱文，小的没钱与他，就把小的告在都统大人衙门，蒙发案下审讯。这纳墨素实是小的认系薄原义明娶的妻子卖了来为妻的，并不是拐来的。[②]

---

① 徐珂编撰：《清稗类钞》第 5 册，中华书局 2003 年版，第 2024 页。
② 土默特左旗档案馆馆藏档案：《归化城同知详报审结吉如详拐逃蒙妇纳墨素一案》，档案号 80-4-225。

而据蒙妇纳墨素供述：

小妇人三十七岁了，是达色令佐领下人，父母俱故，有两个哥子，大哥名叫蔼密更，二哥名叫隆炭，在托克托城所属主力干白彦地方居住。小妇人自幼发配巴图章格为妻，自娶之后并未生育男女。后来男人病故，婆婆黑拉托力亥除不给穿吃，反朝夕打骂。小妇人受气不过，四十年五月内偷跑出外沿路乞食，六月二十八日走至阿红袋村薄原义家中，那时薄原义不在家内，只有他母亲在家，讨了些饭吃，问我是哪里的人，我原谎说是从托克托城来的，既无父母又无伯叔兄弟与我寻一过日之法。薄原义的母亲将我留下，到晚间，薄原义回来问明情由，在外找寻我亲属下落，找寻多日总找不见。小妇人向薄原义母说你已年老，你儿子无女人，与其我出外饿死，不如嫁了你儿子一同度日。初时薄原义不允，是小妇人再三央求终成了夫妇，后来生下两个女子，大女子九岁，二女子四岁了。不想薄原义日渐贫穷，小妇人不愿与他过度，原与他母亲嚷闹几次，叫他另寻一人家。去年四月，薄原义就央黑牛子说合转卖与查汗圈图吉如详为妻，把两个女子留下，得了两千文钱。去年十二月内，故夫兄弟温都尔户到村见了男人吉如详，要使些钱文。男人没钱与他就相随到城，不知怎就告在都统大人衙门，蒙发案下审讯。这实是因婆婆打骂受气不过私自逃走，在薄原义家乞食，情愿与他为妻，并不是薄原义拐带，再婆婆说小妇人逃走时带去钱、衣服等项并是没有的事，求详情罢讯。①

从该案吉如详、蒙妇纳墨素两人的供述来看，吉如详是太谷县人，

---

① 土默特左旗档案馆馆藏档案：《归化城同知详报审结吉如详拐逃蒙妇纳墨素一案》，档案号80-4-225。

经济状态处于社会底层，其买蒙妇纳墨素主要是因其没有妻子，是买来为妻的，主要是基于婚姻角度，且卖主"薄原义有一女人是蒙妇，养活不过要卖与人"，即薄原义是基于贫困原因而出卖纳墨素的。而按纳墨素供述，其男人病故后，婆婆不给穿吃还朝夕打骂，故偷跑出外沿路乞食，即其是流浪乞讨的寡妇，在途中乞求嫁与薄原义。由此可见，因经济赤贫而产生的求生本能是纳墨素嫁给薄原义的根本原因。

与上述因经济赤贫而引发的蒙汉通婚案不同，在清代土默特地区，也有一些蒙汉通婚案是蒙古人自愿私自嫁给内地人的，这也反映出随着蒙汉交往加深，蒙汉民族关系进一步融合，如在乾隆十五年（1750）一起案件中：

> 归化城协理通判齐报文，蒙文都统衙门，为转交办理事。查得，乾隆九年三月初九日，同知衙门转交送来都统衙门交代审称，关于骁骑旦木巴上告的，他妻博里将自己女儿系蒙古，私自嫁给内地人王大迕的案件。查得前任通判明德，续任通判永良查明审以议定，报先同知转呈后，由道衙门送回之事已录在档。卑职承接职务后，即刻行文调查。接着回文称是实。查得，王大迕支付了聘礼娶普苏乞妹毛梦为妻，是骁骑旦木巴上告前。①

在该案中，蒙人骁骑旦木巴的妻子将其女儿苏乞妹毛梦嫁与王大迕为妻，王大迕还支付了聘礼，旦木巴不同意，因此上告衙门。在该案中，民人王大迕自愿支付聘礼，娶蒙女普苏乞妹毛梦为妻，反映出部分民人在蒙地民人身份认同问题上，受到社会因素影响逐渐弱化，蒙汉民族融合不断深化。

---

① 土默特左旗档案馆馆藏档案：《为民人王大迕娶蒙女普苏乞妹毛梦一案呈文》，档案号：满文第 155 卷第 139 号。

（二）乾隆朝蒙汉通婚法律规制之变化

在清初，清统治者严禁内地民人流入边外，《清史稿》载："自顺治时，令各边口内旷地听兵治田，不得往垦口外牧地。"但在康熙朝时，大量内地民人流入土默特地区，康熙朝为消弭蒙汉杂居对其边疆司法治理所造成的不利影响，对蒙汉之间通婚做了禁止性规定：

> 凡内地民人出口，于蒙古地方贸易耕种，不得娶蒙古妇女为妻。倘私相嫁娶，查出，将所嫁之妇离异，给还母家，私娶之民，照地方例治罪；知情主婚和说合之蒙古人等，各罚牲畜一九。①

但随着大量内地民人流入蒙古边疆地区，一部分民人为了取得生存依据而与蒙人通婚，这导致蒙汉私自通婚情况大量增加，为加强蒙古地区司法控制，乾隆时则规定：

> 凡内地民，出口于蒙古地方贸易耕种，不得娶蒙古妇女为妻。若有偷嫁娶者，查出，将所娶妇人离异，给回母家。私娶之民，照内地例治罪，知情主婚及说和之蒙古人等，各罚牲畜一九。②

《蒙古律例》之所以作出此种规定，因民人等暂时出口谋生，在彼婚娶易滋事端，这在一定程度上加大了清政府的司法治理成本，因此，清政府认为有必要通过法律措施规制此类通婚。从土默特地区婚姻司法档案来看，这一时期司法官吏基本是依据这一立法精神处理此类案件。如在上述乾隆十五年（1750）蒙人私自嫁女给内地人王大迀的案件中，司法官吏裁决：

---

① 赵云田点校：《乾隆朝内府抄本〈理藩院则例〉》，中国藏学出版社2006年版，第42页。
② 赵云田点校：《乾隆朝内府抄本〈理藩院则例〉》，中国藏学出版社2006年版，第45页。

内地人与蒙古结亲，法定离异，将普苏乞妹毛梦即交他的父亲旦木巴带走，故不议外，但娶蒙古妻的民人王大迨，将女子私自嫁给内地人的蒙古妇女博里，他的儿子普苏克，都应按例治罪。因他们犯事均为初次，均予宽免，但应将普苏乞妹毛梦的聘礼钱交回。查得蒙古律中无正式规定，不予议定。又审定，以普苏乞妹毛梦名下应罚取的牲畜交还。应于乾隆十五年八月十九日转报同知上呈后，道府就准了结此事，记录在档。理应查明缘由，令销案。①

又如乾隆在四十八年（1783）民人吉如详拐卖纳墨素一案中，归化城蒙古民事同知对此案裁决为：

查此案，薄原义收留迷失蒙妇为妻，并无拐逃情事。蒙律并无正条，应照刑律科断，除偷娶蒙古妇女轻罪不认外，自应按照律拟徒，业已身故，应毋庸议。吉如详一犯合依用财买休律，杖一百，折责四十板，纳墨素系蒙古，应鞭一百。由该佐领饬蔼密更等领回归宗，应毋庸议。薄原义所得卖休钱两千文，业已身死，免追入官。②

本案中，归化城蒙古民事同知认为薄原义收留迷失蒙妇为妻，并无拐逃犯罪的主客观构成要件，且《蒙古律例》对此也无明文规定，故对其不适用《蒙古律例》，而应适用《大清律例》。因此，该案主审法官裁决，薄原义收留迷失蒙妇为妻一案，"自应按照律拟徒，业已身故，应毋庸议"。

---

① 土默特左旗档案馆馆藏档案：《为审理民人诬告蒙古自用刑事咨文》，档案号：满文第147卷第139号。

② 土默特左旗档案馆馆藏档案：《为审理民人诬告蒙古自用刑事咨文》，档案号：满文第147卷第139号。

而对于吉如详的裁决则与薄原义不同。该案中，蒙妇纳墨素因嫌薄原义家里贫穷，薄原义无奈谎说是聘娶的女人，央求潘黑牛子说合转卖与吉如详为妻，得了两千文钱。按照《蒙古律例》"民人娶蒙妇治罪"条规定："偷娶之民，照内地例治罪。"根据《大清律例》规定："若用财买休卖休和娶人妻者，本夫本妇及买休人各杖一百，妇人离异归宗，财礼入官。"据此，主审法官对于该类案件适用《大清律例》，"吉如详一犯合依用财买休律，杖一百，折责四十板"。

在蒙地司法实践中，虽然按照《蒙古律例》之规定，对民人娶蒙古妇女作为犯罪行为来处罚，但有时在刑事审判过程中，又对蒙汉事实婚姻采取承认主义。如在乾隆五十二年（1787）刑部上折，"如晋省男惟子殴毙郭东元一案，男惟子因伊胞叔告知伊妻与郭东元有奸，起意殴打"。主审法官认为，"则以婚娶已久，既为夫妻，即以杀奸科断"[①]。正是在这种司法困境下，乾隆五十二年民人禁娶蒙古妇女之例被废除，其详细阐述如此之原因：

> 国家休养生息，中外一合，本无畛域之分。从前定例内地民人不准婚娶蒙古妇女，或因民人等暂时出口谋生，在彼婚娶易滋事端，是以没有明禁。近来生齿日繁，内地民人子身出口贸易耕种者不可胜计，况民人与蒙古皆我子民，并无分别，伊等相处日久往来婚娶，势难禁止……至民人不可婚娶蒙古妇女之条，不但此条可删，并可无庸行之章牍……将此谕令知之，钦此！[②]

乾隆帝之所以允许蒙汉人民通婚，是考虑到蒙地蒙、民杂居的实际情况，如刻意加以阻碍，反而会引发社会矛盾，不利于边疆社会秩

---

① 《乾隆朝上谕档》第13册，档案出版社1991年版，第865页。
② 《乾隆朝上谕档》第13册，档案出版社1991年版，第865—866页。

序的和谐，故将相关例文修改，这是合乎当时社会发展要求的理性立法，是对民族融合趋势的立法回应。

三、奸非类刑案

乾隆四十五年十月，在归化城萨拉齐厅发生一起凶杀案。笔者以此案档案为基础，研究清代归化城土默特通奸罪的相关法律问题。

（一）王荣与蒙妇通奸案基本案情

本案被告人霍忠，原籍山西忻州，案发时寄居归化城萨拉齐。乾隆四十五年（1780）七月间，被告人霍忠与被害人王荣合伙卖羊肉，到了八月间又合伙卖月饼，两人关系素好无嫌。被害人王荣因其妻病故，留有两个女儿无人照顾，便于十月初五让蒙人尔得泥同妻子沙音图搬至院内居住。没过几日，尔得泥赴城外出，次日王荣便将其两个女儿送至他的妹妹家居住。被害人王荣即与沙音图调戏通奸，后又多次与沙音图发生性关系。从该档案分析，尔得泥同妻沙音图生活贫困，但尔得泥一直坚称其不知此奸情。沙音图供词也与霍忠供词部分印证，她说：

> 本年十月二十三日夜，男人往村东秦家帮忙去了。霍忠从銎口里来叫王荣去算账，王荣叫我照看着门，他两个相随出去了，停了一会王荣回来叫了我到他屋里坐着说话，王荣正脱了衣服裤子要睡觉。霍忠又来叫了出去再没回来，不知谁人怎样把王荣打死，我实没有看见不敢混供。我和王荣通奸原是有，我男人并不知道是实各等供据。①

---

① 土默特左旗档案馆馆藏档案：《萨拉齐通判详报霍忠殴死王荣一案审结情况》，档案号80-4-147。

（二）移民与性犯罪

自康熙中期，内地民人进入蒙地日益增多，归化城逐渐成为蒙古地区政治、经济与文化中心。清统治者为达到对进入蒙地移民管理和控制的目的，制定各种制度来维护蒙古地区原有统治秩序，如雍正朝时规定："种地之民人，……不准带领妻子前往……俟秋收之后，约令入口，每年种地之时，再行出口耕种。"① 统治者期望通过这种方式，限制民人长期在蒙古地区居住。但从本案所反映的信息来看，至少在乾隆朝后期，上述对于携眷限制性规定并没有得到严格执行，如本案被告人霍忠妻子霍侯氏供："小妇人今年二十八岁了，霍忠是小妇人的男人，生有一个儿子今年八岁了。"② 虽然土默特左旗档案馆所藏刑档中关于内地民人与蒙妇通奸的案例很少，但该案也反映出这一时期的诸多社会现象，蒙、民通奸现象的产生与当事人所处的环境密切相关。有学者指出："女性之所以会犯奸，除了和本身的性欲有关外，还与所处的环境有较大的关系。"③ 在内地民人眼中，蒙古边疆地区乃蛮夷之地，很多注重"落叶归根"的内地民人在进入关内时，从感情上很难接受携带家眷进入蒙地，这也直接导致蒙古地区女性民人成为社会稀缺资源。同时，法律的严格限定使得蒙汉之间通婚不具有可行性。而蒙古地区男性民人与女性民人性别比例的严重失调，造成该地区男性民人与女性民人结婚成本极高。

那些单身或丧偶的男性民人是蒙古地区性犯罪的高发主体。如在乾隆四十六年（1781）喇嘛恼尔布踢伤民人王大鸣身死一案中，据喇嘛恼尔布供：

---

① 金志节编纂，黄可润纂修：《口北三厅志·地舆》，台湾成文出版社1968年版，第89页。
② 土默特左旗档案馆藏档案：《萨拉齐通判详报霍忠殴死王荣一案审结情况》，档案号80-4-147。
③ 郑秦：《清代法律制度研究》，中国政法大学出版社2000年版，第234页。

第四章 刑案（三）——婚姻刑案　153

我今年二十一岁了，是鄂尔多斯中葛尔贝子滚曲布佐领下人，父亲叫达什，母亲讨克太，我们弟兄两个，我是习呢召的喇嘛，我常在阿不亥家来往走动，是今年正月里与阿不亥通奸起的。今年后五月初二日晌午时候，我去阿不亥帐房里坐着，必几牙、根栋先后都来了，和阿不亥俱在一处喝酒到日落时候。老不散班第引着民人王大鸣也到阿不亥家，我们俱让的一处喝酒到黑夜时候，大家俱带了酒了，阿不亥带他孩子头向西先在大床上睡下，我在小床上挨着阿不亥，头向西睡了，王大鸣挨着我睡了，必几牙喝醉了，先在我西边头向北睡了，那根栋和老不散班第在账房外边睡去了，我们俱没有脱衣裳。到半夜时候，王大鸣就从我身上爬起去拉扯阿不亥，阿不亥叫喊了一声，我惊醒来一时气愤用右脚穿的皮靴踢去，踢在他小肚子上，他就向东跌倒了，碰在米柜上响了一声，口里还骂，我又跑了下去在他身上跺了一脚，夜里也不知跺在他哪里了，阿不亥就带着孩子跑出去了。必几牙醒来查问缘故，我告诉了他，我见王大鸣并不言语，心里害怕就到帐房外边，把根栋、老不散班第叫起来，扶救了一回，不想已经死了。①

该案中，只因民人王大鸣夜间对蒙妇阿不亥有非分举动，引发与蒙妇阿不亥有密切男女关系的恼尔布的愤恨，最终导致命案的发生。又如在上述霍忠一案中，被害人王荣因妻病故，"伊女无人照料，即于十月初六日，令蒙古尔得泥同妻沙音图搬至院内居住至十月十三日。尔得泥赴城外出，次日王荣将女二人送至伊妹家居住，即与沙音图调戏通奸，待后乘隙宣淫已非一次"②。被害人王荣为满足生理与心理需

---

① 土默特左旗档案馆馆藏档案：《萨拉齐通判详报代验并会审过喇嘛恼尔布踢伤民人王大鸣身死一案书册》，档案号80-4-169。

② 土默特左旗档案馆馆藏档案：《萨拉齐通判详报霍忠殴死王荣一案审结情况》，档案号80-4-147。

求，不惜铤而走险违背《蒙古律例》的规定，在短短的十日之内与蒙妇沙音图调戏通奸，这与被害人王荣所处的流动人口社会中，男女比例失调的环境有较大的关系。

(三) 犯奸与杀妻

有学者在谈及蒙古族人的通奸时认为："说起来这条法律倒不是中原地区的传统。唐宋时的法律规定是通奸罪双方各处两年徒刑，如果丈夫擅自杀死奸夫或者奸妇，仍按故意杀人处罚。后来蒙古族建立的元朝改变了传统的法律，规定丈夫在通奸场所当场杀死奸夫及妻妾可以无罪，而捉奸告官不过是处奸夫奸妇杖七十七而已。这一条或许是来自于蒙古族的习惯法，在草原文化传统中视通奸为触犯禁忌的大罪。"① 该学者认为"杀奸"与蒙古族传统法文化密切相关，16 世纪后半叶的萧大亨在《北虏风俗》中的相关记载，似乎也印证了上述观点：

> 夷俗为奸为最重，故其处治为最严。如酋首之妇有与散夷奸者廉，知之即以弓弦缢死其妇矣。凡奸夫之父子兄弟止存一人，余尽置之死。若妻女、若帐房诸畜产之类，尽给之各散夷。所谓赤族之祸不过是也。若散夷中有奸其妇者，唯以奸夫置之死。②

意大利主教约翰·普兰诺·加宾尼在《蒙古史》中曾记载："他们有一条法律或者一种风俗，如果发现任何男人和妇女公开通奸，就把他们处死。同样的如果一个处女同任何人私通，他们就把男、女双方都杀死。"③ 但在蒙古族几部法典中，对于男女非法性关系的惩罚呈现出

---

① 郭建：《中国古典名著的法眼解读》，北京大学出版社 2012 年版，第 45 页。
② 萧大亨：《北虏风俗》，载薄音湖、王雄编：《明代蒙古汉籍史料汇编》（第 2 辑），内蒙古大学出版社 2000 年版，第 239 页。
③ 道森编：《出使蒙古记》，吕浦译，中国社会科学出版社 1983 年版，第 165 页。

区别化特征和轻缓化趋势，如《阿勒坦汗法典》规定："男女搞不正当的性行为者，罚牲畜七九；已染梅毒者，加罚九畜，杖一；勾引少女为奸者，罚牲畜九九，杖一。"《卫拉特法典》则规定：

> 与有夫的妇女相好，并与之合意通奸的男子，罚牲畜五头，女的应拿出（牲畜）四头给裁判官。女的如系被强奸的话，两方面处罚的牲畜都由男的负责。与女奴隶通奸的人，应该给女奴隶的主人一匹马；如果是合意通奸且未告发的话，不罚。被告发强奸处女的人，罚牲畜九头的两倍；如果是合意通奸而处女的亲族告发的话，还是要罚牲畜九头。①

《喀尔喀法典》则规定：

> 若诺颜至王公之妻处（通奸），即与破坏婚约（即诺颜互相夺取未婚妻）等同。若安租不足，即将其本人押走。诺颜与平民之妻通奸者，罚以150头牲畜安租。平民（哈剌抽）与王公之妻（哈屯）通奸者，没收其全部所有之物，将其本人罚充旗内奴隶。与郡主（阿贝）通奸者也同。又与平民之妻私通之平民，罚300头牲畜安租及30件珍品。若安租不足，一"博多"罚打25鞭，100鞭为限。②

整体上，在上述蒙古族法典中，对于通奸的处罚并没有死刑的处罚，更无"杀奸"的相关规定。究其主要原因，正如有学者所分析那

---

① 潘世宪译：《卫拉特法典》，内蒙古大学蒙古史研究所编：《蒙古史研究参考资料》1982年9月，第38页。
② 余大钧译：《喀尔喀法典》，内蒙古大学蒙古史研究所编：《蒙古史研究参考资料》1982年9月，第16页。

样,"大元帝国改名为'北元'了,蒙古民族又回到了《大札撒》的所产地漠北了。这虽然像是返回了《大札撒》的血统观念之中,然而时代已非《大札撒》的时代,无论在主权性质方面、民族的精神性格方面、复杂的社会结构方面,蒙古民族社会都已经不是昔日的形态了"①。

正因此种变化,清代制定的区域蒙古法典部分摒弃了成吉思汗时期的严苛法传统,而代之以为维护蒙人基本游牧生活的简单而具有实效的法律。而康熙六年(1667)颁布的《蒙古律书》一改传统蒙古族法典的刑罚传统,对男女通奸行为采取严厉的处罚措施,其第十四条规定:"平人与平人之妻通奸,并夺其妻,罚牲畜五九。奸妇,责成伊夫取命。若不取命,则将所罚牲畜给伊所属诺颜。调戏他人之妻,罚牲畜三九。"第七十七条规定:"平人与哈屯通奸,奸夫凌迟,哈屯处斩,除奸夫兄弟外,其妻子没为奴仆。"似乎这一时期关于通奸的刑罚又回归到了《大札撒》时的注重权威的早期刑法传统。而事实上,上述规定并非是建立在早期刑法传统上的。之所以出现这种立法趋势,是因为这一时期的立法并非由蒙古族所主导,而是在清统治者控制下所修纂,这必然使国家公权力渗透到蒙古刑事立法的各方面,而《蒙古律例》中对于通奸刑罚的规定恰与中原地区刑事法相暗合,《蒙古律例》规定:

平人奸平人之妻,取其妻罚伍九牲畜,将奸妇交本夫杀之,若不杀,将所罚牲畜给伊贝勒。②

在《大清律例》中也有捉奸"杀妻"之规定,《大清律例·刑律·人命》"杀死奸夫"规定:

---

① 内蒙古大学蒙古史研究所编:《蒙古史研究参考资料》1982年9月,第50—51页。
② 王国维校注:《蒙古律例》,台湾广文书局1972年版,第92页。

本夫奸所获奸，登时将奸妇杀死，奸夫当时脱逃后被拏获到官，审明奸情是实，奸夫供认不讳者，将奸夫拟绞监候，本夫杖八十；若奸所获奸，非登时将奸妇杀死，奸夫到官供认不讳，确有实据者，将奸夫拟杖一百，流三千里，本夫杖一百。①

如在乾隆二年（1737）李益荣与覃氏通奸一案中，李益荣与钟静赐系邻居，钟静赐常出外佣工，覃氏不守妇道素与李益荣发生不正当性关系。李益荣至覃氏之室，与覃氏正欲行奸，适钟静赐回家，上前捉住，被李益荣用力挣脱。钟静赐一时气愤莫释，遂将覃氏拳殴脚踢伤殒命。后李益荣被拿获到官，其供认不讳。刑部将李益荣拟绞监候，钟静赐杖八十，照例先行折责发落。②无论是《蒙古律例》还是深受儒家伦理影响的《大清律例》，均规定对通奸的当事人，本夫可采取私刑，反映出法律对社会基本伦理秩序的尊重与维护。但与《蒙古律例》不同的是，《大清律例》对于在通奸情形下本夫杀妻，从证据方面作了严格限定，《驳案汇编》卷十一中记载了一起发生在江西的"本夫杀奸已离奸所"案，该案发生于乾隆二十七年（1762），江西巡抚疏称：

范人杰因涂士水与伊妻张氏通奸，该犯先不知情，嗣经撞获，询悉奸情，即欲投保送官，张氏跪求隐忍。遂令涂士水速去，复被恃强辱詈，心怀忿恨，商同张氏绳勒毙命。③

刑部复核却认为该案奸情未确，"范人杰之闻奸杀命仅系一面之词，不足凭信，即应另行根究致死实情，以成信谳"④。比较《大清律

---

① 张荣铮等点校：《清律例·刑律·人命》卷二百八十五"杀死奸夫"条，天津古籍出版社1993年版，第441页。
② 赖惠敏：《内阁汉文题本专题档案：刑科婚姻类提要》全宗37卷5号。
③ 全士潮、张道源等纂辑：《驳案汇编》，何勤华等点校，法律出版社2009年版，第220页。
④ 全士潮、张道源等纂辑：《驳案汇编》，何勤华等点校，法律出版社2009年版，第220页。

例》之规定，《蒙古律例》"将奸妇交本夫杀之"条体现出清统治者务实的立法态度，即立法时权衡地缘政治与民族法因素，从而达到维护蒙古社会法秩序之目的。与《大清律例》相比，《蒙古律例》给予了本夫更多的自主选择权，之所以产生如此的立法差异，在于中国传统刑事法律文化以义务为本位，向来注重对当事人规定强制性义务，而非选择性权利。该条规定系蒙古刑法传统与清代边疆司法治理政策相结合的产物，并非对蒙古早期刑法传统的完全回归。《蒙古律例》关于犯奸的规定考虑了当地的风俗民情，从有利于司法治理的角度出发。如果规定的刑罚过于僵硬，法律效果会适得其反，反而不利于边疆地区法秩序的维护。但由于《蒙古律例》立法的滞后性，对于民人与蒙古妇女通奸犯罪，《蒙古律例》并没有做出专门规定。

从现存清代司法档案来看，在清代土默特地区通奸案中也存在本夫杀妻的现象，如在乾隆二十九年（1764）一份"乌尔金扎布为妻与他人通奸被获，业将二人杀死特此报案的呈文"的司法档案中，记载了一起本夫登时杀死奸夫及妻案：

> 丹扎布佐领下楚阳村乌尔津扎布、领催防喇西扎布、村头荣楞扎布等呈于将军大臣等为呈告事：
>
> 本月十七日，乌尔津扎布前往萨劳村索要地租，因未得租，前往比本齐村，以身上所带之钱五十文，买半斤茶叶、半斤油而返回。三更时分到家，由窗户进入看得见有一人与我妻同宿。乌尔津扎布未能忍耐，持家中小斧子，将我妻、同宿之男人一并砍死，即向村甲头等自首，人命案件不敢隐瞒，故呈首其陈缘由，叩请饬文拟处书理。
>
> 为此具呈
>
> 乾隆二十九年十一月二十日①

---

① 土默特左旗档案馆馆藏档案：《乌尔金扎布为妻与他人通奸被获业将二人杀死特此报案的呈文》，档案号 80-32-182。

该案中，本夫乌尔津扎布将妻、同宿之男人一并砍死。又如在乾隆四十五年（1780）九月二十二日，蒙人那苏图因民人程起忠与伊妻三音珠拉通奸，气愤斗殴，程起忠欲逃，被该犯用木棍殴伤致毙。刑部会同九卿、理藩院、詹事科道等官在天安门外，详审此案，最终裁决那苏图应绞决。①该案中，那苏图因程起忠与伊妻三音珠拉通奸，只杀死奸夫，故不符合《大清律例》之规定。在上述蒙妇沙音图与王荣通奸案中，按照《蒙古律例》之规定，妻可交本夫杀之，但根据档案记载，蒙妇之夫尔得泥属于社会底层，是土默特索诺木拉佐领下人，现在恼木汗村东居住，和王荣平素认识，帮助王荣照料门户牲畜。经济环境的艰辛及婚嫁的巨额成本，使他主动向主审法官提出如下要求：

> 我女人与人通奸，依法应该处死她，但是我家中还有六岁的女孩全靠女人照料，若处死她，就无力再娶了，求恩典给我领回管束。②

如前所述，尔得泥的请求符合《蒙古律例》的规定，该规定也充分考虑蒙古地区风俗传统，给当事人一方一定的选择权。

（四）经济因素与纵容妻妾犯奸

在中国传统社会中，由于女性处于弱势地位加上贫困原因，在底层社会一直存在强迫或纵容妻妾卖奸的现象。鉴于这种现象严重破坏了儒家的基本伦理秩序，故《大清律例》中有专门的条文对此种现象进行法律规制，"纵容妻妾犯奸"条规定：

---

① 土默特左旗档案馆馆藏档案：《刑部奉旨绞犯那苏图缓决的咨文》，档案号80-4-132。
② 土默特左旗档案馆馆藏档案：《萨拉齐通判详报霍忠殴死王荣一案审结情况》，档案号80-4-147。

> 凡纵容妻妾与人通奸，本夫、奸夫、奸妇，各杖九十。抑勒妻妾及乞养女与人通奸者，本夫、养父各杖一百；奸夫，杖八十；妇女不坐，并离异归宗。①

在蒙古法传统中，并无关于纵容妻妾犯奸处罚的规定。但在中原地区法传统中早有规定，设立该罪名的目的主要处罚基于经济利益而纵容妻妾与人通奸的本夫。在中国传统男权社会中，男尊女卑的观念注定女性属于弱势群体。而在蒙古传统社会中，女性是法律保护的对象，对女性加以伤害是要受到严厉处罚的。这种女性社会地位的差别，也解释了为何自成吉思汗《大札撒》时期开始，蒙古族传统法典并没有规定此类罪名与刑罚。但随着明末清初蒙古地区经济与社会结构的变化，蒙古地区也出现此类现象。正因如此，归化城土默特基层官吏在审理奸非案件尤其是因奸引发的命案时，很自然地要依照《大清律例》，核实这些刑案中是否存在强迫或纵容妻妾卖奸的现象。

在上述蒙妇沙音图与民人王荣通奸一案中，萨拉齐通判及归绥道一直关注的疑点是，本夫是否存在知情纵容事实。沙音图对此明确否认，称与王荣通奸，其男人尔得泥实不知道，并没知情纵容。据其本夫尔得泥陈述：

> 我是土默特索诺木拉佐领下人，今年三十一岁了，现在恼木汗村东居住，和王荣平素认识，他到我院里居住，替他照料门户牲畜。上年十月初六日，搬到他院里居住，十三日早我就往归化城去了，到二十一日回来。二十三日晚，村东素家办丧事，我帮忙去了，并没在家，霍忠因甚将王荣殴伤身死，我并不知道。我查问，女人说那晚王荣被霍忠第二次叫了出去，并没回来，这是实话。我

---

① 张荣铮等点校：《大清律例·刑律·人命》卷三百六十七"纵容妻妾犯奸"条，天津古籍出版社1993年版，第555页。

女人沙音图与王荣通奸我实不知道，并没知情纵容的事。①

萨拉齐通判及归绥道之所以一直在查实尔得泥是否知道其妻通奸事实，原因在于：本夫是否纵奸，直接影响到本夫、妻妾的量刑。按照《大清律例》：纵容妻妾与人通奸，本夫、奸妇各杖九十。抑勒妻妾与人通奸者，本夫杖八十；妇女不予处罚。从本案最终查明的事实可知，尔得泥对其妻与王荣通奸事实确实不知情。但从当时一些司法档案推断，此类问题在蒙古地区是存在的，如在乾隆五十五年（1790）民人纪三奸淫蒙妇日希巴勒未遂一案中，鄂尔多斯札萨克贝子色旺喇什称：

鄂尔多斯札萨克贝子色旺喇什咨归化城副都统衙门，为咨请惩办犯奸刁民事。本旗巴雅尔佐台吉贺宁报称：我侄女日希巴勒嫁给土默特旗章京特古斯朝格图佐纳木日架地方寡妇希和热之子丹布仁为妻。五十五年二月，其邻居阿嘎冲将我侄女请到家里喝茶并称：你若与民人纪三相好，不愁吃穿用度等语。彼时，我侄女未依他。今年九月初九，我侄女婆婆出去拾柴，丈夫丹布仁去放牛后，民人纪三来到其家里，上炕铺开褥子，放好枕头拉我侄女日希巴勒，并称：我与阿嘎冲之妻是老相好，其欠我一百两之债，我不但不讨要，反给阿嘎冲之妻穿着衣物。你若要跟我，我定会更加疼你、扶持你。我侄女未依。纪三又称：你婆婆与你丈夫已同意我俩相好，你怎不知好歹？并起来就用烟锅砸来。我侄女接住烟锅折断，用力推搡该民人并喊人时，丹布仁之侄儿玛鲁夫闻声而至。民人纪三将脱下之衣服长短两件白布衫、蓝马褂一件和一个搭链、一个火镰、瓜皮帽一顶、断烟锅一个丢下仓皇出逃。我侄女日希巴勒将衣服放入柜里出去追赶时，民人纪三赤身向阿嘎冲家跑去。彼时阿嘎冲之妻迎来，将自己蓝布衫让纪三披着，

---

① 土默特左旗档案馆馆藏档案：《萨拉齐通判详报霍忠殴死王荣一案审结情况》，档案号80-4-147。

迎进了自己屋子，将门挂上不让其出来。嗣后，阿嘎冲召集野地拾豆子汉人等，欲抢回衣物未果。日希巴勒伺机将柜里衣服拿去交给乡首赛吉日呼、商浩尔扎布等记录在案。嗣后，我侄女回到娘家，其母亲当夜带女儿至该管佐领赛音朝格图家呈报事由。该章京称：你等暂且回家，证物留于此处，数日后再审断等语。我侄女返回家中时其丈夫丹布仁、婆母希和热，邻居阿嘎冲、尼玛宗、赤仁太、毕利贡、康珠日、阿日雅等八人前来怨我侄女擅自到章京处告状，欲从其母亲身边抢走。其母无奈将女儿送至我家，伏乞将此事呈报该管处秉公审理，还我侄女之清白等因呈报。据查，台吉贺宁之侄女日希巴勒嫁与特古斯朝日格图佐丹布仁娶为妻，然该蒙古却怨其妻不随民人纪三，殴打折磨。章京特古斯朝格图接收证物后拖延不办理。日希巴勒之夫丹布仁与同村阿嘎冲等八人与妇人结怨，欲强行带回实乃恬不知耻，无法无天。伏乞都统处查办此事。为此，我处派梅林丹巴带台吉贺宁、妇人日希巴勒等赴案。特呈。乾隆五十六年十一月二十五日[①]

该案中民人纪三的行为性质甚为恶劣，而被害人的婆婆与丈夫，邻居阿嘎冲与其妻子均纵容被害人与民人通奸。究其原因，无非民人纪三通过经济上的诱惑，使上述人等甘愿受其驱使。该案知情纵容被害人与民人通奸者人数众多，鄂尔多斯札萨克贝子色旺喇什对此现象非常愤慨，斥丹布仁等人"恬不知耻，无法无天"。

四、家庭暴力类刑案

所谓家庭暴力类刑案是指发生在家庭成员之间以及具有监护、扶养、寄养、同居关系之间，用殴打、捆绑、禁闭、残害或者其他手段，

[①]《札萨克贝子色旺喇什为审理民人奸淫蒙妇案咨归化城副都统衙门文》，苏德毕力格主编：《准格尔旗札萨克衙门档案》第1卷，内蒙古科技出版社2011年版，第317—319页。

对共同生活的人从身体、精神、性等方面进行伤害和摧残的行为。这种类型的犯罪严重侵害被害人人身权利，破坏家庭关系，影响社会和谐稳定。

在蒙古族刑法传统中，如前所述，由于女性社会和法律地位较高，故在蒙古族婚姻家庭生活中，女性权益的保护力度较之处于男尊女卑的中原地区力度更大。从立法传统来说，《蒙古律例》中关于家庭暴力类刑案的法律条文较为简单，顺治十五年题准：夫故杀妻者，拟绞监候。康熙又题准：官民人等与妻斗殴误伤致死者，罚三九，给妻家。妻有罪不报明而擅杀死者，罚三九入官。与《蒙古律例》立法规定相比，《大清律例》关于夫妻相犯的规定更体现出夫尊妻卑的情形。《大清律例》"妻妾殴夫"条规定：

图8 乌尔圪户扎伤其妻奔不盖尔身死一案[①]
（在蒙古族传统社会中，蒙古族女性地位比较高，但随着中原地区传统文化对归化城土默特的渗透和影响，蒙古族妇女逐渐失去其优势社会地位，家庭暴力类刑案在家庭成员之间时有发生，乌尔圪户扎伤其妻奔不盖尔身死一案就是在此社会背景下发生的。）

---

① 插图绘制：韩弘力，内蒙古科技大学文法学院。

> 凡妻妾殴夫者，[但殴即坐。]杖一百，夫愿离者，听。[须夫自告乃坐。]至折伤以上，各[验其伤之重轻。]加凡斗伤三等；至笃疾者，绞；[决。]死者，斩。[决。]故杀者，凌迟处死。[兼魇魅蛊毒在内]。其夫殴妻，非折伤勿论；至折伤以上，减凡人二等。[须妻自告乃坐。]先行审问夫妇，如愿离异者，断罪离异；不愿离异者，验[所伤应坐之]罪收赎。[仍听完聚。]至死者，绞。[监候。][故杀亦绞。]殴伤妾至折伤以上，减殴伤妻二等。致死者，杖一百、徒三年。①

在清代土默特地区司法档案中，也有部分司法档案反映了乾隆朝归化城土默特家庭暴力类刑案的案发原因及经过。

（一）乾隆朝归化城土默特女性社会地位的变迁

在蒙古族传统社会中，并无男尊女卑的社会观念，与汉族女性相比，蒙古族女性地位比较高，蒙古族传统法律也对女性这种地位加以法律上的保护，甚至规定了女性享有一定的特权。如在16世纪末17世纪初形成的《桦树皮律令》中，有诸多保护妇女权益的条款，如规定"揪女人的头发，罚三九；揪女人的帽缨，罚一九"。又如《阿勒坦汗法典》规定：

> 勾引少女为奸者，罚牲畜九九，杖一。拉扯妇女的被褥者，罚牲畜三九。父母以各种方式逼走女儿者，罚牲畜九九。女儿逃回家，不受处罚。②

---

① 张荣铮等点校：《大清律例·刑律·斗殴》卷三百一十五"妻妾殴夫"条，天津古籍出版社1993年版，第488—489页。

② 潘世宪译：《阿勒坦汗法典》，内蒙古大学蒙古史研究所编：《蒙古民族地方法制史概要》（油印本），1983年，第72页。

蒙古族其他几部法典均继承了这种对女性特殊的立法优待精神，如《卫拉特法典》规定：

> 如果女性用不幸的方式将别的男人或女人杀死时，或女子杀了人时，视其情形如何，来判决该女人，最坏的情况是挖去鼻、眼、耳，卖作女奴隶。殴杀已离婚的妻子者，罚牲畜五九。
>
> 妇女如果坐在帐篷里自己的座位上（即入口的右侧、炉灶后面、家长卧室跟前的座位）的话，她骂客人，甚至用木片或其他家具投掷客人，谁也不能触一触她。但是，这妇女如果在争执中一旦离开她的座位，走出帐篷，这种特权便消失了。她对客人的打骂便应受处罚了。妇女到王公跟前请求免除自己或家族的刑罚的话，从尊重妇女的前提出发，轻罚一般全免，重罚减半。[①]

同时，《卫拉特法典》也非常注重对婚姻家庭秩序的维护，对家暴行为规定了惩罚条款，对妇女权利的保护细致入微，《卫拉特法典》规定：

> 任何人如大打教育自己的老师、自己的父母，罚三九；中打，罚二九；小打，罚一九。大打自己的妻子、岳母、岳父，罚三九；中打，罚二九；小打，罚一九。[②]

在中原地区，儒家伦理思想影响深远，"夫为妻纲"体现在法律的方方面面。而在蒙古游牧社会中，蒙古族妇女在法律中得到特殊保护，这主要与当时蒙古族的社会经济结构有关，游牧社会的生产方式决定

---

① 潘世宪译：《卫拉特法典》，内蒙古大学蒙古史研究所编：《蒙古史研究参考资料》1982年9月，第33页。
② 潘世宪译：《卫拉特法典》，内蒙古大学蒙古史研究所编：《蒙古史研究参考资料》1982年9月，第33页。

了蒙古族妇女一般是家庭劳务的主要承担者。随着土默特地区由游牧经济转为农耕经济，尤其是中原传统文化对土默特地区的渗透和影响，蒙古族妇女逐渐失去其优势的社会地位，更重要的是，男尊女卑理论的影响，造成了土默特地区夫妻关系事实上的不平等。

（二）夫妻之间的家庭暴力刑案

在中国传统社会，"妻的行为能力无论从主妇的地位而言，或从母的地位而言，都是有限制的，是受丈夫节制的。在母权方面最显明的是子女的教养权和主婚权。在主妇方面最显明的是家事管理权和财产权"[①]。这种夫妻之间不平等的关系在夫妻相殴杀的法律规定中体现得更显明。《大清律例·刑律·斗殴下》"妻妾殴夫"条规定：

> 凡妻殴夫者，但殴即坐。杖一百，夫愿离者，听。须夫自告乃作。至折伤以上，各验其伤之重轻。加凡斗伤三等；至骂疾者，绞；决。死者，斩。决。故杀者，凌迟处死。兼魇魅蛊毒在内。若妾殴夫及正妻者，又各加妻殴夫罪一等。加者，加入于死。但绞不斩，与家长则决，于妻则监候。若骂疾者、死者、故杀者，仍与妻殴夫罪同。其夫殴妻，非折伤勿论；至折伤以上，减凡二人等。须妻自告乃坐。先行审问夫妇，如愿离异者，断罪离异；不愿离异者，验所伤应坐之罪收赎。仍听完聚。至死者，杖一百、徒三年。妻殴伤妾，与夫殴妻罪同。亦须妾自告乃坐。过失杀者各勿论。

《大清律例·刑律·人命》"夫殴死有罪妻妾"条规定：

[①] 瞿同祖：《中国法律与中国社会》，中华书局2003年版，第122—123页。

凡妻妾因殴骂夫之祖父母、父母，而夫不告官擅杀死者，杖一百。

瞿同祖在分析中国传统社会殴妻社会现象时认为，"社会上殴妻事件之多，且极其普遍，与其说是法律纵容的结果，不如说是伦理和舆论在这方面的影响极大"①。正因法律受伦理影响极深，故正伦常而维风教成为裁判此类案件的量刑基准理念。在《驳案汇编》卷十六"夫殴妻致死拟徒"一案中：

张氏始欲归宁观剧，因伊姑杨氏拉阻，辄将杨氏推跌倒地，继复屡次辱骂，以致杨氏忿不欲生。及至伊夫王瑞责骂其非，犹不自知引咎，反行顶撞撒泼。非独杨氏到案供吐确凿，兼有邻人王智目睹可证。是杨氏虽未先行亲告，实与亲告无异。王瑞一时情切天伦，忿激致毙，前照"故杀妻"律拟以绞抵，实属情轻法重。惟是王瑞于勒紧张氏项脖之后，复用铁铤扎入谷道立毙其命。情较残忍，若仅照"擅杀"本律定拟又觉不足蔽辜。将王瑞改照"擅杀"本律上加等拟徒。②

该案中，最初是按照"故杀妻"律拟以绞抵，结合该案基本事实，尤其"王瑞于勒紧张氏项脖之后，复用铁铤扎入谷道立毙其命"，应符合"故杀妻"之规定，但最终刑部官员从正伦常而维风教理念出发，将王瑞改照"擅杀"本律上加等拟徒。

《蒙古律例》"夫故杀妻"条规定：

---

① 瞿同祖：《中国法律与中国社会》，中华书局2003年版，第126页。
② 全士潮、张道源等纂辑：《驳案汇编》，何勤华等点校，法律出版社2009年版，第327页。

凡官员平人擅行故杀妻者绞监候,若与妻吵闹殴打过失致死者,罚三九牲畜,给妻之母家。若妻有事不告而擅杀者,罚三九牲畜。若以金刃将妻射砍戮杀,以木棍打死者照故杀绞监候。①

与《大清律例·刑律·人命》"夫殴死有罪妻妾"条相比,《蒙古律例》"夫故杀妻"条规定更明确细致。区分了故意与过失犯罪,尤其规定"若以金刃将妻射砍戮杀,以木棍打死者照故杀绞监候",意在杜绝较残忍命案发生。同时,《大清律例·刑律·人命》与《蒙古律例》均规定"亲告乃坐",何为"亲告乃坐",在《驳案汇编》卷十六"夫殴妻致死拟徒"一案中,刑部官吏进行了详细阐释,"细绎律意,原恐夫妻不睦或因他事起衅,殆殴毙之后捏情卸罪,而父母溺爱其子,亦附会妄供,图脱子罪。故须亲告乃坐"②。《蒙古律例》"夫故杀妻"条规定并不能在蒙古刑法习惯法中找到相应法源,无论是《大清律例·刑律·人命》还是《蒙古律例》之相关律条,均体现了儒家法思想的影响,只不过《蒙古律例》是被动地和被迫地接受这种渗透。在蒙人乌尔忔户扎伤妻奔不盖尔身死一案中,据被告人乌尔忔户供称:

小的是土默特丹伯林扎布佐领下人,年二十四岁,父亲色布腾现年六十五岁,继母莲忽塸今年四十八岁,小的并没弟兄亦无子女,在什不更村居住。已死奔不盖尔是小的女人,娶过门有两年多了,向来和好并没嫌隙。本年三月二十三日,女人奔不盖尔回娘家去探望,就住下了没有回来。五月初三日,小的前去接女人回家,妻兄独拉尔留小的在正房里同女人喝酒,独拉尔同他女

---

① 王国维校注:《蒙古律例》,台湾广文书局1972年版,第67页。
② 全士潮、张道源等纂辑:《驳案汇编》,何勤华等点校,法律出版社2009年版,第327页。

人在厨房里收拾午饭。小的喝酒中间,女人对小的说还要迟几日再回家去,小的说今日一定要回去的,吃了饭就起身,女人就将小的嚷骂起来,并立起身来往里间屋里走去。小的拔出身带小刀向她背后刺扎了两三下,女人回转身来向小的揪打,小的将刀刺扎过去致伤她左胳膊、右乳下,她向小的抢夺小刀,小的又扎了一下。随有独拉尔走来拉劝,不想女人已被扎伤胸膛,坐倒在地。小的歇手没敢再扎,停了一刻,女人就气绝了死了。这实是女人不肯回家,又将小的嚷骂打闹起来,扎伤身死并不是有心要扎死她的是实各等供据。①

在该案中,据乌尔圪户供述,其与妻向来感情尚好,并无矛盾。仅因妻子想在娘家多待几天,乌尔圪户不愿意而发生争吵,在争吵过程中乌尔圪户用刀刺扎致伤其妻,后其妻伤重死亡。该案犯罪事实清楚,并不存在诸如"子妇不孝,詈殴翁姑"之类违背伦常的情节。奔不盖尔并不属于应死之人,乌尔圪户并不属于擅杀,命案发生的原因与被告人的个人性格因素有关。按照《蒙古律例》"夫故杀妻"条规定,本案被告人应被处以绞监候。在乾隆四十五年归化城呈报缓决三次犯人分别减等一文中,也有类似裁决。该案中,绞犯海青系蒙古人,因向其妻传尔格索饭,其妻不理,海青气愤之下棍殴并捆绑其妻手脚致毙,该犯被缓决五次以后被减发近边充军。②

(三)夫与妻之间的家庭暴力刑案

蒙古族在进入阶级社会后,确立了一夫一妻制。一夫一妻制的产

---

① 土默特左旗档案馆馆藏档案:《归化城同知详报蒙古乌尔圪户扎伤伊妻奔不盖尔身死书册》,档案号80-4-394。

② 土默特左旗档案馆馆藏档案:《归化城呈报缓决三次犯人伊西达尔济等六名分别减等等情况》,档案号80-4-122。

生,"不是以自然条件为基础,而是以经济条件为基础,即以私有制对原始的自然长成的公有制的胜利为基础"①。在中国婚姻史上,与一夫一妻始终相随的是妾。妻和妾的区别核心在于名分,"一夫只有一妇,断无二妇并称为妻之理,于是,别先后而定名分,只承认先娶者为妻,后娶者为妾"②。在蒙古族婚姻制度传统中,也存在与妻相对应的妾。在乾隆四十六年沙尔沁村蒙人托托拜殴死伊妾一案中,我们可以获取清代蒙古地区"妾"的有关法律及社会信息。该案中,据民甲头杨继美供:

> 小的住处离这蒙古托托拜家甚远,他小女人替奔儿怎样身死,当时并不知道,托托拜也没通知小的。本月二十二日夜里,有蒙古驿站书办丹津去向小的说托托拜的小女人是托托拜打死,已禀明他本官章盖。二十三日章盖差丹津同小的去托托拜家查看,见已死替奔儿身躯果有伤痕,小的随到归化城民事衙门具报的。托托拜因甚缘故,把他小女人替奔儿打伤身死,小的不得知情,只求问托托拜。③

据丹津供:

> 小的是沙尔沁蒙古驿站书办,这托托拜因没有儿子,是乾隆四十三年上买替奔儿做妾。后来替奔儿逃走过几次,小的是知道的。本月十九日夜,托托拜因甚缘故把替奔儿打伤身死,小的并

---

① 恩格斯:《家庭、私有制和国家起源》,《马克思恩格斯选集》,人民出版社1972年版,第33页。
② 瞿同祖:《中国法律与中国社会》,中华书局1981年版,第76页。
③ 土默特左旗档案馆馆藏档案:《和林格尔通判详报验审蒙古托托拜殴死伊妾书册》,档案号80-4-170。

不知情。是二十二日晌午时，听得人说托托拜因他小女人替奔儿十八日夜里又逃走了，十九日他找寻回来，夜里把替奔儿打伤身死。小的终知道这个缘故，就禀明本官章盖。二十三日，章盖叫小的同甲头查看了死伤，甲头就到归化城民事衙门。具报的这是实情，托托拜现有大女人，只求问她就知实情了。①

从该案可以得出如下结论：其一，托托拜因没有儿子，是乾隆四十三年（1778）上买替奔儿做妾。从该司法档案来看，托托拜只是底层蒙人，经济收入有限。家中"坐北向南住院一所，内正房五间，东边两间内，一间有土炕一盘"②，其财产状况一般，而死者穿着亦是十分凄惨，"尸身穿蓝梭单袍一件，内套蓝布单袍一件，下穿蓝布单裤一条，脚穿蓝布烂棉袜一双，余无别物"③。其二，婚姻的目的在于宗族的延续及祖先的祭祀。从该案可以看出，托托拜在其妻无子的情况下，以纳妾的方式试图补救这种缺陷，因此可以看出蒙古族还是非常重视子嗣延续的。

本章小结

本章重点对清代土默特地区的婚姻刑案进行了系统研究。主要分析拐卖妇女刑案、蒙民通婚类刑案、奸非类刑案、家庭暴力类刑案的特征，并结合社会背景对蒙古族女性的社会地位进行了阐述和分析。具体而言，在清代土默特经济转型期错综复杂的社会环境下，婚姻刑

---

① 土默特左旗档案馆馆藏档案：《和林格尔通判详报验审蒙古托托拜殴死伊妾书册》，档案号80-4-170。
② 土默特左旗档案馆馆藏档案：《和林格尔通判详报验审蒙古托托拜殴死伊妾书册》，档案号80-4-170。
③ 土默特左旗档案馆馆藏档案：《和林格尔通判详报验审蒙古托托拜殴死伊妾书册》，档案号80-4-170。

案问题发生的原因较多，民人大量涌入及女性社会地位下降均是婚姻刑案发生的原因。

　　本章通过进一步分析发现，在乾隆朝，由于汉人大量涌入，蒙古地区男性民人与女性民人性别比例严重失调。另外，随着土默特地区由游牧经济转为农耕经济，尤其是中原传统文化对土默特地区的渗透和影响，蒙古族妇女逐渐失去其优势地位。更重要的是，男尊女卑文化造成了土默特地区事实上的夫妻关系不平等。上述因素均是土默特地区婚姻刑案发生的原因。

第五章 刑案（四）——"假命案"型控诬刑案

在清代南方地区，控诬是一种较常见的犯罪类型，雍正帝在《圣谕广训》中曾愤言："国家之立法，所以惩不善而儆无良，岂反为奸民开奸告之路，而令良善倾陷之害哉！"① 有学者经研究后得出结论，认为在清代诬告是一种普遍的诉讼现象。② 清代土默特地区属于经济不发达地区，正统理念一般认为，边疆蒙古社会民风世风质朴、淳厚。但在土默特左旗档案馆所藏司法档案中，有诸多涉及"假命案"型的控诬刑档。这些司法档案所记载的案件事实与我们的传统理念有显著差异。所谓"假命案"一词，最早来源于清代王凤生，他总结此类案件特征：

自尽命案最易蔓延，使讼师书役从中射利应于具报时，核其案情，除威逼奸私污蔑及推跌落水以勒作缢等事，有关情罪出入自应于相验后，带齐犯证复审。其他或以口角轻生或以拼命图赖，惟严谕原差吊传证据，如期齐集尸场，倘有要证不到，定惟该差保是问，一经验讯死由自取并无伤痕，即为当场断结。押令棺取具遵结，立时省释。任书役百计宕延，必坐待各结取齐而后去，

---

① 雍正皇帝辑录整理：《康熙皇帝告万民书》，湖南人民出版社1999年版，第63页。
② 高雁峰：《清代地方社会中的官、民与法——以清代地方官判牍中的诬告案为中心》，华中师范大学博士学位论文，2007年6月，第3页。

如临时察看死者之家，实系贫难埋葬情有可怜，或劝令被累之人酌为资助，然亦须将例不断财，此系格外施仁之故，晓谕尸亲，使知感悟，是又移步换形非可援以为例者。至于失足落河及路毙等案，地主邻佑只宜取供备案，勿事他求随役人等，当众给钱谕禁滋扰，如前法纵报案廻值岁除，亦必实时亲往立为完案，总不使有押带进城致令守候之事，久之而吏役亦习惯，自然不复萌前念矣。①

王凤生同时也指出了司法实践中几种常见的典型假命案类型，如以勒作缢，或以口角轻生或以拼命图赖，也包括失足落河及路毙等情形。"假命案"虽然不属于清代刑法意义上的"命盗"案件，但人命关天，尤其在一些"假命案"中涉及一方增减罪情有意诬妄陷他人，故此类型案件也被基层司法官吏所关注。本章将在考察清代基层司法官吏在处理"假命案"的司法实践基础上，对清代土默特地区"假命案"型控诬案件之社会根源，司法官吏对"假命案"的法律规制理念等展开研讨。

一、社会转型期的"健讼"与控诬

在中国传统法律文化中，从官方层面来说，"无讼"历来是统治者司法治理的理想目标，而提倡"无讼"必然导致在司法实践中注重"息讼"乃至控制诉讼数量。为达到这一目标，统治者在基层司法实践中往往注重调解及侧重对民众的教化，这些理念也成为基层司法官吏在司法裁决过程中的重要考虑因素。有学者认为，在中国传统社会中，普通民众视公门为畏途而不愿涉讼，"厌讼"成为普通民众的诉讼心

---

① 徐栋辑：《牧令书·刑名下》卷十九"假命案"，道光二十八年刊本。

态。在这种情况下,"平民自然力图避免讼事,免得破财受罪。只要不犯法,不受牵连,便与法律不发生关系"①。正因如此,基层民众应当是非常忌惮打官司的,更遑论积极造意控诬他人了。

但理论上的逻辑推定不能等同于实证分析,从各地发现的司法档案来看,在清代,儒家与官方所追求的"无讼"的司法理想在刑事司法实践中并不能实现,瞿同祖关于普通民众"无讼"或"厌讼"的推论,在诸多地区的司法档案中有不少例外。在清代司法实践中,南方部分地区基层司法中普遍存在"健讼"的诉讼风气。在清代文献中,也有诸多对南方地区健讼之民的描述,如陈宏谋在《论吴中吏治书》中详细描述了该地区的健讼之风:

> 牧令之事繁杂难理,江左较多,苏常二府尤甚,而讼狱其大端也,大抵人多智巧好事喜争理曲者。强词夺之,尚易辩白,或将无作有,或欲扬先抑,或欲取姑与官司听之急,则不暇致详轻喜易怒,稍有失平民得持柄而摇以耸上司之听缓,则日久变生狡计百端,莫可究诘。一案化为数案,小事酿成大事,逆料其词不可信,置之不理,则虚实难明,繁者益见其繁,刁者愈逞其刁。②

出现上述现象的根本原因在于随着宋代以来商品经济的持续发展,尤其江南地区经济发展及社会结构发生变化,经济利益成为普通民众"健讼"的主要驱动力量。在这一过程中,加之讼棍的唆使及个体人格弱点等因素,导致诬控现象大量出现。

需要强调的是,在清代,由于经济发展程度及人口结构等因素影响,不同地区的诉讼风气必然存在差异。现在学界对此问题的研究主

---

① 瞿同祖:《中国法律与中国社会》,中华书局2003年版,第418页。
② 徐栋辑:《牧令书·刑名下》卷十九"论吴中吏治书",道光二十八年刊本。

要集中在经济发达、人口稠密的江南地区。在清代土默特地区是否存在"健讼"之风及控诬现象，也是一个非常有意思的话题。袁守定就得出了南北诉讼之风不同的结论，其认为"南方健讼，虽山僻州邑，必有讼师每运斧斤于空中，而投诉者之多如大川腾沸无有止息，办讼案者不能使清，犹挹川流者不能使竭也"。而在北方则不同，"讼牍既简，来讼者皆据事直书数行可了，即稍有遮饰，旋即吐露"①。也有现代学者整理研究了清代江苏、上海、山东、广东四省（市）的284种府志和县志有关当地社会是否"好讼"的记载，得出了"好讼"之风存在区域性差异的结论，从数据上来看，江苏、上海和广东三省（市）"好讼"的比例非常接近，都略高于40%；而山东却只有22.5%。②

土默特地区在清代属于边远及民族杂居之地，民族区域特征明显。康熙朝范昭逵在《从西纪略》中载："归化城城广二里许，地颇肥饶，人皆朴野。牛羊骡马，贸易中外。惟土房龌龊不堪耳。"③清代土默特地区，移民人口流动频繁，但经济的繁荣程度、人口的密集程度很难与江南地区相比，加之土默特地区蒙人不同于汉民的宗教文化信仰，这些因素使得土默特地区成为不同于同时期江南地区的独特法律区域样本。学界所探讨的"好讼"或"健讼"实证或学术上结论很难直接适用于土默特地区，并且很少有学者对清代边疆地区的诉讼风气展开实证分析。在清代乾隆朝，土默特地区农业经济得到进一步发展，经济利益纠纷频发，这些因素必然会对底层民众的传统法律观念和诉讼意识造成冲击，但具体情形则有所不同。从现存的司法档案来看，经济利益、个体性格等因素在一定程度上造成该地区控诬现象增加，并对原有的司法秩序造成冲击，这在一定程度上加大了蒙古地区基层司法

---

① 徐栋辑：《牧令书·刑名下》卷十九"南北民风不同"，道光二十八年刊本。
② 徐忠明、杜金：《清代诉讼风气的实证分析与文化解释——以地方志为中心的考察》，《清华法学》2007年第1期，第89页。
③ 毕奥南整理：《清代蒙古游记选辑三十四种》（上册），东方出版社2015年版，第124页。

的治理难度。

二、"假命案"控诬刑案类型化分析

(一)利益冲突型"假命案"

清代乾隆朝土默特地区,土默特蒙人面临巨大的生存压力。对于那些陷入生存危机的社会底层民众来说,当谋生是其终极目标时,便不再畏避礼仪法度。如在乾隆二十三年(1758)蒙人额正诬告民人张六一案中,萨拉齐协理通判审得此案如下:

> 额正系土默特霍洛其佐领下人,居住在托克托勒岱村。乾隆二十二年三月,其子本尔布由民人张六赊欠猪肉六斤,欠肉钱一百七十文,民人张六屡收未给。故九月二十六日中午,额正因其妻阿雅克扣出花加重,同其子在门外商量请医生时,张六又来催肉钱,本尔布未允,于是彼此争吵,张六谩骂,额正乃怒,拳击张六之额,张六骂之愈甚,遂打伤张六之额,杨福、张经见之,规劝而散,张六返回。于次日控告于衙门,额正亦遣其子本尔布,以张六饮醉闹事等语,控告于都统衙门。之后,先经通判衙门派人传唤时,额正之妻阿雅克扣出花身亡,额正即派沃勒给拜,给其子本尔布送信,故又被其父叫去,将其母病故情由等验明审等可也等推脱付后,前经通判即前往验得,额正已将其妻之尸埋葬,并语不必验尸,实情已公。因张六之伤尚未痊愈,本尔布未来衙门,故由额正取具供结,一面传唤本尔布。审讯时,额正因传其子,心中烦闷,遂将张六吓死其妻,衙门人将其子以铁索解押凌逼等语,又呈文都统衙门控告。萨拉齐协理通判经审,张六并无恐吓阿雅克扣,亦无铁索凌逼事由。因欠张六之钱,将张六殴伤属实,阿雅克扣实系出花身亡之处,供认不讳,再加研讯,坚供

不移。①

该案中，额正仅因与张六之间存在普通民间欠款纠纷而发生殴斗，在张六索要债务过程中，竟以"张六恐吓其妻阿雅克扣病重而死之言"，将张六控告于都统衙门。从该案的诉讼过程来看，并无讼师教唆词讼从中谋利。从额正诬告的心态分析，其意图将该案以命盗重案诉诸官府，借助官方力量，对张六实施严厉的刑事惩罚，从而实现其挟私渔利的目的。该案反映出在社会转型期，普通底层民众在生存压力下，心态的浮躁与人际关系的敌意化状态，往往出于挟仇或渔利目的，为饰小忿而险成大冤。

（二）小事化大型"假命案"

在清代乾隆朝，大量汉人涌入土默特地区，使该地区人口结构及社会生产方式发生转变，族群冲突与融合不可避免，而族群冲突的逻辑前提之一则是族群之间缺乏信任度。在清代土默特地区刑事司法档案中，存在这种因族群之间不信任而引发的"假命案"。如乾隆四十五年（1780）民人李大义控告蒙人长木逊喇嘛一案中，据李大义控告：

> 缘小的胞兄李大仁在西包头贩卖牲畜为生已历多年，人皆周知毫不为匪。忽于本年九月内闻信小的兄在外被人害死，小的尊母命前来打探，于十月初四日到萨属地方。查得六月二十七日，有天成当使人将兄叫在伊铺，交付昆都仑召长木逊喇嘛声言在小的兄羊群认得羊六头，系偷来之羊。小的兄言现有卖主，若是偷盗之羊岂敢雇人放牧，恶蒙不容分说立刻绑拿伊召，且小的兄即是偷来之羊，理宜总领送智天案下审问，不应交付喇嘛私拿致死。

---

① 土默特左旗档案馆馆藏档案：《蒙古额正诬告民人案》，档案号：满文第148卷第172号。

于七月初一日，小的兄被长木逊不知因何害死，恶蒙不法贿买喇嘛索纳木林沁、达子塔力把见抵命。于九月初二日，小的智天验尸，长木逊等又将兄尸填入二尺木匣，移在包头。况死尸不离寸地，且召相离包头五十余里，私敢移尸，其中不无冤情。自验尸之后，有恶铺天成当协同旧总领将尸埋在小的院内，又未领尸平空埋院，恶铺欺死灭生通同作弊，情实难容。但小的肆外访明，故兄实在是长木逊喇嘛害死。小的与兄辩冤，萨属代书凡告长木逊、喇嘛俱不敢写，小的始知长木逊人财两全，党翼众多，致小的有冤无伸，若不投辕，奈死者含冤九泉，生者抱屈于人世，祈批智天将长木逊喇嘛到案，一讯自明，似此贿买抵命，私敢移尸，大干法纪，为此哭哀上叩，俯准严批复验施行，则小的阖家存亡顶感无既矣。①

从李大义的呈控来看，其坚称胞兄李大仁系被长木逊等害死且长木逊贿嘱索纳木林沁顶凶，如所控"贿买抵命私敢移尸"的情况确实存在，则该案事关生死，且该案涉及蒙汉交涉，从天时、地利及人和来讲，从外地而来的民人李大义明显处于劣势。从李大义的控词所用诸如"恶蒙""贿买""移尸""恶铺""欺死灭生""党翼众多"之类用语来看，其极力将该案描述为异族之人利用金钱与权势，称霸一方，为非作恶，操纵局势，致使该案"死者含冤九泉，生者抱屈于人世"。李大义之所以将该案如此描述，也许是其无奈之举。对外来民人来说，仅仅凭借自身实力是难以与当地强势力对抗，既然力弱不能斗，势轻不能比，那就索性采取小事化大的司法诉讼策略，凭空砌词，将此案渲染为命盗重案。清人亦描述了这种行为：

---

① 土默特左旗档案馆馆藏档案：《萨拉齐通判申解索纳木林沁殴伤李大仁身死一案》，档案号80-4-150。

> 谓好讼之民敢于张大其词以耸宪听，不虑招诬者恃有投状一
> 着为退步耳，以片之真情盖弥天之大谎，不怕官府不为我用。彼
> 所恃以健讼者在此。①

只有这样才能给官府施加压力，使自身处于道德与法律高地。因该案已经厅衙门等详解会审，按照法律程序当经归绥道会同副都统提犯复审。在覆审中，李大义"坚供李大仁系长木逊害死，贿嘱索纳木林沁顶凶"。归绥道认为该案"尸亲既无输服供词，其中有无别情，自应审讯明确方可定案"，因此又将该案批示并移归化城副都统委员会审，要求厅官查照词内事理，即将案内应讯人等逐一传齐，会同副都统委员研审长木逊喇嘛等有无贿嘱索纳木林沁顶凶等情形。归化城同知与归化城副都统所命委员丹伯林扎布会审查得：

> 随公同监提索纳木林沁、达子塔力把见逐一会讯，各供均与
> 初讯无异。严加究诘，坚称并无顶凶情弊。即提尸弟李大义质讯，
> 据称所控各情节亦属臆度之词，并无指证等情。据此，卑职等覆
> 查此案，虽据尸弟李大义控告长木逊等将李大仁害死，贿嘱索纳
> 木林沁顶凶等情，但逐加严讯，非独纳木林沁等坚供不移，即李
> 大义亦供无凭证，明系捏控。现在长木逊均未能即行到案，未便久
> 延至违例限，除移咨中公案内人等押送到日会讯明确另文详报。②

通过会审，归化城同知认定"尸弟李大义质讯据称所控各情节亦属臆度之词，并无指证等情"。虽然该案也有一定疑点，如在该案会审过程中，归化城同知称：

---

① 凌铭麟：《律例指南》卷十二，"论一切词讼"。
② 土默特左旗档案馆馆藏档案：《萨拉齐通判申解索纳木林沁殴伤李大仁身死一案》，档案号80-4-150。

移咨乌拉特中公飞提长木逊、公格禄、不散车楞、公布拉什、鄂尔克图、喀不俊拉、什彭松克等质讯,去后旋准中公覆称,查该佐领纳旺依习赴京进贡未回,该参领骁骑遥远,长木逊现在患病不能,其余人等或受苦者或患病者移送日期难以拟定,会审之期不能赴审等因准此。卑职复又专役去文飞提去后,迄今未准咨送。①

拘于该司法档案的局限性,很难对上述疑点展开证据分析。但从李大义本身所控情节来看,其也无任何证据上的支撑。按照现代刑事诉讼规则,李大义本身呈控只有言词传闻证据,所谓言词传闻证据,指证人并非就自己亲身感知的事实作证,而是向审判方转述他从别人那里听到的情况。李大义并没有详细向官方提供传闻证据的来源,而只是笼统地声称上述传闻系"肆外访明"。因此,归化城同知很难判断其真实性和准确性,故认为李大义所控各情节属臆度之词并无指证而予以排除。

(三)邻里纠纷型"假命案"

清代归化城土默特蒙人已改变了随水草畜牧而转移的生活习俗,清人钱良择在《出塞纪略》中记载了归化城的居民情况:

> 十五里至归化城,为蒙古要地,设官镇守。其广如中华之中县。城中为官仓用陶瓦,砖壁坚致,余皆土室,空地半之。城南民居稠密,视城内数倍。骆马如林,间以驴骡。其屋皆以土覆顶,对皆汉字,窗户良好。②

---

① 土默特左旗档案馆馆藏档案:《萨拉齐通判申解索纳木林沁殴伤李大仁身死一案》,档案号80-4-150。

② 毕奥南整理:《清代蒙古游记选辑三十四种》(上册),东方出版社2015年版,第50页。

在这种情况下，原来在蒙古地区很少发生的基层邻里纠纷，在清初已具备发生的前提条件。受儒家的"无讼"思想影响，基层乡邻和睦历来是统治者的治理目标，因此，清统治者非常注重对基层民众的教化，希望实现稳定边疆法秩序的司法治理目标。康熙帝于九年（1670）十月颁布十六条圣谕，希望"尚德缓刑，化民成俗"。处于经济和社会转型期的清代乾隆朝土默特地区，并无发达的讼师职业群体，官方的儒家教化措施往往难以达到"和乡亲以息争讼"的目的，普通民众往往因为一些细微的邻里纠纷起衅，基于一朝之忿而向官衙呈状渲染案情。由此可见，清代土默特地区控诬型案件往往与经济因素无关。如在乾隆四十五年达旺林庆踢伤诺尔布扎布一案中，据登伯林佐领下闲散旺舒克呈报：

> 本年二月二十四日夜，有邻居达旺林庆酗酒带同伊妻来至小的家里，无故嚷骂小的父诺尔布扎布，理论之下伊逞凶踢伤小的父致命区处，业已通知甲头查看踢伤，现在伤重，为此上告，伏乞饬交该地方办理施行等情。①

在该案中，诺尔布扎布幼子登伯林与达旺林庆幼子工庆扎布俱在街玩耍，产生纠纷，诺尔布扎布因此与达旺林庆结怨、斗殴，致使诺尔布扎布肾囊受伤。至此，该案仍是一起普通邻里纠纷案，但此后案情突变，达旺林庆向官衙禀称：

> 因上年十月十八日，小的十一岁之子工庆扎布同本村诺尔布扎布十五岁之子登伯林在外玩耍，两人争吵，登伯林将小的子摔

---

① 土默特左旗档案馆馆藏档案：《归化城同知申报达旺林庆踢伤诺尔布扎布一案双方恳请息讼书册》，档案号80-4-125。

第五章　刑案（四）——"假命案"型控诬刑案　183

倒，发昏在地。小的妻子听见出去查看，见子工庆扎布在地躺卧，随向诺尔布扎布之子言说，你长数岁反将年幼孩童殴伤发昏，登伯林即行詈骂。小的之妻怀抱孩子去，诺尔布扎布告说情由，适遇诺尔布扎布二女在门外立向，告情由被伊姐殴打数拳，教训伊弟登伯林，用头将妻并怀抱孩子碰倒在地，当将孩子抱起回家，孩子吐血。小的随寻诺尔布扎布，适有本村小祆特汉都什尔等在伊家饮酒，诺尔布扎布言说，等你孩子死了再说，被小祆特汉都什尔解劝为证。至后孩童伤重，小的就来城禀官，走至兵州亥村被五巴什、七太招独豹赶来，再三央劝回去，不意于十一月初七日，孩子死了。诺尔布扎布送来钱七百文，小的没有收下，初八日将孩子发送，初九日，有甲头绥克图同前结事人五巴什、七太招独豹等牵羊带酒赔礼，小的将酒收下，将羊归回，依允完结。甲头绥克图色布腾为凭。①

该案经归化城蒙古民事同知审详查实如下：

查达旺林庆与诺尔布扎布先因幼子殴打争闹，经村人妥处完结后，因酒醉与伊妻争闹，误踢致伤诺尔布扎布肾囊，胆敢以殴伤幼孩身死诬控。②

从诉讼技巧来讲，与中原地区有讼师参与暗地刁唆而引发的控诬案相比，祆特汉弟尼吗的控诬显得简单而非狡诈，祆特汉弟尼吗的直接控诬方式也与清代土默特地区的经济及社会结构相契合。《绥远通志

---

① 土默特左旗档案馆馆藏档案：《归化城同知申报达旺林庆踢伤诺尔布扎布一案双方恳请息讼》，档案号80-4-125。
② 土默特左旗档案馆馆藏档案：《归化城同知申报达旺林庆踢伤诺尔布扎布一案双方恳请息讼》，档案号80-4-125。

稿》卷五十载："萨厅乡土志。民情强悍，每因细故微嫌，辄兴讼狱，习俗浸以奢侈。"① 从该案可以看出，处于社会转型期的土默特地区底层民众纠纷日益增加，统治者一直追求的和谐秩序受到挑战，并增加了边疆司法治理难度。

三、官方视野下的"假命案"法律规制理念

（一）轻罚慎罚的裁判理念

《大清律例》对诬告他人死罪规定了严厉的刑罚："至死罪，所诬之人已决者，反坐以死，未决者，杖一百流三千里加徒役三年。"② 但是这些严格的律文在刑事司法实践中并没有得到归化城土默特基层司法官吏的严格遵守，对诬告者从轻处理或免除刑罚成为司法审判常态。如在上述乾隆二十三年（1758）蒙人额正诬告民人张六一案中，主审官吏认为：

> 额正初次与其子本尔布到都统衙门呈控之文内，并无张六恐吓其妻阿雅克扣病重而死之言，而欠张六之钱，因此事争吵后，似有添故。后因将其子本尔布传去衙门，未返回家，故怀疑衙门之人拿去凌逼，并未查明事实，肆意控告，殊属糊涂。今明白供称其妻阿雅克扣实系出花身亡属实，而又以张六恐吓等语诬控呈文于衙门，以此观之，显系诬告。惟张六伊等均呈文于衙门，彼此控告，希图脱罪，并非有意陷人，不可与诬告之人相比。二次来衙门供招实情，并无巧饰推诿，但其子本尔布欠张六之钱，索要时彼此吵嘴，殴打张六，相应本尔布，本应照打人之律拟罪，

---

① 绥远通志馆：《绥远通志稿》（第七册）卷五十，内蒙古人民出版社2007年版，第26页。
② 张荣铮等点校：《大清律例·刑律·断狱》卷三百三十六"诬告"条，天津古籍出版社1993年版，第516页。

惟因张六骂，本尔布方打，若照蒙古律，照以手、脚、鞭殴人致伤，则罚取之畜之律办理，则稍有过重，相应将以照《大清律例》以手、脚殴人致伤，则笞三十之条，笞责三十。因系蒙古，鞭三十。本尔布初次控告张六吵闹，系其父教唆后，续而控告使拿其父，系闻讯窘迫所致，并非诬告。本尔布向张六争吵时，并无协助其父殴打，且审讯时即愿赔偿肉钱，相应毋需议罪。民人张六索要所欠之债时，并无恐吓阿雅克扣，衙门之人并无以铁链凌逼等情，相应均毋庸议。本尔布所欠张六之肉钱，一百七十文，业已催要，得给张六，张六之伤亦已痊愈，阿雅克扣之尸，其夫额正早已埋葬，又称其妻阿雅克扣出花身亡属实，相应不必查验，余人无关，均应释放等情，转行呈报分巡绥远城归绥道批，将蒙古额正照议完结可也。①

在该案审判官吏的裁决中，认定事实和理由自相矛盾。其一，其认为额正初次诬控呈文于衙门"显系诬告"，但同时又认为额正初次诬控的主观意图在于"希图脱罪，并非有意陷人，不可与诬告之人相比"。审判官吏的裁决显然有逻辑上的瑕疵。其二，客观犯罪行为可反映一定主观心态。既然认定额正存在"诬控呈文于衙门"的犯罪行为，则可推定出其主观上存在诬控他人的主观意图。其三，"希图脱罪"是额正初次主观犯罪的目的及动机，犯罪目的及动机不能推翻犯罪人的主观故意要件。而针对本尔布的诬控行为，审判官吏却认为"系其父教唆后，续而控告使拿其父，系闻讯窘迫所致，并非诬告"。"系闻讯窘迫所致"成为本尔布脱罪的理由，这在法理上很难站住脚。审判官吏的上述裁决可谓含糊其辞，难以自圆其说，但这又或多或少暗示可能存在一些法外因素，才导致司法官吏作出上述裁决。这些法外因素

---

① 土默特左旗档案馆馆藏档案：《蒙古额正诬告民人案》，档案号：满文第148卷第172号。

往往与司法官吏的个人品行、专业水平无关。

(二)"假命案"的裁判与基层司法治理

有学者认为,"就官府而言,诬告犯罪本应是严厉惩治的行为,却因官员规避审判责任的策略行为而被轻纵,这使得百姓诬告的风险降低,从而鼓励了诬告行为的发生"[①]。在清代的刑事司法审判中,司法官吏的确承担风险极高的司法责任,但这是否必然成为官员规避审判责任而轻纵诬告犯罪的理由,值得商榷。笔者认为,探究案件事实真相并依法裁判真凶,并非清代司法制度所追求的终极或唯一目标。通过刑案审理强化皇权对基层的司法控制,以达到社会司法治理之目的才是清代司法治理的终极目标。因此,在清代,无论对诬控命案的"依法裁决"还是"轻纵",皆是司法官吏为实现基层司法治理的一种司法策略行为,而非"官员规避审判责任的策略行为"。这种司法治理策略体现了基层司法官吏司法治理能力的提高,即在处理诬控命案过程中,结合区情、民情而因地制宜,将诸如人情、面子、常理等日常生活原则引入裁判理由要素之中,以弥补现行律文的局限性,而非仅仅拘泥于现行律文,以期完成基层社会司法治理目标。这一司法治理目标在上述达旺林庆踢伤诺尔布扎布一案审理结果中也得到体现:

> 胆敢以殴伤幼孩身死诬控殊属不和,本应按律究治,姑念愚蒙无知,伤痊,愿息从宽,取具各甘结附卷外,原奉饬审事理是否允协,拟合具情详请都统大人查核批示遵行。[②]

该案发生的主要原因在于被告人性格,而不存在经济利益诉求。

[①] 姚志伟:《十告九诬:清代诬告盛行之原因剖析》,《北方法学》2014 年第 1 期,第 140 页。
[②] 土默特左旗档案馆馆藏档案:《归化城同知申报达旺林庆踢伤诺尔布扎布一案双方恳请息讼》,档案号 80-4-125。

司法官吏最终不予追究达旺林庆的理由在于其"愚蒙无知",即在裁决时充分考虑到本案被告人性格情况。而在乾隆四十五年(1780)李大义控告蒙古长木逊喇嘛一案中,司法官吏则运用证据规则推定李大义呈控属臆度之词,也并没有依律进一步深究李大义的控诬之罪。上述案例充分体现出司法官吏在裁判时,充分考虑区情、民情及日常生活原则等诸多要素。司法官员不对控诬之罪进行处罚,也许正是基于缓和社会矛盾,维护当地秩序稳定的考量,是达到息讼目的的一种司法智慧。

四、清代归化城土默特控诬型"假命案"特征

(一)"假命案"与讼师唆使

在中国传统法律文化中,讼师"是一种不正当的职业,完全在暗中活动,既不在讼状上署名,也不能在法庭上出面为原告被告辩护"[①]。讼师职业群体发达的前提在于商品经济的发展与人口的密集,而在清代土默特地区,虽然农业经济得到一定发展,但商品经济的发展程度与同时期江南地区不可相比。在土默特地区,讼师职业群体的发达所需的经济和社会土壤并不存在。从现存土默特地区司法档案来看,并无讼师参与刑案的蛛丝马迹,唯一所见与法律职业人员有关的案件,体现在乾隆四十五年李大义控告蒙古长木逊喇嘛一案中,从李大义控词中可见:"小的与兄辩冤,萨属代书凡告长木逊喇嘛俱不敢写。"[②]在该案中,代书忌讳甚至不敢参与此案。虽然我们很难从个案得出在清代归化城土默特,讼师职业群体发达与否,但清代土默特地区讼师职业群体匮乏应是基本事实,最起码笔者查阅的归化城土默特刑档事中,

---

① 瞿同祖:《瞿同祖法学论著集》,中国政法大学出版社2004年版,第423页。
② 土默特左旗档案馆馆藏档案:《萨拉齐通判申解索纳木林沁殴伤李大仁身死一案》,档案号80-4-150。

该案是唯一涉及讼师的。在其他涉及控诬的司法档案中，也很少见有唆讼之徒搬弄是非的诉讼。因此可见，土默特地区的讼师职业群体与该地区控诬型"假命案"并无必然关系。

（二）"假命案"与经济利益的冲突

通过分析清代土默特地区控诬型"假命案"，笔者认为经济利益的冲突是其发生的主要原因之一。清代乾隆朝以归化城为中心的土默特地区正处于经济与社会转型期，在清初，流入到蒙地的民人日益增多，以致蒙人与汉民之间的接触与冲突日益增多，这使得土默特地区游牧经济已失去了主导地位。在此社会转型期，质朴、淳厚的世风被精明计较的利益追求所腐蚀。当利益冲突时就有可能引发冲突。在此情形下，一些好讼、健讼之民则会在诉讼过程中任意夸大其词，而"假命案"则是这种利益冲突的极端形式之一。

乾隆二十三年蒙古额正诬告民人张六及乾隆四十五年李大义控告长木逊喇嘛两案中，均涉及蒙汉之间的纠纷。当然，我们并不能得出蒙汉之间的关系是导致控诬的必然因素，但蒙汉族群间交流日益增多，而蒙汉之间的文化融合未达到相互信任的程度，加之经济利益的影响，当经济利益或其他核心利益发生冲突时，往往导致控诬命案的发生。

（三）基层民众缺乏法律观念是控诬命案发生的重要因素

《大清律例》对控诬命案规定了严厉制裁措施，但在清代乾隆朝土默特地区，通行的《蒙古律例》中对控诬命案并无规定，我们很难期求生活在土默特地区的蒙人乃至汉人了解《大清律例》的条文规定，关于这一点，参与审理的基层司法官吏是非常清楚的。如在达旺林庆踢伤诺尔布扎布一案的审理中，审判官吏很无奈地认为涉案蒙人"愚蒙无知"，并将此作为赦宥被告的主要理由。法律观念缺乏必然导致个体预测法律后果的能力低下，这也在一定程度上解释了该案中达旺林庆为何因邻里琐事而诬控他人，在这种情况下，诬禀谎告往往成为行为人在性格因素影响下，个人焦虑心态的外在发泄形式。

本章小结

本章重点对清代土默特地区"假命案"型控诬案件进行了研究。对清代司法实践中的"假命案"控诬刑案展开类型化分析，并结合具体案例分析了利益冲突型"假命案"、小事化大型"假命案"、邻里纠纷型"假命案"。主要探讨控诬案件存在的社会经济根源、司法官吏对"假命案"的法律规制理念及措施等。

本章通过研究认为，虽然很难得出清代土默特地区普通民众"好讼"之结论，但可以确定的是，经济利益、个体性格在一定程度上造成该地区控诬现象增加。在清代，无论对控诬命案的"依法裁决"还是"轻纵"，皆是司法官吏为实现基层司法治理的一种司法策略行为，而非"官员规避审判责任的策略行为"。清代土默特地区经济利益的冲突、基层民众缺乏法律观念均是控诬命案发生的重要原因。

第六章　归化城土默特刑案的审理

一、归化城土默特刑案审理机构

　　清统治者入关后，延续后金时期确立的对蒙古地区强化控制与结盟统治的策略，在蒙古地区建立了不同于内地的行政管理体制——盟旗制度。同时，清政府派遣将军等官吏到蒙古地区行使全面监督的管理职能，以期将蒙古地区作为其边疆统治屏障。受上述统治策略影响，清政府对蒙古地区长期采取封禁政策，严格限制内地民人越过长城进入蒙古地区。归化城土默特管辖面积广袤，属草原文明与农耕文明交融之地，明俺答汗时期，土默特地区开始从游牧经济逐渐转至农业经济，尤其到了康熙朝以后，口内民人大量涌入蒙地。蒙人不善农耕，多将其地典与民人耕种。同时，也有部分民人自行垦荒种地，从而形成了一个独特的移民社会。清人范昭在康熙五十八年曾记载当时的民族地理情况，"进归化城驻足，城广二里许，地颇肥饶，人皆朴野。牛羊骡马，贸易中外，惟土房龌龊不堪耳"。[①]

　　内地民人大量涌入，改变了土默特地区原有的经济社会结构，蒙汉等族群关系处于冲突与融合演变过程中。康乾时期，大量民人在土默特地区寄居务农或经商，民人与蒙古原居民在互动影响过程中，相

[①] 毕奥南整理：《清代蒙古游记选辑三十四种》（上册），东方出版社 2015 年版，第 13 页。

互间不可避免地产生涉及包括土地权属在内的各种纠纷。从土默特左旗档案馆所藏司法档案可知,在乾隆朝初期,蒙人与民人纠纷尤其土地纠纷日益增多,如乾隆十八年(1753),都格尔扎布指控民人肆意开垦牧场,向衙门呈交诉状。同年,萨日乌苏村披甲蒙克为状告哈喇班弟等私自招民人耕种,向归化城都统呈状控诉。[①]土默特地区传统的蒙古社会秩序被打破,新的民族区域社会秩序亟待建立。虽然清统治者意识到这种边疆区域社会秩序的新变化,试图采取一些限制性法律措施来遏制这种变化,但清政府这种完全禁止民人耕种的封禁政策与民族融合的历史潮流不符。正是在蒙汉融合的社会背景下,一种不同于内地的"兼而治之"的边疆社会治理模式应运而生。

对于归化城土默特基层司法审判机构的设置,《归化城厅志》记载:

> 乾隆初,新筑绥远城既成,乃徙右卫将军镇守其地,留副都统一员,始设绥远城粮饷理事同知、仓库大使,裁去七协改设各厅理事通判,添驻道员,又于各厅设管狱分防各巡检,官制由斯而定,治具由是而张。[②]

(一)绥远将军

1. 绥远将军的设置

绥远将军的职权为"管理绥远城驻防八旗官兵兼管右卫官兵、归化城土默特官兵,酌量调遣大同、宣化等处绿旗官兵",其职权不仅限于管理军事,也管理政务,是清政府在土默特地区的最高军政长官及司法长官。早在康熙朝时就有人提出建议设置绥远将军。康熙时曾任刑部尚书的张鹏翮在其游记中曾提出自己的见解:

[①] 土默特左旗档案馆:《清代蒙古文档案》,内蒙古人民出版社2013年版。
[②] 沈潜总纂,刘鸿逵监修:《归化城厅志》(下),远方出版社2011年版,第730页。

归化城外番贸易，蜂集蚁屯，乃冲剧扼要之地，控制之法良不可忽。考之古碣，元为丰州，设知州、同知、通判各一员，统于大同总府，与宣慰使所辖。今我朝威德遐畅，幅员之广，旷古未有。即如台湾远在海外，亦为郡县。应照此例，将归化城亦设为郡县，用府、厅、县教官各一员，以寄抚绥教化之责。设满洲将军一员，辖现在蒙古都统，即金之置天德军节度使、元之立大同总府，其意一也。归化城一带土广人稀，将死罪中有可疑免死之人，发往开垦，填实地方。①

雍正十二年（1734），清廷派兵部左侍郎通智来到归化城"协办都统事务"，第二年，通智由侍郎晋升为兵部尚书，其协办归化城事务也变成了办理归化城事务，两翼都统、副都统均受其节制。同时，筑城事宜也在加紧进行，通智、丹津在雍正十三年（1735）六月二十四日的奏折中称："臣等二人与将军、宗室申慕德查勘筑城之处，定于察素齐山南旷野，图尔根河北岸地方。"②绥远新城于乾隆四年（1739）竣工，建威将军与驻防八旗同年在城内屯驻就绪。乾隆二十六年（1761）建威将军改称绥远城将军，次年清廷令其兼管土默特官兵，乾隆三十一年（1766）兼管土默特两翼事务。从此两翼自副都统以下官员均受该将军节制，副都统衙门、喇嘛印务处的奏折及其给理藩院、兵户等部的咨文，均须将军衙门转奏、转咨，院、部及山西等省给副都统衙门的咨文，也须由将军衙门转咨，从而使土默特两翼完全处于绥远城将军的掌控之中。清统治者设立绥远将军的本意是为了限制乃至剥夺土默特都统权限，绥远将军逐渐掌握了土默特地区的行政、司法权，如乾隆五年五月上谕：

---

① 毕奥南整理：《清代蒙古游记选辑三十四种》（上册），东方出版社2015年版，第14页。
② 李克仁：《清将军衙署公文选注》，内蒙古人民出版社1995年版，第15页。

> 朕闻得归化城一带，近来盗案颇多。或于道路肆行劫夺。各案内多系土默特蒙古，该同知间或缉获。而归化城都统等派出会审之员又未免徇护蒙古，不据实办理以致积案未结。嗣后归化城土默特等处盗案，着绥远城建威将军一并管理，务于平时严行查缉，以靖地方。①

2. 绥远将军主要刑事司法职能

第一，绥远将军负责协调与理藩院、晋抚等部门刑案审理及其他刑事司法事宜。绥远将军作为土默特地区最高司法长官，负责协调与理藩院、山西巡抚关于刑事审判、执行等事宜。如在乾隆三十五年（1770）绥远将军关于盗牛犯多尔济发遣河南驿站的咨文中称：

> 发遣贼犯多尔济系四子部落旗下阿里衮佐领下人，年二十九岁，因偷盗格楞牛二头，由部会同刑部具奏照蒙古律例发遣河南交驿充当苦差，该犯经绥远将军遵照理藩院咨文，饬令归化城同知勒保将该犯年貌、旗分、佐领、案由造具清册，由道请咨解送大部。②

从该司法档案可知，在土默特地区，绥远将军对同知、通判的具体刑事司法事宜负监管总责。同时，绥远将军负责协调与理藩院的刑事司法事宜。另外，绥远将军还负责将土默特地区的斩绞案件，转报刑部核准。总体而言，绥远将军是归化城土默特的最高审判官吏。

第二，绥远将军负责转发上谕、刑部咨文。如在乾隆四十八年（1783），绥远将军转刑部核拟徐刚工殴死张文耀以唐二顶兑一案的处

---

① 《高宗实录》卷一一五，《清实录》第十册，中华书局影印本1995年版，第693页。
② 土默特左旗档案馆藏档案：《绥远将军嵩为盗牛犯多尔济发遣河南驿站的咨文》，档案号80-4-32。

理办法，刑部要求绥远将军查照施行，绥远将军也移咨归化城副都统要求副都统遵照执行。①

第三，绥远将军负责监督归化城等厅的案件审结情况。如在乾隆三十一年（1765）十一月，绥远城将军咨查归化城等厅的未结案件缘由，后归化城等厅汇报其辖区内未结案件。其中归化城同知保琳在解释乾隆十一年七月二十三日，蒙人色布腾家内住居之李国彦被伊雇工李瘤子杀死外逃走一案未结原因时，称此案"经前厅屡请缉拿，卑职保琳到任后复请缉拿，迄今仍未弋获，除勒限严缉，待获日审办"②。

（二）归绥道

1. 归绥道的设置

归绥道全称"山西总理旗民蒙古事物分巡归绥道兼管归化城等处税"，乾隆六年（1741）设置，其主要职责是"口外一应刑名、钱谷俱令督察办理，凡通判申报同知之事，同知转报该道覆勘明白，应归将军办理者，具报将军；应由抚司完结者，该道移会两司核转，应由都统报部者，该道会同都统联衔呈报等"③，即其是负责全面管辖民人和处理蒙、民交涉事务的地方行政机构，此外归化城厅还兼管四子王旗的命盗案件。17世纪末至18世纪初，土默特地区商贾渐多，手工业者亦相继来归化城开办作坊，随着农商之民不断增多，蒙、民交涉事件多了起来。由于都统衙门缺乏处理蒙、民交涉案件的经验，因此，左翼都统丹津奏请朝廷派地方官管理民事。自雍正元年（1723）以来，清统治者钦准丹津的请求，设置"归化城同知"。其后，"清廷又在归

---

① 土默特左旗档案馆馆藏档案：《绥远将军嵩转刑部核拟徐刚工殴死张文耀以唐二顶兑的处理办法的咨文》，档案号80-4-194。

② 土默特左旗档案馆馆藏档案：《山西巡抚彰就归化城等厅未结案件给绥远将军的咨文》，档案号80-4-58。

③ 中国历史档案馆藏朱批奏折：《乾隆六年山西巡抚喀尔吉善、绥远城建威将军补熙奏》，档案号04-01-12-0022-017。

化城及其西北路、东南路、南路和西南路派出五路协理笔帖式、协理同知办理民事，从而构成了乾隆初年设置的道厅的雏形"①。事实上，道厅从设置到清末，其职能一直在不断增强，归绥道道员原为满员，清末参用汉员，缺出，由吏部请旨拣用。该衙门对两翼境内诸事几乎无所不管，虽仅四品，职权却极重。

2. 归绥道的主要刑事司法职能

第一，通过会审形式审理蒙汉交涉命盗等案件。如在乾隆五十九年（1794）归绥道所审杨长胜子扎伤倒尔计身死一案中，归绥道至咨归化城副都统，称"归化城同知详解会审民人杨长胜子扎伤蒙古倒尔计身死一案，缘由到道处，拟合照例订期于本月二十二日午时会审，为此合咨"。②

在另一份咨文中，归绥道则通过告知方式，而非与归化城副都统商量该案的审理结果：

> 为报明事，据归化城同知讷福详解会审民人杨长胜子扎伤蒙古倒尔计身死一案，缘由到道。据此本道于正月二十二日会同贵副都统提犯会审，与该厅员等所审供情无异，应如该厅等员所议办理，除将凶犯杨长胜子于乾隆五十九年正月二十五日，檄令该同知会解按察司衙门核审，呈详巡抚部院审，题外拟合照例知会，为此合咨，贵副都统烦请查照施行至咨者。③

该则咨文虽然文字不多，但却包含诸多信息。首先，在会审蒙汉

---

① 晓克主编：《土默特史》，内蒙古教育出版社2008年版，第292页。
② 土默特左旗档案馆馆藏档案：《归绥道关于报明审结杨长胜子扎伤倒尔计一案咨文》，档案号80-4-381。
③ 土默特左旗档案馆馆藏档案：《归绥道关于报明审结杨长胜子扎伤倒尔计一案咨文》，档案号80-4-381。

交涉命盗等案件中，归绥道参与二审且并非仅仅进行书面审，对一些诸如蒙汉交涉命盗重大案件也进行实体审。在此案中，他与归化城副都统通过提审被告人核实供述的方式参与会审。其次，归绥道享有二审的决定权。在核实完本案被告人供词后，其认为被告人所审供情与一审无异，故决定采纳归化城同知所议。

第二，蒙汉交涉命盗等案件是按照转审程序审理的，即同知、归绥道、巡抚、部院逐级进行审理。如从上述萨拉齐通判详报霍忠殴伤王荣身死一案中可知，归绥道对此案的审理结果甚为不满，认为萨拉齐通判在未查明本案基本事实的情况下得出结论未免草率，并提出诸多质疑，因此，其要求萨拉齐通判对上述疑点逐一核实查清，核实霍忠在此案中是否有谋杀他人的主观故意。归绥道正是通过这种形式的复核，以达到对刑案的监督目的。

（三）归化城都统、副都统

1. 归化城都统、副都统的设置

明崇祯元年（1628），皇太极统大军尽征各部蒙古兵征察哈尔，史料载：

> 时辽河夏涨，尽夜冒潦，出其不意，逾内兴安岭千三百里至其庭。林丹汗谋拒战，而所部解体，遂徙其人畜十余万众由归化城渡河西奔，沿途离散十之七八，林丹汗走死于青海之大草滩。我大军至归化城，收其部落数万而还。①

崇祯九年（1636），后金改国号为大清，十二土默特亦分为左、右两翼，不设札萨克，为都统制。土默特部在降归后金后，在政治上并

---

① 魏源：《国朝绥服蒙古记二》，《圣武记》卷三，中华书局1984年版，第107页。

没有取得后金及清统治者的信任。1636年前后发生的"废爵事件"直接导致土默特地区政治地位的下降,土默特沦为内属旗。

清政府逐渐削弱土默特两翼的权限,包括设置绥远城将军,全面监控和掌握土默特两翼政治、经济、司法,后又逐渐停袭左右翼都统,乾隆二十八年(1763)谕:

> 归化城都统一缺,原系土默特蒙古世袭,因其习染颓敝,无可承袭之人,是以另赏世职,其都统一缺,由京拣选补放。但拣放之员不谙彼处情形,未能整饬,归化城事本无多,应将都统裁汰,归绥远城将军管理。副都统二员,分驻绥远城、归化城二处,协同将军办事。其归化城副都统绰和诺,仍留该处。①

2.归化城都统、副都统的刑事司法权限

归绥兵备道及其所属归化城等五厅,与归化城副都统衙门、两翼旗务衙门并无隶属关系,但在政务、司法、财税等方面却保持着密切的关系,公文往来频繁。归绥道与副都统衙门之公务一般用咨文,各厅送副都统衙门的公文用申详或呈文,副都统衙门对各厅则用札付、牌行、札饬等公文形式。②归化城都统、副都统的刑事司法权限主要有下列几方面:

其一,受理蒙人向都统、副都统衙门呈文提出的刑事控告,再由都统衙门牌行或札饬有关同知、通判予以审理。

如在乾隆四十八年(1783)阿什达告那木架尔盗马案一案中:

> 查乾隆四十八年七月三十日,据参领丹巴尔扎布佐领下领催

---

① 《高宗实录》卷六八五,《清实录》第十七册,中华书局影印本1985年版,第673—674页。
② 晓克主编:《土默特史》,内蒙古教育出版社2008年版,第294页。

阿什达禀称,小的上城置买东西,六月十七日走至班第营子,看见蒙古那木架尔骑着一匹黄马与民人放驼,上前查认实系小的马匹,即将那木架尔与识获马匹一并解到等情。①

该案中,阿什达向副都统衙门报案后,归化城副都统檄行归化城同知订期详报,到日再行会同审。如前所述,在与归绥道会审完毕后,归绥道会告知而非与归化城副都统商量该案的审理结果。

其二,委员参与蒙、民交涉刑案的会审。

在清代土默特地区,涉及蒙人与民人之间的各种争端、纠纷,如土地、民事、刑事的诉讼案件,包括蒙人之间纠纷,这类案件均由道厅主审,但须咨知副都统衙门约期派员参与会审,案件审断后需共同向上呈报审理情形及结果。

其三,归化城都统、副都统与归绥道共同会审重大案件。

在遇到一些复杂或疑难案件时,归化城都统、副都统也会与归绥道共同会审,以便于确认案件事实。如在乾隆四十九年(1784),归绥兵备道咨文归化城副都统:

> 为订期会审事,乾隆四十九年,据萨拉齐通判智常详解会审拿获逸贼郭豹三伙从白义等偷盗蒙古集尔格尔牛头一案,缘由到道,据此拟合照例于乾隆四十九年三月初三日会审,为此合咨贵都统,请烦查照依期会审。②

其四,负责注销蒙、民交涉案件。

---

① 土默特左旗档案馆馆藏档案:《归化城同知详报审结阿什达告那木架尔盗马案详情》,档案号80-4-226。

② 土默特左旗档案馆馆藏档案:《归绥兵备道订期会审郭豹三盗牛案的咨文》,档案号80-4-222。

如在乾隆四十年（1775）三月，归化城同知呈报副都统衙门，将其办理的呈报蒙、民交涉案件逐一查明，请求副都统衙门销案。主要包括四起刑案，其中三起系盗窃案，该三起案件均审结并生效。另一起为逃遣案，被告人业已被判处刑罚。[①] 乾隆六十年（1795），托克托城厅未能审结蒙、民争控案多起，副都统衙门札饬该厅迅速审结，否则即予提审。该厅申诉未能结案的原因多系被告已回原籍，不能传唤到案。

（四）同知及通判

蒙古地区以厅作为地方行政单位，为清所独创。自康熙中叶，随着大量民人进入关内，土默特地区逐渐成为蒙古边疆的核心地区。而"归化、绥远城一带孤悬口外，向系土默特游牧之地，逐渐商民居住、贸易、耕种，人殷地广，更且满洲、蒙古官兵与民人错杂相处，情伪百出，政务殷繁，因该处系蒙古地面，与内地情形不同，是以未设立府州县"[②]。正因大量蒙、民交涉纠纷的产生，如何对上述纠纷进行有效处理，维护边疆地区法律秩序，成为统治者亟待解决的问题。雍正元年八月，据归化城都统丹津奏称：

> 归化城地方商人、种田人与蒙古人杂居者颇多，相互争讼案件亦为繁杂，请设一理事同知审理蒙古、汉民案件。与归化城地方所住民人有关之人命、盗窃等重大案件，仍解交该巡抚审理外，其余争讼、殴斗等小案，随交理事同知了结。凡与蒙古、汉民有关之案，均由都统委派有关人员，与同知详细会审，报都统结案，

[①] 土默特左旗档案馆馆藏档案：《归化城同知申报办理蒙、民交涉案件清册》，档案号80-4-105。

[②] 中国第二历史档案馆馆藏档案：《乾隆二十七年正月十八日山西巡抚鄂弼奏》，档案号04-01-01-0252-001。

与蒙古有关之人命案仍解交该部。①

清政府为强化蒙古边疆地区司法管理，设立了专理蒙、民司法兼理行政事务的管理机构，称之为归化厅抚民理事同知衙门，并规定了"同知"的选任标准："归化城、张家口同知员缺，令各部、理藩院将满洲、蒙古员外郎、主事内通晓汉文者，各拣选一员，送部引见补授，陆续添设各边口同知，俱照此例办理。"②乾隆二十九年（1764）编纂的《大清会典》规定了同知的职能："同知，正五品，府或一二人或三四人，分理督粮、捕盗、海防、江防、清军、理事、抚苗、水利诸务，量地置员，事简之府不设。"③因归化城同知所属地方，方圆数百里，每年诉讼案件很多，又于雍正八年（1730）十一月设立笔帖式，据监察御史色楞奏称：

归化城同知所属地方，方圆数百里，其间诉讼案件甚多。一个同知即使速速办理，亦不能完结等语。据此，饬理藩院由蒙古笔帖式内选懂汉文之人并带笔帖式衔，派往归化城协助同知办事。④

在中国传统法律文化中，地方行政官吏兼理司法的特色一直沿袭至近代。归绥道各厅设立后，一切钱粮、户婚、田土、词讼、命盗各案，悉由厅官办理。清代土默特地区行政管理体制不同于内地管理模式，在土默特地区并无州、县之行政区域划分，因此，同知、通判就成为基层刑事司法事务的主要负责者。清廷在中央层面设立了专管蒙

---

① 土默特左旗档案馆馆藏档案：《为知照刑部移咨有关会审蒙古民人律例的咨文档号》，档案号80-38-5。
② 《高宗实录》卷一二四，《清实录》第十册，中华书局影印本1985年版，第824页。
③ 《大清会典》卷四《官制四·外官》，《四库全书》本。
④ 土默特左旗档案馆馆藏档案：《为知照刑部移咨有关会审蒙古民人律例的咨文》，档案号80-38-4。

古、回部及西藏等少数民族的理藩院,绥远城将军则执掌绥远地区重要案件地方层面的司法审判权,归化城副都统则掌握对蒙古族事务的司法权,而同知、通判的独立刑事司法职能被限于轻微刑案,从而形成了多元、多层级的司法治理体制。但同知、通判在行使刑事司法职能过程中,与归化城副都统、绥远城将军既有职责分工又处于一种制衡关系中,这在一定程度上有利于解决其辖区内的刑事纠纷。同知、通判作为清政府对边疆蒙古地区进行司法控制的最基层行政兼理司法官员,是行使其辖区内刑事司法职能之始端。

（五）巡检

随着归化城土默特社会经济的发展,单独依靠厅一级设置很难实现对土默特地区基层社会的控制。因此,清政府陆续在土默特地区各厅以下设置巡检,负责地方治安。巡检在五代后唐时期始置,宋朝置其于沿边寨及险要去处,以阁门祗候至诸司使、将军或内侍等充任。关于其职责,"巡检司巡检,从九品,掌捕贼盗、诘奸宄。凡州县关津险要则置。隶州者,专司河防"①。巡检作为基层官吏,并不具有法定刑事审判权,但从现存刑事档案来看,在一定条件下,其也参与刑案的侦查事务,但不得代替同知、通判代验命案。乾隆元年定例对此有明文规定:"地方呈报人命到官,正印官公出,壤地相接不过五六十里之邻邑印官,未经公出,即移请代往相验;或地处弯远,不能朝发夕至,又经他往,方许安派同知通判、州同、州判、县丞等官,毋得滥派杂职。其同知等官相验,填具结格通报,仍听正印官承审。如有相验不实,照例参处。"② 如在乾隆四十六年（1781）十月二十六日沙尔沁村蒙人托托拜殴死伊妾一案中,萨拉齐巡检请求归化城同知代验此命案:

---

① 赵尔巽等撰:《清史稿》卷一百一十六,中华书局1977年版,第3359页。
② 马建石、杨育裳主编:《大清律例通考校注》,中国政法大学出版社1992年版,第1101页。

"拟归化城巡检伍玩孙申，称案照本厅赴省公出，一切文移委令代拆代申等，因今代申一件，报明事。"①

二、归化城土默特刑事案件管辖

（一）乾隆五年关于刑案管辖之争论

在清代中原地区，地方所发生的刑事案件的初审权在州县，州县对普通的词讼案件有最终裁断权，而对于命盗案件，则采取逐级审转复核程序。蒙古地区的札萨克旗的刑案管辖问题，乾隆朝《蒙古律例》卷八"首告"条规定：

> 蒙古人等凡有事控案件，务令先在该札萨克王、贝勒处呈控；倘负屈许向盟长呈诉。若盟长处等亦不能秉公辩理时，许令原告之人将曾经在该札萨克处呈告如何办理及盟长处呈控如何判断之处，详列项别，赴院呈控。②

即清代蒙古地区刑案的级别管辖包括三审，第一审是在札萨克、王、贝勒处，第二审在盟长处，第三审在理藩院。关于归化城土默特地区刑案管辖问题，《蒙古律例》"拿获贼人解该旗收管，就近令地方官监禁会审"条规定：

> 凡拿获贼犯，解送贼之札萨克旗，令其收管。蒙古若在盛京、归化城等处犯事，俱令犯事处收管，由该札萨克等旗带会审，台

---

① 土默特左旗档案馆馆藏档案：《和林格尔通判详报验审蒙古托托拜殴死伊妾书册》，档案号 80-4-170。

② 王国维校注：《蒙古律例》，台湾广文书局 1972 年版，第 70 页。

吉等会审。①

因为《蒙古律例》关于管辖权问题的规定非常含糊，而归化城土默特地区具有一套不同于中原地区及札萨克旗的刑事司法体制。在长期刑事司法实践中，清政府建立了独具边疆特色的刑事案件管辖体系。

在乾隆五年以前，据乾隆五年山西巡抚觉罗石麟奏称可知，当时处理归化城境内刑事司法管辖权问题有三个基本原则：其一，凡民人命案，由归化城同知一面验尸上报，一面捉拿罪犯，就近押解于朔平府，由府派官审理上报。其二，凡案犯为蒙古人，则押解至归化城，由都统转交审理完结。其三，凡归化城蒙古、民人伙同行窃，则由归化城同知与朔平府所派地方官员会审拟罪，并由该府负责上报。② 由此可见，乾隆五年以前归化城土默特刑案管辖问题的规定，并不能满足该地区的实际司法实践需要。在这种情况下，对归化城土默特刑案管辖权进行改革就非常具有必要性。鉴于此，在乾隆四年（1739），归化城巡查官员色楞之条陈就已提出如下方案：

凡与蒙古、民人有关之命盗案件，无须朔平府派员会审，而由该旗派出蒙古官员与同知、协理笔帖式赴衙门会审同理等语。③

按照该方案，嗣后归化城内凡是蒙人、民人共同涉及的命盗案件，如凶犯、盗犯皆系民人，而尸亲、失主系蒙人，则由旗派出官员会同审理，上报都统，具奏完结。但他同时认为这样做会产生如下弊端：

---

① 王国维校注：《蒙古律例》，台湾广文书局1972年版，第178页。
② 土默特左旗档案馆馆藏档案：《为知照刑部移咨有关会审蒙古民人律例的咨文》，档案号80-38-4。
③ 土默特左旗档案馆馆藏档案：《为知照刑部移咨有关会审蒙古民人律例的咨文》，档案号80-38-4。

然又查得，因命盗案，或拟斩绞、徒流等罪，均不相同，且审办蒙古、民人各有定例。倘若均令该同知等会同本旗官员会审拟罪，并上报都统，则其徒流之民，非但均难发遣，而其拟斩绞监候之罪犯，本应并入秋审办理，然都统处并无秋审一例，事多掣肘，碍难办理。

基于此，他提出如下改革方案：

其一，嗣后归化城民人命盗案，如命犯、监犯、尸亲、失主系民人，与蒙古无涉者，令协理笔帖式检验上报，将罪犯押解关内，由朔平府派员审理拟罪。其二，蒙古命盗案内，如命犯、盗犯、尸亲、失主系蒙古人，与民人无涉者。令旗派员会同协理笔帖式审理拟罪，上报都统完结。其三，蒙古、民人交涉命盗案，如命犯、盗犯系民人，尸亲、失主俱蒙古人，其由朔平府派员审理之例永行停止。令交付派员协理笔帖式，一面检验上报，一面报都统，由蒙古派员赴该协理笔帖式衙门，会审拟罪。徒流以上罪犯，由同知收禁并上报按察使衙门复核转咨，令巡抚衙门具奏。如命犯、盗犯皆系蒙古，尸亲、失主系民人，其朔平府派员审理永行禁止，而令该协理笔帖式一面检验上报都统，派出蒙古官员会审，一面仍令分别上报巡抚、按察使，会同审理后，由旗官员上报都统。①

然而都统衙门并无秋审职能，因此，在死刑复核程序上存在诸多问题。山西巡抚觉罗石麟也意识到操作困难：

---

① 土默特左旗档案馆馆藏档案：《为知照刑部移咨有关会审蒙古民人律例的咨文》，档案号80-38-4。

查得乾隆元年，因蒙古与民人交涉命盗案件难以办理，曾以各自具题，由院汇总详查。蒙古与民人交涉命盗案内，若涉及民人，仍将口供抄出呈送巡抚。按察使复核具题，但因蒙古不得囚于关内监狱，亦不得与民人同样拟罪，若单将民人呈送巡抚、按察使复核具题，而将蒙古仍呈送都统拟罪完结。一旦不分主从，口供有误等情，则需送回再审，而该协理笔帖式住处与省城相隔甚远，来回押解罪犯不仅吃苦，而且亦难免途中脱逃。①

归化城都统对于上述改革方案有不同意见。首先，他认为同知、通判并非依法办案，如在某案中，通判叶赫布在拿获蒙古诺们达赖等人后，交衙役等私自用刑，同知、通判等并未遵照所降院旨按成例办理，而违例擅自随心办理。其次，他认为，巡查员外郎色楞条陈以后诸事，"若不加以匡正，渐次流失之事，多则无益"，并提出如下理由：

第一，其系一二品级在职官员，有权参与主导蒙汉有关之人命、盗窃等案。

臣伏思，臣等虽为武将，仍圣主拣钦之都统、副都统一二品级在职官员也。臣等所属蒙古官员，亦均为圣主附送补及之参领、佐领等级官员。臣等每日均在公大堂办理一应事务。凡遇会审与蒙汉有关之人命、盗窃等案时，臣处所派官员均往同知、通判衙门会审之。②

第二，其建议将人命、盗窃之大案送归化城都统衙门会审，可知有无徇私舞弊之情。

---

① 土默特左旗档案馆馆藏档案：《为知照刑部移咨有关会审蒙古民人律例的咨文》，档案号 80-38-4。

② 土默特左旗档案馆馆藏档案：《为知照刑部移咨有关会审蒙古民人律例的咨文》，档案号 80-38-4。

唯人命、盗窃案件关系慎重。或有同知、通判徇私袒护民人者；或有本处所派官员偏袒蒙古者；或有因双方互相徇私，将案子拖延不结，而有恶衙役等借口刑讯谋取好处者。此等情形不能没有，臣等伏思，嗣后，尚遵院奏定拟，民人所犯人命，盗窃等大小案件，照常由同知承办完毕，报山西巡抚结案。蒙古人所犯人命、偷盗等大小案件，则由臣衙门详审，照蒙古律例拟罪报院结案。蒙汉相关之争讼，殴斗等杂冗小案，由臣处委员前往同知、通判衙门相审，报臣等结案。若于蒙古、汉民有关之人命、盗窃案内，蒙汉均应拟罪案件，则由同知会同参领等，于本大臣衙门详审录供，援例拟罪，定罪之后，呈报山西巡抚及本大臣等。由臣等二衙门再次清楚核查画押，由首犯该管地方，将为首者或蒙古或汉人之情呈报刑部、理藩院结案。将如此人命、盗窃之大案送臣衙门会审，臣等亦可知晓有无徇私舞弊之情，案子亦可速结，与案件有关之人，亦免于长期受牵连之苦。①

归化城都统意见的核心是想主导蒙汉交涉重案的审判权，但刑部与理藩院会议后，否决了归化城都统的提议，认为"蒙汉相关之人命、盗窃案件中，所定罪名，虽各有差异，然案情相同，不可分理"②。

（二）归化城土默特刑案管辖具体划分

如上述，乾隆五年（1740），刑部会同理藩院在对归化城都统移咨的答复中对归化城地区刑事案件管辖权又重新规定："今将理藩院所议归化城巡查官员色楞之条陈复议奏，此后，凡与蒙古、民人有关之命

---

① 土默特左旗档案馆馆藏档案：《为知照刑部移咨有关会审蒙古民人律例的咨文》，档案号 80-38-4。

② 土默特左旗档案馆馆藏档案：《为知照刑部移咨有关会审蒙古民人律例的咨文》，档案号 80-38-4。

盗案件，无须朔平府派员会审，而由该旗派出蒙古官员与同知、协理笔帖式赴衙门会审同理等语。"①乾隆二十五年（1760），山西按察使索琳就归化城地区交涉命盗等案管辖权问题奏准：

> 归化城各同知通判承办蒙古与蒙古交涉命盗等案，由该同知通判处验讯通详，呈请绥远城将军，就近与土默特之参领等官会审，起限由将军处咨院具奏完结。将蒙古与民人交涉命盗等案，亦呈请绥远城将军，就近与土默特之参领等官会审。②

综上分析，同知、通判对其辖区内刑案有如下管辖权：

其一，蒙人之间刑案，同知、通判享有案件管辖权，但不可独自行使审判权，同知、通判必须与都统或副都统委员共同会审。如在乾隆五十六年（1791）萨拉齐厅巴尔旦多尔济殴伤致死沙克沙布特身死一案中，萨拉齐通判向都统衙门呈文称：

> 查巴尔旦多尔济殴伤沙克沙布特身死一案业已会审详报，查此案例应会审招解，理合具文申请，大人委员订期于本年四月二十八日赴卑厅衙门会审招解可以。③

其二，蒙人与民人相涉刑案，同知、通判不享有单独管辖权。此类案件由都统、副都统派出兵司参领或章京会同同知、通判一同会审，须将会审意见转呈绥远城将军。如乾隆四十五年（1780）萨拉齐厅丁官小子窃牛一案载：

---

① 土默特左旗档案馆馆藏档案：《为知照刑部移咨有关会审蒙古民人律例的咨文》，档案号80-38-4。
② 王国维校注：《蒙古律例》，台湾广文书局1972年版，第78页。
③ 土默特左旗档案馆馆藏档案：《萨拉齐通判申请委员会审巴尔旦多尔济殴伤沙克沙布特身死一案书册》，档案号80-4-343。

乾隆四十五年十月十六日，据卑属公布村蒙古五八十禀报被贼窃去牛一头，寻至托属三间房村不知姓名两人肉铺，搜获头皮等情。据此当即移阅托厅查拿贼犯，务获移送去后。咨于本年十月二十七日准托克托城厅将贼犯丁官小子并买主董廷举、保人崔恒光、牛头一个、牛皮一张移送前来。准此，除将贼犯丁官小子收禁外，拟合具文申请大人委员定期于十一月二十日赴卑厅衙门会审详报，为此备由具申伏乞。①

其三，民人与民人之间刑事案，同知、通判享有单独管辖权，即同知、通判对其辖区内民人所犯人命、盗窃等大小案件，均享有管辖权。如在乾隆四十五年霍忠殴死王荣一案中，被告人霍忠籍属忻州，寄居萨拉齐厅，与民人王荣合伙卖羊肉为生，因琐事致王荣死亡。萨拉齐厅通判"亲诣验讯，究出前情，录供通详，奉批饬审"②。该案发生后，萨拉齐通判在行使侦查验讯职责后，进行审判，然后按照审转复核程序上报至归绥道。

（三）管辖地域范围的确定

现代诉讼法对于管辖问题一般都有明确的规定，如我国现行的《刑事诉讼法》第十九条至二十三条规定了级别管辖原则，第二十三条规定了犯罪地管辖为主的原则。在中国传统刑事诉讼中，由于人犯的身份不同而规定了专门管辖原则，同时亦规定了级别管辖和地域管辖原则。在清代乾隆朝归化城土默特刑案审理中，刑案的审理主要采取逐级复审制，而非我国当代刑事诉讼的二审终审制，故在探讨中国传

---

① 土默特左旗档案馆馆藏档案：《萨拉齐通判申请委员会审丁官小子偷牛案并解按察司核审的咨文》，档案号 80-4-148。

② 土默特左旗档案馆馆藏档案：《萨拉齐通判详报霍忠殴死王荣一案身死案书册》，档案号 80-4-147。

统诉讼中的管辖问题时，应注意其与现行的管辖制度存在本质的区别。清代乾隆朝归化城土默特同知、通判在行使刑事司法管辖权时，首先需按照其行政辖区的地域范围确定管辖范围。如在乾隆五十年（1785）十一月托克托城通判详报民人王延富殴伤蒙古五把什身死一案中，据朋素章盖属下忽录盖尔呈报：

> 本月十九日，有驿站上五把什同民人王延富两人在我家嚷打，王延富用木棒把五把什打伤身死，除将凶犯王延富拿获，理合报明等情。据此，随咨萨厅办理，去后旋据覆称，查忽录盖尔居住之处，系托厅分管界内，敝厅未便办理，拟合移覆等因，准此。①

在该案中，托克托城通判最终按照案件发生地管辖原则，取得对该案的管辖权，但以这种管辖范围确定方式，在司法实践中也会遇到行政区域划分不明而导致管辖权难以确定的问题。如在乾隆四十七年（1782）贼犯章八素刑事管辖权争论一案中，和林格尔厅、清水河厅、托克托城厅三个地方厅均互相推诿此案的管辖权：

> 查前准托克托城通判移解贼犯章八素等到厅申明，该犯等行窃系清水河厅所管境内，应移解办理等因，当经卑厅移发后，备文转解清厅订期申请委员会审，并报明都统大人暨归绥道宪各在案。兹于乾隆四十七年八月二十七日准清水河通判移称，敝厅查隔河鄂尔多斯地方，凡有命盗案件从前绘图拟详，按沿河萨托清三厅并偏关河曲两县分别管辖，其九枝榆树沟南至圪驼店北归于敝厅分管，今哈尔只太痛海乌兰素木图，均非敝厅所管之区，惟

---

① 土默特左旗档案馆馆藏档案：《托克托城通判详报民人王延富殴伤蒙古五把什身死验讯书册》，档案号 80-4-304。

圪驼店之南约二十里有哈喇速太地名或系哈尔只太，彼处系伦邑分管地方，其余通海等处不知在何厅县内，与敝厅无涉。且此案各贼均住托境，业经贵府详明，应归托厅会审。而兵司移覆贵府文内亦云移送托厅办理甚均妥协，既经指明承办衙门，因何反又推诿辗转移解敝厅，实不便越俎承办，合将原犯仍交来差解回，拟合移覆。为此合阅贵府，烦查文内事理希将解去贼犯章八素等并原卷查收再行移办，仍祈将收到缘由见覆备案等情。计移解贼犯三名章八素、宗兑、克什克图，准此。查此案为日已久，若再阅查该犯等行窃地方，彼此解送收审非独更延时日，且犯多拖累，今卑厅系获犯地方，均属管理蒙民衙门，只可自行承办，除报明归绥道宪外，拟合具文申请。①

和林格尔厅通判在无奈下只得重审该案，但其也提出彻底解决此类管辖权争议的方案，即：

再查河西鄂尔多斯东北一带边境沿河口外，萨托清三厅口内偏关、河曲两处，均有界址分管。嗣后如此等窃案赃证已明，案犯多获，非比盗劫与命案可比，即以获犯地方承办，毋庸辗转推诿沿河厅县办理，以省延累。②

需要强调的是，在归化城土默特，有时司法官吏的管辖范围是超越其行政区划范围的。如乾隆五十六年（1791），萨拉齐通判在给准噶尔旗的公文中称：

---

① 土默特左旗档案馆馆藏档案：《和厅移来章八素行窃案应由清水河承办的呈文》，档案号80-4-190。

② 土默特左旗档案馆馆藏档案：《和厅移来章八素行窃案应由清水河承办的呈文》，档案号80-4-190。

因本通判管辖地与贵贝子旗地接壤，如有蒙古民人交涉案件，皆为本通判处与之会同审理。日后如有盗劫之案，须送来一切有关人员，以从速面对审理为便。否则，不仅难以审断，盗贼亦见无证据和盗物，反不认盗贼之事。①

从该公文中可以看出，萨拉齐通判对于邻近的准格尔旗发生的蒙古民人交涉案件是具有司法管辖权的，产生这一现象的根本原因在于清政府为蒙古地区设计的蒙汉交涉案件会审制。但这种管辖制度的弊端是明显的，《绥远通志稿》载：

萨厅兼管乌拉特三公、达拉特贝子、杭锦旗、郡王旗等六部。周围数千里，遇有命盗重案，俱归萨厅办理，往返勘验，经旬累月，鞭长莫及，未免有顾此失彼之虞。……其蒙民交涉案件，人证最难传集，蒙古则必须咨提外藩，每多袒护，寄民则私自逃匿原籍，无从关查，纵使一一唤齐，又须详请副都统派委蒙员会审，其中棘手之处，非笔墨所能缕述。②

三、命案检验

（一）蒙古地区命案检验制度的沿革

在中国传统法文化中，神权法思想在西周时期逐渐被"以德配天"说取代，统治者认识到单靠神权不足以维系其统治，必须重视人事，注重民心、人心。春秋时期，伦理政治价值观发生了重大转向，从重神鬼到重人事。《论语》载："季路问事鬼神。子曰：'未能事人，焉能

---

① 内蒙古档案馆馆藏准格尔旗札萨克衙门档案：《萨拉齐通判致鄂尔多斯准噶尔札萨克贝子旗书》，档案号 511-1-2。
② 绥远通志馆：《绥远通志稿》卷七十四，内蒙古人民出版社 2007 年版，第 537 页。

事鬼？'曰：'敢问死。'曰：'未知生，焉知死？'"从重神鬼到重人事思想的转变对中国古代证据制度产生了重大影响，使神明裁判制度在中国古代官方视野中消亡。重视证据在司法裁判中的作用成为中华诉讼法文化一大特征，司法检验制度在中国秦代就取得很高成就，在睡虎地秦简《封诊式·贼死》中详细记载了对一名被杀害的无名尸体的现场勘验过程：

> 爰书：某亭求盗甲告曰："署中某所有贼死、结发、不智（知）可（何）男子一人，来告。"即令令史某往诊。令史某爰书：与牢隶臣某即甲诊，男子死（尸）在某室南首，正偃。某头左角刃痏一所，北（背）二所，皆从（纵）头北（背），袤各四寸，相耎，广各一寸，皆从中类斧，脑角出（?）皆血出，被（被）污头北（背）及地，皆不可为广袤；它完。衣布襌、襦各一。其襦北（背）直痏者，以刃夬（决）二所，应（应）痏。襦北（背）及中衽□污血。男子西有？秦綦履一两，去男子其一奇六步，一十步；以履履男子，利焉。地坚，不可智（知）贼迹。男子丁壮，皙（晳）色，长七尺一寸，发长二尺；其腹有久故瘢二所。男子死（尸）所到某亭百步，到某里士五（伍）丙田舍二百步。令甲以布襦狸（埋）男子某所，侍（待）令。以襦、履诣廷。讯甲亭人及丙，智（知）男子可（何）日死，闻号寇者不殹（也）？[①]

整体而言，中国古代司法检验制度在秦汉时期得到初步发展，至南宋时，宋慈编撰了世界上第一部法医学专著——《洗冤集录》，它是中国古代法医学检验体系建立成熟的标志。与中原地区古代司法检验制度发展相比，在蒙古传统刑法典中，命案勘验制度是不存在的，

[①] 睡虎地秦墓竹简整理小组：《睡虎地秦墓竹简》，文物出版社1978年版，第265页。

宣誓制度是基本的司法查明方式，其实质属于神明裁判制度的一种形式，而神明裁判制度存在的基础是，"自己所肯定的话如系虚伪时，判断是否有罚的有效办法是在相信其必遭佛罚、神罚的人们中间，先造成一种社会上的必受处罚的环境"①。

康熙六年（1667）的《蒙古律书》对于命案检验制度也没有规定。乾隆五年，归化城土默特司法官吏在命盗案件中命案检验的职责权限得到详细划分：

> 谨请嗣后不分凶犯、盗犯系民人，尸亲、失主系蒙古，或凶犯、盗犯系蒙古，尸亲、失主系民人，或蒙古与民人交涉命盗案件，仍照旧例，均交付该协理笔帖式，一面检验分别呈报同知、按察使、山西巡抚。②

从该规定可知，在乾隆朝初期，协理笔帖式负有勘验之职责。而清代律例明确规定命案勘验权在于地方正印官，《大清律例》规定："凡人命呈报到官，该地方印官立即亲往相验。"从土默特左旗档案馆馆藏刑事司法档案来看，归化城土默特同知、通判负有对辖区内所发生刑案的勘验职责。如在乾隆五十二年（1787）民人张高扎伤蒙人诺木独一案中，萨拉齐厅通判的辖区内台什村甲头曹升在九月初五报称，该月初四，台什村民人张高与蒙人诺木独在地间打闹，张高将诺木独扎伤，萨拉齐厅通判带领刑件一名到该村勘验。之后，通判先会同刑件作对被害人诺木独伤情进行详细鉴定，包括其致命伤处数和非致命伤处数；其后，通判又询问了被害人诺木独及报案人，讯问被告人张

---

① 内蒙古大学蒙古史研究所编：《蒙古史研究参考资料》1982年9月，第57页。
② 土默特左旗档案馆馆藏档案：《归化城都统为知照刑部认定律例事拟咨新城将军、山西巡抚、同知等》，档案号：满文第249卷第2450号。

高，了解整个案发情况。①

乾隆四十四年（1779），理藩院具奏制定《蒙古律例》"相验蒙古等命案"条，规定了蒙古地区的命案检验制度：

> 凡蒙古与民人有关人命事件仍照向例办理，若与蒙古有关人命应行相验事件，各处驻扎部员即于各该处就近会同同知、通判、州县带领件作验明尸骨，会同该扎萨克审明报部，由部照例具奏完结。

（二）命案检验的启动程序

在清代归化城土默特地区，命案检验程序是如何启动的呢？土默特左旗档案馆所藏的乾隆五十六年巴尔旦多尔济殴伤沙克沙布特身死一案刑档中，详细记载了该起命案的勘验启动程序：

> 乾隆五十六年十一月初十日戌刻，据厅属西习里齐村蒙汉甲头巴格尔、侯万山报称，本月初七日晚，蒙古沙克沙布特因酒醉与蒙古巴尔旦多尔济斗骂，被巴尔旦多尔济用碌轴上旁框木头殴伤，至初八夜身死，理合报明等情。据此，查该村距署五十里，随于次早单骑减从，带领刑件亲诣尸所。②

又如在乾隆四十五年（1780）十月霍忠殴伤王荣身死一案书中，萨拉齐厅属恼木汉村甲头秦红直报称：

---

① 土默特左旗档案馆馆藏档案：《归化城同知详报张高扎伤诺木独身死书册》，档案号80-4-322。
② 土默特左旗档案馆馆藏档案：《详报巴尔旦多尔济殴伤沙克沙布特身死一案书册》，档案号80-4-343。

本村居住之王荣于本月二十三日夜，不知被何人殴伤，在本村银贵子院门外路旁，银贵子通知小的同往查看，业已身死，理合报明验究等情。①

从该刑档可知，清代归化城土默特的命案检验在很多情况下是由甲头报案启动的。如在上述巴特曼殴伤致死毕里衮一案中，毕里衮以其伤势并不重，请求甲头张文兵不必报官，甲头听从其意未报，不料虽几经医治，因伤而亡，甲头张文兵终被追究刑责。②

在清代归化城土默特刑事司法实践中，基层司法官吏是完全按照中原地区司法官吏的命案侦破模式工作的。案发后，同知、通判一般会及时介入命案检验程序，即"次早单骑减从，带领刑仵亲诣尸所"。其次，《蒙古律例》"相验蒙古等命案"条规定，在蒙古地区有关人命的案件，各处驻扎部员应参与侦查勘验，但在上述命案侦查勘验的整个过程中，并没有驻扎部员参与，同知、通判负责了整个刑事勘验过程。《大清会典事例》对此的规定也印证了此类案件的勘验过程，"蒙古民人交涉命案，一经报官，该地方官即往相验，取供通详，其蒙古官员会验之例停止"。③

（三）命案检验具体内容

在清代刑事司法实践中，"凡人命呈报到官，地方正印官随带刑书、仵作，立即亲往相验。仵作据伤喝报部位之分寸，行凶之器物，伤痕之长短浅深，一一填入尸图。若尸亲控告伤痕互异，许再行覆

---

① 土默特左旗档案馆馆藏档案：《萨拉齐通判详报霍忠殴死王荣一案审结情况》，档案号 80-4-147。
② 土默特左旗档案馆馆藏档案：《详报巴特曼殴伤毕里衮身死一案书册》，档案号：满文 155 卷 324 号。
③ 昆冈、李鸿章等编修：《钦定大清会典事例》卷九百九十七，赵云田点校，中国藏学出版社 2006 年版，第 964 页。

检，不得违例三检。如自缢、溺水、事主被杀等案，尸属呈请免验者，听"①。在清代归化城土默特，命案的勘验也是严格按照《大清律例》的相关规定进行的，《大清律例》"检验尸伤不以实"条规定了司法官吏的司法责任：

> 凡官司初检验尸伤，若承委牒到，托故迁延不即检验，致令尸变，及虽即检验不亲临尸所监视，转委吏卒凭臆增减伤痕。若初检与复检官吏相见扶同尸状，及虽亲临监视，不为用心检验，移易如移脑作头之类轻重如本轻报重，本重报轻之类，增减如少增作多，如有减作无之类尸伤不实，定执要害致死根因不明者，正官杖六十；同检首领官，杖七十；吏典，杖八十。仵作行人检验不实，扶同尸状者，罪亦如吏典，以杖八十坐之。其官吏、仵作因检验不实而罪有增减者，以失出入人罪论。失出减五等，失入减三等。若官吏、仵作受财，故检验不以实致罪有增减者，以故出入人罪论。赃重于故出、故入罪者，计赃以枉法各从重论。止坐受财检验不实之人，其余不知情者，仍以失出入人罪论。

1. 验尸

检验尸体是命案勘验的主要环节，在命案勘验过程中须验明伤痕及何伤致命，又应讯明情节，这对于准确认定案情，查明凶手具有非常重要的证据意义。《福惠全书》对于清代刑事司法中验尸的具体步骤，有详细的规定：

> 检尸次序止作两面验法，作四面不同。从正面头上检起，解头发，量长若干，分开顶发，检顶门囟门左右、两太阳穴、鬓双

---

① 赵尔巽等撰：《清史稿·刑法志》卷一百四十四，中华书局1977年版，第4213页。

睛、鼻孔、口齿舌，脸上须看有无刺，或已有用药烂去，字痕黯淡及成疤者，用竹笆于痕处挞之即现。看两耳、喉下、左右两臂、手掌手背、十指指甲、心、胸两乳、乳傍、胁肋、脐、大肚、小腹、阴囊、外肾、玉茎（妇人产门）、左右两大、小腿、脚、脚底板、十趾、趾爪。翻身背面，看脑后承枕骨、颈项背脊、腰脊、臀后看有无笞杖痕，看粪门。尸上是何处伤痕，或青或紫，或赤或黑，或有血无血，并量大小长阔深浅等分寸，令仵作指定报明检官，亲临看视无差，押凶犯认明，并尸亲干证等俱认确，然后照报，朱笔填入尸格。检毕，令各书押于尸格之后。其身尸某处，或有雕青炙痕疮痕之类，俱宜开填尸格之内。①

按照现存的司法档案记载，在归化城土默特命案检验过程中，检验尸体的过程是"如法相验"的，如在上述乾隆四十五年（1780）霍忠殴死王荣一案中，其具体检验程序如下：

（1）勘验尸体周围情形及尸体衣着。该案中，仵作在案发现场发现具体情形如下：

勘得该村南北街一道，王荣尸身躺卧银贵子门外之西二十余步，尸旁放有碌轴沿一条量长三尺大，面洞二寸五分小，面宽一寸，上有血迹，王荣尸身头赤，身穿蓝布棉袄一件，蓝布棉衣一件，下穿蓝布棉裤一条，脚穿青布鞋一双。②

（2）在邻人监督下对尸体进行尸表检验。本案中，仵作陈斌当场

---

① 黄六鸿：《福惠全书》卷十五，《刑名部五·人命中·检肉尸》，清敬书堂刻本，第17—18页。

② 土默特左旗档案馆馆藏档案：《萨拉齐通判详报霍忠打死王荣一案审结情况书册》，档案号80-4-147。

喝报：

> 验得已死王荣身尸一躯，问年三十二岁，量得身长四尺五寸，膀阔一尺三寸，除无故不开外，仰面面色黄，致命头门木器伤一处，顺长一寸五分宽六分。紫赤色皮未破骨塌，致命右额角木器伤一处，顺长一寸五分阔八分，紫赤色不致命，两眼泡微开，口微开，两手微握，两腿直舒合面，致命脑后偏左木器伤一处，斜长二寸阔六分，深至骨，损伤口红色，其余沿身上下并合面，并无别故，实因伤身死验。①

（3）防仵作作弊并填注图格。本案中，萨拉齐通判在仵作检验完毕后，又进行复验，将凶器碌轴沿与死者伤痕比对相符后，当场填注图格。"狱贵初情"是边疆蒙古地区基层司法官吏希望达到的标准，也是制度层面的追求目标，如果狱情混淆则会产生对案件事实的错误认识。在命案检验程序中，为了防止仵作增藏隐漏伤痕，均规定仵作要具结并填注图格。对于图格的填写，有明确具体的要求：

> 叙伤要照尸格声明致命某处、不致命某处某伤，并长阔、深浅、分寸、颜色，不可但称某处某伤，而不照写致命、不致命也。至无伤之处又不必声明。其有死后残毁、别伤及生前疮杖旧痕，亦须分别填明，取具仵作供结。至于尸格内"偏左"、"偏右"，专对囟门顶心而言，其余左右不得加以"偏"字，致令混淆。叙完各伤之后，点出委系因何身死一语，最宜详慎，不可率混，致有出入。

---

① 土默特左旗档案馆馆藏档案：《萨拉齐通判详报霍忠打死王荣一案审结情况书册》，档案号80-4-147。

如在乾隆五十九年（1794）在归化城乌尔圪户扎伤伊妻身死一案中，仵作张文照勘验完被害人尸体之后，具结如下：

> 仵作张文照与甘结事，依奉验得已死奔不盖尔女尸一躯。问年二十六岁，量得身长四尺，肩阔一尺，仰面面色黄，两眼微开，口微开，不致命左胳膊金创划皮微破伤一处，斜长三分，深阔皆不及一分，红色两手微握。致命胸膛金创扎皮破伤一处，斜长五分，阔二分，深入骨缝。红色致命右乳下金创扎皮破伤一处，斜长五分，阔二分，深至骨，骨不损。红色合面致命脊背金创扎皮破伤一处，斜长四分，阔二分，深至骨，骨不损。红色致命左脊臂，金创划皮微破伤一处，斜长八分，深阔皆不及一分。红色致命左后肋金创划皮微破伤一处，斜长七分，深阔皆不及一分。红色余无别故，实系因伤身死，不致增减，隐漏伤痕。甘结是实。
>
> 乾隆五十九年五月①

（4）凶器比对与证据保全。清人黄六鸿总结了刑案中作案凶器的收集问题：

> 如凶器已获，即问凶犯是否所持伤之器。如未获，即问凶犯提取。立限原差取到，仍问明凶犯是否此器。若系金刃所伤，凶仗或有血痕，亦未可定也，须试看，然关系不在此。凶器验明，便摘取凶犯认凶器认状，亲笔画押，免其日后展辩。将认状附卷，凶器上用白棉纸裹束，上写某案某人凶仗，官用朱笔点过贮库，库吏随持贮库凶器赃物簿，注明某案某人某凶器，前件下于某年

---

① 土默特左旗档案馆馆藏档案：《归化城同知详报乌尔圪户扎伤伊妻身死格结图说》，档案号80-4-394。

月日收贮讫。列前件者，日后解审上司，如并解凶器，以便于前件下，再注取解某衙门审验字样也。①

在霍忠殴死王荣案检验过程中，萨拉齐厅通判通过对案发现场凶器的同一性对比，从而研核案发实情，显示出较高的刑事专业水平和丰富的刑事司法经验。

（5）收集言词证据。司法官吏在勘验过程中，往往会收集与本案有关的言词证据，固定证人证言及被告人供述，以便及时查清案件事实。在言词证据搜集过程中，也会特别注意收集不同证人的证言，以便最大可能地查清案件事实。清代司法官吏在长期的刑事司法实践中，也意识到言词证据来源多样性的重要性，王又槐的《办案要略》中称：

> 尸亲遇有人命，多有捏砌牵连，轻重不实。若勒令改换，刁徒藉为口实。若据词叙详，情节不符，案难归结。夫命案重情，重以险勘情形伤痕与犯证各供为凭，仅据尸亲一面之词，何足取信？查地方保甲，例有稽查命盗之责，间阎巨细争斗事件，无不投知地保。地保既经查验，则两造之曲折周知，虚实轻重自有公论。当其发觉之初，一同来报，虽未必直言无隐，亦不至旁生枝节。是地保之报词乃案中之纲领也。②

在上述霍忠殴死王荣一案中，萨拉齐通判收集了本村甲头秦红、左邻杨月贵、右邻贾喜、村人银贵子、王荣胞弟王光、沙音图丈夫尔得泥、霍忠妻子霍侯氏等证人的证言，被告人霍忠、沙音图的供述，从而形成了完整的言词证据体系。

---

① 黄六鸿：《福惠全书》卷十四，《刑名部四·人命上·印官亲验》，第59页。
② 王又槐：《办案要略》，华东政法学院语文教研室注译，群众出版社1987年版，第80页。

在命案检验中，还有一种特殊情形，即尸源缺失。从清代土默特地区一起命案来看，即使在尸源缺失没有尸检程序的情况下，审判官吏也可以"据供定拟"，如在乾隆五十九年民人刘玉山被害一案中，审判官员认为：

> 查人命以尸伤为凭，虽刘玉山尸未捞获，但刘宦与刘玉山在戏场争吵起衅，现有张三仓拉回为证。迨后刘宦主使弟侄共殴，被刘玉成最后殴折刘玉山右小腿骨殒命，不特犯供确凿，且有尸女刘氏目击，犯妻郭氏亦事后知情。是刘玉山之被殴身死弃尸黄河漂流无踪，案无疑义，应即据供定拟。①

2. 尸骨的检验

宋慈在《洗冤集录》中提出了辨验尸伤死因的具体方法：

> 凡验原被伤杀死人，经日，尸首坏，蛆虫咂食，只存骸骨者，原被伤痕血粘骨上，有干黑血为证。若无伤骨损，其骨上有破损，如头发露痕，又如瓦器龟裂沉淹损路为验。殴死者，受伤处不至骨损，则肉紧贴在骨上，用水冲激亦不去；指甲壓之方脱，肉贴处其痕损即可见。②

姑且不论宋慈的上述方法的科学性，在清代命案检验过程中，由于命案的错综复杂性及尸体保存条件的局限性，尸体在检验时往往已经白骨化甚至缺失不全，在这种情形下，正确确定被害人死因显得更加困难。针对这种情况，乾隆三十五年（1770），安徽省按察使增福认

---

① 全士潮、张道源等纂辑：《驳案汇编》，何勤华等点校，法律出版社2009年版，第412页。

② 黄六鸿：《福惠全书》卷十四，《刑名部四·人命上·印官亲验》，第33页。

为,"命案检骨,倍难于验尸。若不颁发图格,定有准绳,检验之员,终属渺茫,难免书件作弊"①,为此请求颁布验骨图格。

下文将以乾隆六十年(1795)二月乌拉特中公旗下台吉公独替布殴死伊弟吹达尔一案的检验过程,研讨在缺少现代法庭科学的条件下,司法官吏如何确定被害人死因。该案虽然发生在乌拉特中公旗,但因萨拉齐通判参与本案的会验,故也纳入本书研究范围,本案基本案情如下:

> 萨拉齐通判为遵照办理事,乾隆五十九年十二月十八日,蒙归绥道清文内开乾隆五十九年十二月二十二日,蒙理藩院来文内开理刑司案呈,据乌拉特中公多尔济仆力马等咨称,本年七月初八日,据本旗四等台吉公独替布报称,本月初六日,我弟吹达尔牧羊去并未回家,我跟踪找至野地里,见兄弟自抹身死,理合报明等情。本旗差人查看死尸去后,旋据差人禀称,查看吹达尔死尸脖项有抹伤,又有沿身发青伤痕形迹,向公独替布查问,你只报脖项伤痕,因何不报拳打伤痕,伊言我原有应赔家人三音乌有圆绵羊一只,先从兄弟群内捉羊一只赔偿,兄弟不允夺羊。我已经用拳打,他不想跌倒地上就死了,我就畏罪用刀在他脖项抹了一下,原报时虚报自抹身死,就把公独替布拿获前来理合禀明等情。随讯据公独替布供,我是阳报佐领下四等台吉,今年二十五岁了,我弟吹达尔七月初六日在野地牧羊,我去到野地里,我原有应赔人羊一只,我要先把他的羊一双捉住赔人,他不允,要夺羊。我原用拳打他,他就跌倒地上死了,我畏罪在他脖颈微抹了一下。我原虚报他自抹,差人看明拳打伤痕向我盘问,我原把他用拳打死情由告明是实。严加讯问,你与你兄弟在野地因夺羊把他用拳打死,又在脖颈抹伤,岂无干证人等,又有怎样仇隙,此

---

① 李观澜:《重刊洗冤录汇纂补辑》,载杨一凡主编:《历代珍稀司法文》第十册,社会科学文献出版社2012年版,第507页。

内必有别情据实供来。据供，我们二人在野地夺羊，我原一人用拳打死畏罪，设法在他脖颈微抹了一下，虚报他自抹身死。我与吹达尔同胞弟兄，并无仇隙，并无帮打之人是实等供。①

乾隆六十年（1795）二月初九，萨拉齐通判带领刑仵行抵乌拉特佘太乌苏特力古，会验此案。同年二月十六日，萨拉齐通判会同副盟长等官员，并押带凶犯传集尸亲一千人等，共同会勘。该案被害人尸身存在沟中一毡包破木箱中，将木箱启开后，尸身皮肉消化，尸首已经短少。据尸亲旺珠尔等据供，装尸木箱因被雨水冲烂，是以失少尸骨。在箱内，所存皮帽衣裤实该尸生前穿戴之物，其所包小刀一把，据凶犯公独替布供称，即系凶刀。鉴于该案被害人的尸骨保存不全，故该案被害人的死亡原因很难最终确认，导致本案难以审结。该案的具体检验过程如下：

卑职复查该旗从前所讯，公独替布原供供明用拳殴打，其所殴究在何处，而该旗原验之人亦止报称，脖颈有抹伤其食气嗓，曾否抹断，亦未验明。并称又有沿身发青伤痕形迹，其伤处系何部位，亦未确切查明。当复逐一会同研讯，据凶犯公独替布供称，是日仅只将吹达尔胳膊拧转，又殴其心坎一下，见其倒地后，复抹伤其脖颈等供。并后讯该旗原验，差人车楞东度克据称，是日奉委查验，吹达尔死尸实只见其脖颈抹伤，其食气嗓曾否抹断未经验明，至吹达尔心坎胳膊等伤，亦未看出。是日报称，沿身发青亦因公独替布说，知殴打情由，是以混报等语各等情。②

---

① 土默特左旗档案馆馆藏档案：《萨拉齐通判详报会验过公独替布殴死伊弟吹达尔一案书册》，档案号80-4-396。

② 土默特左旗档案馆馆藏档案：《萨拉齐通判详报会验过公独替布殴死伊弟吹达尔一案书册》，档案号80-4-396。

从该刑事档案可以看出，清代命案中对于因果关系的认定是非常重视的。如在乾隆二十五年（1760）广东广宁县民梁帝佐诬告梁简殴死伊父梁遂用一案中，梁帝佐明知其父是因病而死，乃妄控因伤毙命，致父尸遭蒸检。刑部复核官吏则对此案是否存在因果关系提出质疑："既已准其检验，尤当加意详慎，以成信谳。如伤在骨肉相连之处，则以骨为凭；若下部虚怯之处，伤恒痕又不在本处而在牙根里骨，《洗冤集录》所载极为详明。今但凭仵作'周身骨殖并无伤痕'一语草率完案，而牙根里骨有无伤痕俱未声叙明晰，凭何查核？"该案经题驳后覆检，"梁遂用尸骨并无伤痕，其上下牙根里骨，亦无伤痕，腰眼实无受伤。其为因病身死，委无疑义"。①

在该案中，焦点问题是"其伤处系何部位，亦未确切查明"，即被害人的致命伤系何处没有查明，而这直接影响被告人的量刑定罪。在清代刑事司法实践中，命案实行最为严格的证据标准，其证明标准高于其他普通刑事案件，被告供词、尸检报告和作案工具、证人证言等证据所形成的证据体系，应当达到确定无疑、排除一切合理怀疑的程度。这对命案中的尸体检验提出了严格的检验标准。该起命案，事发时间较长，装尸木箱因被雨水冲烂，尸骨已部分缺失，但刑部仍要求查明："已死吹达尔所受脖颈伤痕或系生前死后抹伤，何伤致命之处。"刑部坚持要求再次进行尸检的目的，是为了准确认定被害人死亡的真实原因，确定被告人行为与被害人死亡结果之间的因果关系。若此种因果关系不成立，则被告罪名亦不成立。因此，刑部才非常慎重地要求基层司法部门查清该因果关系。

最终萨拉齐通判通过法医学推定，确认本案被害人死因：

今查验尸衣并所用凶刀均有血迹，如果将吹达尔殴伤致死后

---

① 全士潮、张道源等纂辑：《驳案汇编》，何勤华等点校，法律出版社2009年版，第498—499页。

始行，将其抹伤，则血脉已不流通，岂得尚有血出，其为并非死后所抹无疑。距心坎一伤亦系致命，但被殴之后，尚未身死，该犯又将其脖颈抹伤，核案揆情实系脖颈之伤毙命，虽嗓喉结喉骨业已遗失三层，所存仅止一层皮肉亦已消化，无凭检验。所存尸衣凶器血迹，虽然即可据此定断至尸骨不全之处，卑职唯恐尚有别情，当复移咨确查，去后嗣准中公咨开查已死吹达尔尸身，上年七月间，差人查勘伤痕。禀覆后，于七月初九日，本旗将吹达尔全尸交给尸亲台吉旺珠尔收领，严加看守在案。今据台吉旺珠尔禀称，原将已死吹达尔尸身收领转交家人特古思八探看守，后来被雨水冲烂装死尸木箱，所以失落尸骨不全，理合禀明等情。①

在现代刑事司法中，血痕是杀人案件现场最常见、最重要的生物物证之一，也是犯罪嫌疑人杀人的重要证据。通过对血痕的检验，可以判断案件性质、重现犯罪过程、推断作案时间。因此，法医在勘验杀人案件现场时，一般都注重对血痕的发现、研究与提取工作。②按照现代医学理论，"人在死后，心脏搏动停止，血液循环终止，血管内的血液，因其自身的重力，渐次沉降于尸体低下处未受压迫的部位"③。此案中，萨拉齐通判认定吹达尔的致命伤并非死后所致，其主要依据便是现代医学的人体血液循环原理。宋慈的《洗冤集录》中也有人死后血液发生变化的表述，如在解释人体尸斑的形成原因时，宋慈认为："验是本人身死后，一向仰卧停泊，血脉坠下，致有此微赤色。"④王明德在《洗冤录补》中做了进一步解释：

---

① 土默特左旗档案馆馆藏档案：《萨拉齐通判详报会验过公独替布殴死伊弟吹达尔一案书册》，档案号80-4-396。
② 具体论述参见王旭东主编：《法医学》，法律出版社2012年版，第202页。
③ 陈康颐主编：《应用法医学各论》，上海医科大学出版社1999年版，第65页。
④ 宋慈撰，杨奉琨校译：《洗冤集录校译》，群众出版社1980年版，第86页。

盖凡人生一息尚存，气血仍周行于身内，若被伤损其处，气血即为凝滞，重则沁入骨中，经久不散，必为多方医治，使所积之气与血，消镕净尽，其骨始为复旧，否则虽至形销骨化，而所伤则仍存，盖以生气所聚，伤为气血所养，人死而骨犹生故也。

四、刑事案件审理程序

在蒙古实行盟旗制度的地区，刑事案件的审理程序有法律明文规定。《蒙古律例》"首告"条规定盟旗制度地区的审理程序为：

　　凡蒙古人等讼争案件，务先呈诉于其札萨克王、贝勒处；若裁判不公正，许向盟长呈诉。若盟长处等亦不能秉公办理时，许原告将其札萨克处如何办理及盟长处呈控判断如何，详列项别，赴院（理藩院）呈控。[1]

即第一审在札萨克王、贝勒处，第二审在盟长处，第三审在理藩院。与传统盟旗地区的三级审判制度不同，清统治者在归化城土默特建立起以审转为核心的多元化的刑事司法运作体系。下面以普通刑案与命盗重案的审理程序为例，简要说明这种刑事司法运作体系的实际运转状况。

（一）徒刑以下案件的审理

《清史稿·刑法志》载："户婚、田土及笞杖轻罪由州县官完结，例称自理。"即州县可自行审理普通殴伤、偷盗等刑罚为"笞杖"的刑案。上述刑案州县即可自行定谳，而"徒刑"以上涉及贼盗、人命的

---

[1] 王明德：《读律佩觿》，何勤华等点校，法律出版社2001年版，第315页。

刑案，州县则只有初审权而无最终审判权。

归化城各厅作为清代蒙古地区基层的司法机构，如何划分各厅的刑事审判权限，也是蒙古地区司法治理面临的首要问题。而"七处协厅系自雍正元年以后陆续增添经管事务，实与州县相同，只因地连蒙古，所以遇有蒙古、民人交涉命盗事件，例报将军、都统派委旗员会同该协厅审拟招解归化城同知审转，由归绥道核明移咨按察使具详巡抚核题"①。即理论上同知、通判的刑事审判权限应与内地州县相同，如在乾隆四十九年（1784）萨拉齐通判详报五巴什被窃牛一案中：

> 分驻萨拉齐管理蒙古民事通判为饬审办理事，乾隆四十九年三月十一日，蒙大人清文内开兵司案呈，乾隆四十九年二月二十五日，据达尔玛佐领下石坝村甲头葛尔图、小五巴什、文达佐领下沙尔沁村甲头荣栋、七旺纳素禀称，本月十八日夜，被贼在本村兵丁五巴什墙上挖窟窃去七岁口花乳牛一只，第二日知觉。葛尔图、小五巴什二人跟踪走到沙尔沁村，遇到甲头荣栋、七旺纳素同去到吉兰太家，搜出乳牛头皮，就将吉兰太并伊子沙克都尔扎布、本村的根扎布一并拿获禀送前来，只求饬交地方官照例办理可也等情。据此随即本司将吉兰太、沙克都尔扎布、根扎布俱锁拷解送归化厅转送失事地方萨厅收监外，该厅定期以便委员会审办理，仍行知归绥道查办可也。②

据此，萨拉齐厅通判智常、归化城兵司参领索纳木拉布坦共同会审此案。最终，萨拉齐厅通判认定吉兰太等人参与盗窃的事实不清、证据不足，吉兰太等人的盗窃罪名不成立，其理由如下：

---

① 绥远通志馆编纂：《绥远通志稿》卷七十四，内蒙古人民出版社2005年版，第536页。
② 土默特左旗档案馆馆藏档案：《萨拉齐通判详报五巴什被窃牛一案书册》，档案号80-4-234。

> 查原牛头皮讯系茂明安敏召尔寄放吉兰太家，吉兰太等并不知偷宰情事，且吉兰太系五巴什母舅，似不至偷外甥之牛，即或窃牛亦无显露令人认获之理。其同院之根扎布均非知情，自难俱以贼论。惟是贼非正贼，赃乃正赃。吉兰太并不盘诘来历，自行留存亦属不合。①

最终，萨拉齐厅通判依据《大清律例》"不应"条裁断：

> 将吉兰太、沙克都尔扎布、根扎布均照不应重律杖八十，系蒙古，各鞭八十，以示警戒，所有正贼敏召尔，俟严缉获日照例办理，起获原牛头皮给主具领并取领状甘结附卷。②

《大清律例》对于州县官员审理自理案件后上报做了程序性规定："各省州县及有刑名之厅卫等官，将每月自理事件作何审断与准理拘提完结之月日，逐件登记，按月造册申送该府道司抚督，查考其有隐匿装饰，按其干犯别其轻重轻则记过，重则题参。"③ 萨拉齐厅通判判决后按照上述规定上报归绥道："缘奉饬办，是否允协理合，详请大人查核示遵，为此备由具申伏乞照详施行。"④ 从该案的审理程序可以看出，因该案不属于徒刑以上刑案，故萨拉齐厅通判在判处被告人鞭八十后，按照《大清律例》之规定上报。

---

① 土默特左旗档案馆馆藏档案：《萨拉齐通判详报五巴什被窃牛一案书册》，档案号80-4-234。
② 土默特左旗档案馆馆藏档案：《萨拉齐通判详报五巴什被窃牛一案书册》，档案号80-4-234。
③ 张荣铮等点校：《大清律例·刑律·断狱》卷三百三十六"诬告"条，天津古籍出版社1993年版，第514页。
④ 土默特左旗档案馆馆藏档案：《萨拉齐通判详报五巴什被窃牛一案书册》，档案号80-4-234。

（二）徒刑以上案件的审理

1. 同知、通判与副都统互相牵制的审判体制

如前所述，归化城土默特之蒙、民交涉案件，由同知、通判同副都统委员会审。如对乾隆五十七年（1792）包头村民人杨起旺之子杨鳌成被害一案的审理，可体现清代蒙古边疆地区对命盗重案的刑事审判运作体制。该起凶杀案于当年六月十四日在萨拉齐厅衙门，由萨拉齐厅通判会同兵司佐领贡楚克会审，但因被告人泥克图、黑拉八拜、喇嘛达尔济等当庭翻供不认，而副都统委员贡楚克不肯进一步对各被告人究诘并于十六日返回归化城，导致该案无法正常审理。于是萨拉齐厅通判再次于同年六月十七日具文详请归绥道，请求归绥道转咨副都统尽快再行指派委员会审此案。①

由此可见，对于蒙、民交涉命盗重案，归化城土默特同知、通判的刑事初审权是受到限制的，需与归化城副都统所指派的官员共同会审，参照清代"逐级审转复核"制度层层上报。同时，对于蒙、民相涉命盗案法律文书的拟定主体，司法实践中也形成了惯例：

> 查向例归化城等厅凡有蒙民交涉命盗案件，由厅员确定会审日期，详报到日，本都统委员前赴该厅衙门会审。蒙古系首犯兵司主稿，如系民人由厅员主稿。②

即在都统衙门与厅衙门会审案件中，如主犯系蒙人，则由都统、副都统委员兵司负责起草拟判意见；如主犯系民人，则由萨拉齐厅通判负责拟判。

---

① 土默特左旗档案馆馆藏档案：《为杨鳌成被纳旺等用鸟枪打死一案请归绥道会办的咨文》，档案号 80-4-365。
② 土默特左旗档案馆馆藏档案：《为杨鳌成被纳旺等用鸟枪打死一案请归绥道会办的咨文》，档案号 80-4-365。

2. 复杂的逐级审转程序

按照《蒙古律例》的规定，对于"徒"以上涉及贼盗、人命的刑案，通判、同知有承审权而无最终审判权。在清代边疆刑事司法实践中，通判、同知控制了刑案侦查、初审的整个过程，在刑案事实证据的取得、事实的认定方面，基层司法官吏处于主要地位。对于清统治者来说，贼盗命案事关整个边疆地区的稳定，且直接威胁统治者政权的合法性和稳定性，如何对基层司法官吏进行分权制衡，以加强对贼盗、人命案件的管控，显得尤为必要。正因如此，清政府设计了复杂的逐级审转程序，以防止地方司法官吏滥用权力。如在乾隆三十七年（1772），绥远将军伯移咨盗马贼武信依拟应绞的咨文中，明显体现出清统治者对边疆刑事司法权的控制，该案审理程序如下：

> 查鄂特浑等三人被窃马三十四系武信起意，登进被窃马三十二匹系索楞起意，将武信、索楞均依例拟绞监候，金巴等拟罚三九牲畜等因。具题臣等正在核拟间，续据晋抚三咨称绞犯索楞染患伤寒病症医治不痊，于乾隆三十六年十一月二十八日在监病故等因咨达前来。除律应拟绞之索楞病故不议外，武信应如该护抚所题，合依偷窃蒙古四项牲畜十匹以上者，首犯绞监候例，应拟绞监候，秋后处决。该护抚既称金巴系为从两罪相等，从一科断，应与七令均合依为从例，各鞭一百，罚三九牲畜，勒限一年监追。鄂特浑私放贼人并将误拿之崔牛子扣留马匹、贼遗物件一并给人殊属不合，应照不应重律杖八十，系蒙古，鞭八十。侯正升、王子荣虽无受贿纵放情弊，已经该厅责令将贼全获。但既经拿获赃贼，听从事主释放并不拦阻，均应照不应重律杖八十，各折责三十板，革役。受谢马匹与武信所遗衣物同伊莫受谢倒毙马皮并起获马二匹分别给领，倒毙之马两匹免其赔偿，各犯讯无窝伙窃劫别案，亦无同居父兄伯叔与弟知情分赃，蒙古各犯亦无家长，应毋庸议。事主登进除认获马十

匹外,余马在武信等名下追赔。七旺多尔济卖马十九匹,除倒毙九匹外,亦均应在武信等名下照追,余马价钱给领。金巴上盗马匹业已倒毙,现获武信、七令、索楞各上盗马匹均变价入官等语,均应如该护抚所题完结。①

在该案中,萨拉齐通判承审该案后,收集该案基本证据,查清基本事实,又将初审结果通过归绥道上报至山西巡抚,山西巡抚后又将裁决结果上报至刑部,刑部会同吏部、理藩院、都察院会审后认为,"武信应如该护抚所题,合依偷窃蒙古四项牲畜十匹以上者,首犯绞监候例,应拟绞监候秋后处决"。但刑部同时认为,"该护抚既称金巴系为从,两罪相等,从一科断,应与七令均合依为从例,各鞭一百,罚三九牲畜,勒限一年监追。鄂特浑私放贼人并将误拿之崔牛子扣留马匹、贼遗物件一并给人,殊属不合,应照不应重律杖八十,系蒙古,鞭八十"。刑部又对侯正升、王子荣受贿纵放情弊作出裁决,并对涉案赃物处理问题作出详细裁决。从该案整个处理过程来看,刑部等中央司法部门对该案的审理并不是敷衍了事,而是严格复核,尤其注重案件细节,并非完全依赖于基层司法官吏,以此达到对基层司法官吏监控与管理。由此可见在清代边疆刑事司法实践中,清政府正是通过这种程序性制度设计,达到对基层司法官吏制衡的目的。

综上,清代土默特萨拉齐地区的刑事司法系统是由三个层次的机构组成,一是以都统或副都统为最高司法官吏的土默特左右翼旗为代表的蒙古司法体系,二是以绥远城将军为代表的地方最高司法机构,三是以归绥兵备道为代表的管辖汉民的司法体系。清政府之所以在蒙古边疆地区设立不同于中原地区的独特的司法运作体系,主要原因在

---

① 土默特左旗档案馆馆藏档案:《绥远将军伯刑部移咨盗马贼武信依拟应绞的咨文》,档案号80-4-85。

于土默特地区为蒙汉等民族杂居地区，刑事司法涉及面广。清政府以族群为基础设立不同的司法体系，其本意是想通过这种复杂多元的刑事司法体系，解决边疆民族地区繁多复杂的刑事纠纷。这种"因地制宜"司法体系在实际司法运作中，对于维护民族区域法秩序起到了一定积极作用。

五、刑案审理程序中的司法裁量权

（一）"律法断罪"与司法裁量权

现代意义上的罪刑法定作为刑法基本原则，其基本理念在于限制国家的刑罚权而保障国民的人权。1810 年《法国刑法典》第十条规定："不论违警罪、轻罪或重罪，均不得以实施犯罪前未规定之刑罚处罚之。"学界一般认为，罪刑法定主义理论基础是人权保障思想。《晋书·刑法志》载："律法断罪，皆当以法律令正文，若无正文，依附名例断之，其正文、名例所不及，皆勿论。"[①]有学者对此条文评价道："虽然它与近代西方的罪刑法定主义的理论与实际在性质上、程度上、规定上还不能同日而语，但就基本原则即断罪以法律规定为准，则是一致的。"[②]笔者认为，"律法断罪，皆当以法律令正文"虽然从形式意义上有限制国家的罪刑擅断主义功能，但君主的刑罚权绝对不受限制，在一个君主拥有无限罪刑擅断权力语境中探讨所谓"罪刑法定"并无多大的理论价值，之所以出现诸如"律法断罪，皆当以法律令正文"之类理念，其理论基础在于传统儒家的"慎刑"。《尚书》载："克明德慎罚"，而"慎罚"的核心是刑罚要"以列用中罚"，在此基础上，董

---

① 房玄龄：《晋书·刑法志》（第六册）卷三十，上海中华书局 1929 年版，第 158 页。
② 张琮军：《中国古代依法断罪制度源流考》，《黑龙江政法管理干部学院学报》2009 年第 1 期，第 11 页。

仲舒主张"刑者德之辅"①。

区分了"律法断罪，皆当以法律令正文"与现代意义上罪刑法定原则的区别，再进一步探讨中国古代司法官的司法自由裁量权问题，就不会存在逻辑上的悖论了，即无论中国古代司法官吏在裁决时是否严格遵守法律，其都以维护国家法秩序为最高目的。在这一最高目的下，可以在裁判时对于涉及适用死刑等的犯罪，严格按照法律规定。而对于一些轻微刑案，司法官吏在裁决时可不以"法律令正文"为适用基础，天理、人情亦可成为裁判的依据，即"国法"并非裁判的唯一依据，裁判依据是天理、国法、人情相结合。下文将分析清代乾隆朝土默特地区基层司法官吏在审理刑案时，影响司法官吏运用司法自由裁量权的因素。

（二）轻微刑案中的法官裁量权

按照现代刑事诉讼法学，法官的刑事自由裁量权是指法官在刑事诉讼过程中，根据案件的实际情况和公平正义的要求，自由斟酌裁决，但该权力不能超越现行法律规定。与现代司法裁量权探讨的语境不同，本书中的司法裁量权外延大于现代意义上的司法裁量权，包括法无明文规定及法有明文规定时，司法官的自由裁量行为。

由表5可知，在清代乾隆朝归化城土默特乾隆初年（1746）至乾隆二十七年（1762）刑案罪名构成中，在所统计的74件刑案中，盗窃案占42件，抢劫案占5件，命案占5件，普通伤害22件。基层司法官吏在命盗案件审理中刑事司法自由裁量权的空间有限。通过表6分析可知，在22起普通伤害案中，有13起为蒙人与汉人因土地、草场、邻里等纠纷而引发，对于这种普通类伤害案，司法官吏具有一定的司法裁量权。在清代土默特地区，同知、通判等基层司法官吏与内地州县官吏在

---

① 董仲舒：《春秋繁露·天辨在人》，隆文书局1924年版，第75页。

审判权限上基本相同。"仅仅被授权就民事案件及处刑不过笞杖或枷号的轻微刑事案件作出判决。这类案件通常被称为'自理词讼'。"[①]下文将分析清代乾隆朝土默特地区基层司法官吏在审理这些"自理词讼"时，影响司法官吏如何运用司法自由裁量权的因素。

表5　清代归化城土默特乾隆初年至乾隆二十七年刑案件构成简况

罪名构成	案件参与人民族					案件数量
	蒙蒙相涉	蒙汉相涉	汉汉相涉	相涉之人不明	蒙回相涉	
抢劫	1	3	1	0	0	5
盗窃	7	19	2	13	1	42
杀人	0	3	0	2	0	5
普通伤害	6	14	0	2	0	22
共计	14	39	3	17	1	74
所占比	18.9%	52.7%	4%	23%	1.4%	100%

注：本表格依据土默特左旗档案馆馆藏档案乾隆初年至乾隆二十七年案件简况（档案号80-4-240）汇总制定。

1. 从人道主义出发运用司法自由裁量权

在中国传统法律文化中，恤刑、慎刑作为对特定弱势群体的刑事司法理念。《法经》《汉律》《唐律》、宋元明清诸朝律，直至近代《大清新刑律》，都有对老幼病残犯罪后减免刑罚的制度。《周礼·秋官·司刺》载西周"三赦之法"："一赦曰幼弱，再赦曰老旄，三赦曰蠢愚。"汉代则更强调矜老恤幼的恤刑思想，法条对宽宥刑情节的贯彻更加具体。传统法律对老幼残疾等弱者的宽待处理，有利于统治者博得"仁政"的名声，也是传统人伦思想在刑事司法领域的具体体现。清代乾隆朝土默特地区基层司法官吏在司法实践中，并非机械地就案

---

① 瞿同祖：《中国法律与中国社会》，中华书局1981年版，第453页。

办案，而是从人道主义等角度出发，综合运用司法自由裁量权。

如在上述乾隆四十八年归化城洒拉行窃败露羞愧投井淹死一案中，审判官吏认为，对于腮不痛不能禁约侄子为窃的行为，《蒙古律例》无拟罪之条，但《大清律例》规定了"不能禁约子弟为窃笞四十"，因此腮不痛应依据该条处罚。审判官吏考虑到腮不痛"赤贫如洗""交出赃物"等酌定量刑情节，最终对腮不痛"免置议"，其裁决的基础即从人道主义出发，综合考虑被告人的自身情况。

2. 从维护基层法律秩序出发运用司法裁量权

清统治者在对蒙汉杂居地区实施社会治理时，非常注重平衡多元文化与国家权力干涉之间的关系。清统治者在依照国家法进行治理的同时，尤其在解决基层社会的轻微刑事案件及民事纠纷时，基层法律秩序的维护也会成为司法裁量的考量因素。

如在前述乾隆五十年巴特曼殴伤毕里衮身死一案中，审理此案的官员认为，"在该案中，侯超依先与毕里衮殴打时将毕里衮打伤，后得知毕里衮与鄂尔哲依图殴打，却不去劝阻，以致毕里衮被殴打致死。侯超依除殴打致伤之罪不议外，依其行为不应受重罚，杖责八十，打三十板"①。

从现代刑法理论看，侯超依先殴打毕里衮并将其打伤的行为与毕里衮死亡之间没有刑法上的因果关系，故从法律上讲，侯超依不应对毕里衮死亡结果承担刑事责任。审理此案的官员显然也意识到单从侯超依先于巴特曼将毕里衮殴打致伤行为看，追究侯超依的刑事责任事实依据不足。故审判官吏转而斥责侯超依后得知毕里衮与鄂尔哲依图殴打，却不去劝阻。从这一事实依据出发，他裁定侯超依后期的不作为构成犯罪。很显然，从刑法角度看，侯超依先于巴特曼殴打毕里衮

---

① 土默特左旗档案馆馆藏档案：《详报巴特曼殴伤毕里衮身死一案书册》，档案号：满文第155卷第324号。

并将其打伤的行为，并不必然导致侯超依有劝阻巴特曼的义务。审判官吏之所以裁定侯超依有罪，是基于维护基层法律秩序的目的。

（三）无罪案件的司法裁量

对于需要判处徒流以上刑罚的刑案，土默特地区同知、通判须呈报上一级司法官吏，但同知、通判可以提出初审意见。在同知、通判等基层司法官吏所拟的初审意见中，总有一些其认为无罪的案件。当然，对清代刑事司法实践中无罪刑案尤其命盗无罪刑案的研究，是一项很困难的课题，主要原因如下：

首先，审判官吏的司法责任使命盗重案审理出现无罪的可能性微乎其微。《大清律例》规定了审判官吏诸如违法拷讯、审断不实等的严密的司法责任网。而清代的诉讼模式是对徒流以上命盗重案采取重重审转程序。正因如此，命盗重案基本不可能出现无罪之裁决。清代杨乃武与小白菜之冤案最终获得无罪裁决，实属罕见。

其次，基于档案缺失的研究局限性。现代与古代刑事司法审判程序尤其在涉及无罪案件审理程序不同，现代刑事诉讼法规定人民法院、人民检察院和公安机关进行刑事诉讼，应当分工负责，互相配合，互相制约。《中华人民共和国刑事诉讼法》第一百九十五条规定了无罪裁决的两种情形：其一，依据法律认定被告人无罪的，应当作出无罪判决。其二，证据不足，不能认定被告人有罪的，应当作出证据不足、指控的犯罪不能成立的无罪判决。而清代刑事审判程序则无现代刑事诉讼程序的精细化划分，审判官吏同时具有侦查人员、检察起诉人员的职能。这种审理程序使得清代关于无罪刑案的一些档案主要存在于州县、同知等基层刑事司法部门，体现为"自理词讼"而在历史中湮失。清代刑事档案中，所保留下的大部分是刑部档案，州县一级的刑档较少有保留至今。基层档案的缺失，也使得对于清代无罪刑案的研究存在障碍。

下文正是在这种司法历史语境下，探讨清代土默特地区无罪刑案问题。需要强调的是，由于现代与清代司法语境的不同，本书讨论的无罪刑案不完全等同于现代刑事法中的无罪概念。由于《大清律例》卷三十四"杂犯"条规定了"不应为"："凡不应得为而为之者，笞四十；事理重者，杖八十。"故在清代刑事司法实践中，存在诸多按照现代刑诉证据标准应认定无罪的刑案，司法官吏出于秩序控制或基本伦理需要，对涉案被告人适用"不应为"律处罚，"不应为"律实质上与现代刑法中的"保安处分"相类似。正因此，在本章节的讨论刑案中，涉案被告人即使最终依据"不应为"律被处以处罚，也被视为无罪刑案。

1. 基于常识、常理、常情而认定的无罪案件

所谓常识、常理、常情，"是社会普遍认同的经验、道理、感情，自己的认识是不是为社会普遍认同，对每一个人来说都有一个接受社会实践检验的过程"[①]。现代法治社会要求司法人员应当按照法律规定，全面客观地审核证据，但同时也要求司法人员运用逻辑推理和日常生活经验法则，对证据有无证明力和证明力大小进行判断，公开地说出判断理由和结果。而"日常生活经验法则"则是"常识、常理、常情"的提炼和总结。在中华传统诉讼文化中，一直未形成清晰可辨的证据规则体系，但这并不意味在中国古代刑事司法实践中不存在对证据证明力及可采性的认定方法。"常识、常理、常情"作为一个社会最基本的伦理基础和是非标准，很自然地成为清代司法官吏在审理刑案过程中认定案情的伦理基础和判断标准。尤其在遇到一些需要司法官吏权宜斟酌的案件事实时，"常识、常理、常情"成为审判官吏厘清案情的首选证据认定规则。如在那木架尔偷马无罪案中，归化城兵司参领宁

---

① 陈忠林：《常识、常理、常情：一种法治观与法学教育观》，《太平洋学报》2007年第6期，第16页。

布、蒙古民事同知常明会审本案，案情如下：

据那木架尔供：小的是达尔汉贝勒五巴佐领下人，二十八岁了。本年六月十六日，小的在本城三道巷向五塔寺召属下打塔巴手里用银五两买了一匹黄骟马，银子是从韩盛照铺子里取的，并不是偷的。打塔巴是五塔寺召圪速贵阿力不探的兄弟，乞查拿打塔巴到案质讯就明白了等。供据此除将那木架尔保候外，当经申请都统大人转饬该召查拿打塔巴，一面差传兑银铺户韩盛照。去后嗣据原差王世中禀称，蒙差遵即前赴小召前三道巷传唤那木架尔兑马价银铺户韩盛照，不意该铺关闭无人，即向该街查问，俱称韩盛照已往后山贸易，无凭传唤，理合奏明等情。至十一月二十五日，据差役拿获打塔巴到案，当将该犯收禁署厅，随即赴省未及会审移交前来准此。订期于乾隆四十九年三月初四日会审，至期会同兵司参领宁布提犯当堂公同会鞫。据打塔巴供，小的是五塔寺召属下人，二十七岁了，上年六月五日小的因使用缺乏走到丈人阿什达家里求借，丈人不在家里，只有小的丈母八拜。小的要借东西，丈母说别的没有，只有一匹黄骟马你拉上卖去罢，小的就拉到城上卖给那木架尔得了五两银子，陆续使用了。丈人不知就到都统大人衙门禀报的，实在不是偷的。

随传事主阿什达到案讯据，供称小的是参领丹巴尔扎布佐领下人，六十五岁了，在布里图居住，上年六月初间小的上城置买东西，不在家里。六月十七日，走至班第营子见蒙古那木架尔骑着小的家里一匹黄马与民人放驼，上前查认实系小的马匹，小的当是他偷来的，就到都统衙门具报的。后来回家查问女人八拜，说是女婿打塔巴借去了，小的才知道并不是被偷，小的情愿具结。所有女婿打塔巴使费那木架尔的马价银两五两，小的情愿替他偿还，小的只把原马收回就是了是实各等供。

据此除将阿什达甘结附卷外,该归化城兵司参领宁布、蒙古民事同知常明会审看得阿什达从那木架尔手内认获马匹一案,缘阿什达家中有黄骟马一匹赴城置物,有女婿打塔巴前往借贷,阿什达之妻八拜即将黄骟马给打塔巴,卖给那木架尔得价银五两,阿什达并不知情路,见那木架尔拉着家中黄骟马,疑系偷窃,禀控都统大人转发下厅,订期会审讯悉前情不爽。查那木架尔本系价买,打塔巴向岳母借卖亦属常情,阿什达并未归家误报有因,原非捏控均无庸议,其价银马匹已据各自清结亦无庸议,缘奉饬审事理所有讯明缘由,拟合具文申报都统大人察核饬销,为此备由具申伏乞照验施行须至申者。①

在该案中,蒙人那木架尔所骑的黄马被失主认出,但那木架尔声称所骑黄马系该年六月十六日,在本城三道巷向五塔寺召属下打塔巴手里用五两银买的,银两是从韩盛照铺子里取得,并不是偷的。按照清代司法官吏审理盗案的经验,"地方被盗必以事主呈报失单为据,状至即传入事主询其被盗情形,盗是何时刻从何处入,从何处出向何处去,如何警觉,如何行劫,约有若干人持何器械,曾否涂面,听系何处声音,有无器捻等物遗下,邻佑地方曾否救"②。在现代刑事司法实践中,司法机关在抢劫、抢夺、盗窃案件中,也特别关注盗抢案件发生的时间、地点,是否目击犯罪嫌疑人作案的过程,犯罪嫌疑人的人数、年龄、体型、衣着、口音等特征,被害人受伤害的情形,是否进行抵抗,在犯罪嫌疑人身上或衣服上是否可能留下痕迹,被盗抢财物的名称、数量、特征、原始价值凭据等信息。该案中,事主阿什达发现马且认定马被窃后立即呈报衙门,但被告人那木架尔却声称涉案马匹是

---

① 土默特左旗档案馆馆藏档案:《归化城同知审结阿什达告那木架尔盗马案详情》,档案号80-4-226。
② 徐栋辑:《牧令书·刑名下》卷十九"审理盗案"条,道光二十八年刊本。

从打塔巴手中买的，且其提供证据称买马银两是从韩盛照铺子里取得的，但审判官员一直未取得韩盛照铺子主人的口供，故此事无法印证，而失主回家查问其妻八拜，才知道马是被女婿打塔巴借去了，并没有被偷。该案如按照现代刑事证据基本要求，因系盗窃类公诉案件，侦查机关至少应在取得韩盛照铺子主人口供，查清事主阿什达妻子八拜口供是否属实，在上述证据与打塔巴相互印证之后才能撤销案件。但归化城蒙古民事同知并没有深究此案是否存在弊情，诸如八拜是否存在事后包庇行为等。相反，直接以"打塔巴向岳母借卖亦属常情"为由，认定了本案的基本案情。

归化城蒙古民事同知认定那木架尔的窃盗罪名不成立，这反映出在清代刑事司法实践中，司法官吏在审理案件时一般基于"常识、常理、常情"探究事实。而"刑事法深深扎根于社会之中，是一个社会秩序范畴，必须从社会秩序的形成和维系本身来理解刑事法"[①]。清代社会是建立在伦理基础上的熟人社会，在这种社会情境下，司法官吏很自然地得出女婿向岳母借卖财物属于人之常情的结论，而不会考虑商品经济环境下才会产生的种种错综复杂的社会因素。

2. 基于司法裁量权酌定的无罪案件

我国现行的《刑事诉讼法》规定了检察机关在特定情形下对于一些案件可以不起诉，即所谓的"酌定不起诉"，《刑事诉讼法》第一百七十三条规定：对于犯罪情节轻微，依照刑法规定不需要判处刑罚或者免除刑罚的，人民检察院可以作出不起诉决定。"酌定不起诉"的规定主要是为了提高诉讼效率，节约司法资源。清代刑事诉讼程序无法与现代刑事诉讼精细化的程序相比，但清代司法官吏独自承担刑案侦查、审判之司法职责，其在审判过程中，不可避免会涉及诸如犯罪情节轻微、社会危害较小之类的案件。清统治者出于社会秩序的管

---

① 刘远：《刑事法哲学初论》，中国检察出版社2004年版，第171页。

理,也赋予了地方司法官吏一定程度的刑事自由裁量权,赋予其基于该权力而认定一些特定类型刑案被告人无罪的权力。如在乾隆四十九年归化城蒙古民事同知审理吹丹巴与郭青山等互殴具恳完结一案中:

> 归化城蒙古民事同知为饬行办理事,乾隆四十九年四月十六日,蒙都统大人清文内开兵司案呈,乾隆四十九年四月十一日,据西班第佐领下五速图村甲头八雅图、那速图和吉雅图报称,本月初十日晌午时,有本村民人郭青山即郭三老虎、郭红山即郭四老虎、六子三人,各持锄刀棒将喇嘛吹丹巴殴伤。今吹丹巴伤痕甚重,躺卧不语,事关生死未定,不敢隐瞒,理合报明,伏乞饬交该地方验看伤痕办理施行等情。旋据西班第佐领下敏珠尔禀称,与该甲头八雅图等所呈相同各等情。据此当经本司移付归化城厅查验伤痕外,相应饬行该厅会同审讯办理,仍行归绥道查办可也等因。蒙此遵查未蒙檄饬之先准兵司移知验伤前来,卑职随即饬委归化城巡检前往该村,验得吹丹巴致命额头皮砍伤一处,血痂遮护凶器难辨,不致命鼻准拳打红肿伤一处,两鼻血出致命,咽喉手指甲抓皮微破伤三处,不致命右血盆骨手指甲抓皮微破伤一处,不致命右膝碰擦红伤一处,合面不致命头颈手指甲抓皮微破伤二处,不致命右手腕等情。禀覆前来,当即饬医加护调治,各伤务愈,去后嗣据禀覆伤愈前来。①

按照《大清律例》"斗殴"条规定:"折人筋眇人两目、堕人胎及刃伤人者,杖八十,徒二年。"② 该案中,民人郭青山等三人,各持锄刀

---

① 土默特左旗档案馆馆藏档案:《归化城蒙古民事同知详报吹丹巴与郭青山等互殴具恳完结》,档案号80-4-262。
② 张荣铮等点校:《大清律例·刑律·人命》卷三百零二"斗殴"条,天津古籍出版社1993年版,第472页。

棒将喇嘛吹丹巴殴伤，按照《大清律例》之规定，上述被告人因"刃伤人"，犯罪情节较为严重，有可能判处杖八十，徒二年。该案订期会审期间，案情突变，据该村蒙古八雅图、民人牛贵等前来据称：

> 本年四月一十六日，蒙都统大人清文饬审五速图村郭红山等与蒙古吹丹巴等互殴一案，理宜静候审讯，但小的等系同村查得两造，在村素日和好，因玩笑口角互殴致伤与讼，蒙发案下迄今两造伤已痊愈，小的等将两造纠集一处，换服札和好如初，情愿息讼。事虽不妥，息由上施，为此叩恳息准转详施行等情据。归化城蒙古民事同知此随将两造，唤至当堂查验各伤，俱经平复，查讯无异。①

该同知审理后裁决如下：

> 查该村蒙民禀恳两造委因玩笑口角互致微伤，悉已平复，并无别情，愿甘息讼，今既据八雅图等妥处具恳，两造均出情愿，似应俯顺与情从宽，准与息销，以全同村亲睦之谊。②

在中国传统司法实践中，司法官吏在审理民事纠纷时，向来注重调解的诉讼价值，这与儒家"无讼"的司法理想与传统熟人社会结构密切相关。而在刑事案件中，司法审判是"依法审判"还是"情理审判"，学界向来存有争议，有学者认为："与其他任何国家的法官一样，中国的司法官吏也非常注重依法判案，甚至有过之而无不及。"③应当注

---

① 土默特左旗档案馆馆藏档案：《归化城蒙古民事同知详报吹丹巴与郭青山等互殴具恳完结》，档案号80-4-262。
② 土默特左旗档案馆馆藏档案：《归化城蒙古民事同知详报吹丹巴与郭青山等互殴具恳完结》，档案号80-4-262。
③ D. 布迪、C. 莫里斯：《中华帝国的法律》，朱勇译，江苏人民出版社1993年版，第446—447页。

意的是,中国司法传统深受儒家思想影响,"无讼"亦是统治者最终的司法目标。因此,在司法实践中,"情理"不可避免地成为司法官吏定罪量刑的审判基准之一,司法官吏有时为了达到社会治理的最佳效果,往往以"情理审判"替代"依法审判"。

该案中,"两造均出情愿,似应俯顺舆情从宽,准与息销,以全同村亲睦之谊"成为销案的理由。由此可见,在清代土默特地区基层司法实践中,"情理"会成为法官裁判的重要衡量因素,在特定刑案中,司法官吏甚至不惜为"情理"而"屈法"。之所以如此,是因为对于清统治者来说,法律的目的在于维护社会的基本司法秩序,从而实现维护统治者的最终统治利益。"同村亲睦之谊"显然有利于这种乡土司法秩序的形成,故中央权力会在一定程度上容忍地方司法官吏运用这种技术性的司法自由裁量行为。而对于地方司法官吏来说,司法责任的潜在风险及地方司法秩序维护的职责,使其面临常态性压力,而在刑案中认同两造的自行和解,则可使其一方面规避错案冤案带来的司法职业风险,另一方面也使地方司法秩序形成形式上的和谐,故为"情理"而"屈法"成为明智之举。

3. 基于事实不清、证据不足而认定的无罪案

我国现行《刑事诉讼法》规定了因事实不清、证据不足的无罪案认定程序。《刑事诉讼法》第一百九十五条规定,在被告人最后陈述后,审判长宣布休庭,合议庭进行评议,根据已经查明的事实、证据和有关的法律规定,依据法律认定被告人无罪的,应当作出无罪判决。清代的刑事司法实践中,也存在部分因事实不清、证据不足认定的无罪案。如前述乾隆四十六年鲁布桑金巴窃马无罪一案,即属于因非法取证而引发的冤假错案。我国现行《刑事诉讼法》第五十四条规定了刑事诉讼非法证据排除规则,即采用刑讯逼供等非法方法收集的犯罪嫌疑人、被告人供述和采用暴力、威胁等非法方法收集的证人证言、被害人陈述,应当予以排除。与现代刑事诉讼证据规则不同,在

传统刑事诉讼中，允许审判官吏有条件地使用刑讯以获得嫌疑人的口供，但所有的刑讯器具必须符合法定标准和形状，不可违法用刑。《大清律例》规定："强窃盗人命及情罪重大案件，正犯及干连有罪人犯或证据已明，再三详究不吐实情，或先已招认明白后竟改供者，准夹讯外，其别项小事概不许滥用夹棍。"① 在该案中，奉差缉贼的蒙员诬良为盗，带领兵丁们将本案被告人拿获，声称被告人在白塔尔抢了达什扎布的马，被告人拒不承认，蒙员采取语言威吓的方式逼迫被告人混供，在取得有罪口供后，最终将该案移送至归化城蒙古民事同知衙门审理。

该案被告已作出有罪供述，但在审理过程中均翻供，并没有达到理穷词服的程度，归化城同知据此严加究诘，但上述被告人坚称未抢夺白塔尔村的马匹，最终归化城同知作出无罪裁定：

　　鲁布桑金巴讯非此案正贼，未便羁候，除将该犯申解都统大人衙门转解该旗管束。②

从归化城蒙古民事同知的裁定理由可知，其认定案件事实是依照证据体系的内在关联性，而非仅凭原告的口供即做出事实认定。在清代刑事司法实践中，非常注重对赃物的起获及查清。在该案中，被告人的供述存在以暴力、威胁等非法方法收集的情形，且供述之间以及与其他证据之间不能相互印证，存在矛盾。归化城蒙古民事同知通过对被告人在庭审过程中的供述和辩解的审查，发现其中存在漏洞，即"无赃据且毛房院村亦无报窃马匹案件"，从而裁定其无罪。

4. 依据法律认定的无罪案

所谓依据法律认定的无罪案，是指对被告人的行为性质，法律已

---

① 张荣铮等点校：《大清律例·刑律·断狱》卷三百九十六"故禁故勘平人"条，天津古籍出版社1993年版，第606页。

② 土默特左旗档案馆馆藏档案：《详报嫌犯吹金扎布暂回旗管束书册》，档案号80-4-209。

明确规定不构成犯罪,司法官吏依法宣告被告人无罪的案件。我国现行《刑事诉讼法》中也有类似规定,《刑事诉讼法》第一百九十五条规定:"合议庭评议后,根据已经查明的事实、证据和有关的法律规定,如依据法律认定被告人无罪的,应当作出无罪判决。"在中国刑事司法传统中,为限制司法官吏的刑事审判权力,往往要求司法官"断罪具引律文"。如《唐律疏议》规定:"诸断罪皆须具引律、令、格、式正文,违者笞三十。"在清代刑事司法实践中,法律条文繁碎,这给了司法官吏舞弊裁量的空间。但清代法律中严厉追究错案的严密制度设计,也在一定程度上促使司法官吏"断罪具引律文"。如在归化城同知所审理的登不令砍伤蒙妇乌登巴尔特一案中:

  归化城蒙古民事同知为饬行办理事,卷查前厅移交案蒙都统大人清文内关兵司案呈,据章巴尔多尔济佐领下蒙妇呢吗并伊子特古斯呈称,缘有喇嘛登不令扎伤嫂子乌登巴尔特,当即报明蒙恩饬发同知办理,迄今亦不知是否完结。今于二更时,忽有喇嘛登不令越墙来院混行詈骂要杀小的母子,小的同母连夜赴案喊控,将他拿来。小的又到大人衙门控告的,至他是因甚缘故,小的不知道是实。讯据登不令供,小的是舍力图召属下喇嘛,余供语言糊涂颠倒俱不成语,看其形像目瞪神昏状类疯癫,随饬医诊视实系痰迷病症状。查该犯在外无人看守,当经收禁食医加谨调治务痊,以便讯供办理。嗣后屡经提讯该犯总不痊愈,难以审详,除仍留禁医治。待该犯疯病痊愈审明拟议详报等情详报在案。前厅屡经饬医调治该犯总不痊愈,旋即前任卸任移交卑署厅准。此后即饬医加紧调治。兹于本年十月十九日,据禁卒刘光亮报称,监犯登不令疯病医治痊愈如初,理合报明等情。据此,卑职随于二十日会同兵司参领索诺木拉布坦提至当堂查验,病愈属实。随讯据登不令供,小的是舍力图召属下喇嘛,乾隆四十五年间因酒醉与素识之塔力图吵嚷，致伤乌登巴尔特，将小的告在都统衙门发到案下。后未会审将小的拟议鞭责发落，后来小的就得了疯症，不知如何骚扰呢吗，就将小的送案监禁。蒙恩饬医常常给小的调治，如今小的心上终明白了，乞开释等供。①

疯病之人在清代刑事司法实践中属于无刑事或限制刑事责任能力的人。《大清律例·名例律》"老小废疾收赎"条规定：

> 盗及伤人（罪不至死）者亦收赎。（谓既侵损于人，故不许全免，亦令其收赎）余皆勿论。（谓除杀人应死者上请，盗及伤人者收赎之外，其余有犯皆不坐罪。）《辑注》：笃疾者，或瞎两目，或折两肢，或折一肢瞎一目，及癫狂、瘫痪之类皆是。②

《蒙古律例》"看守疯人"条规定：

> 凡疯病之人交伊祖父叔伯兄弟子侄至近亲戚看守，无亲戚者交邻舍乡长看守，若疏脱致令杀人者，鞭八十。③

在该案审理期间，登不令突然于深夜二更时越墙至乌登巴尔特院中，威胁要杀乌登巴尔特，乌登巴尔特因此将此事告至归化城同知，归化城同知会同兵司参领当堂会讯时，发现登不令"语言糊涂颠倒，俱不成语，看其形像目瞪，神昏状数，视实系痰迷病症"，因此审判

---

① 土默特左旗档案馆馆藏档案：《归化城同知申报喇嘛登不令砍伤蒙妇先应剥黄再行申办》，档案号80-4-137。
② 张荣铮等点校：《大清律例·名律例》卷二十二"老小废疾收赎"条，天津古籍出版社1993年版，第117页。
③ 王国维校注：《蒙古律例》，台湾广文书局1972年版，第89页。

官员作出对登不令强制医疗的裁定:"查该犯在外无人看守,当经收禁食医加谨调治务痊,以便讯供办理。"在登不令痊愈后,审判官吏则认为:"据此查该犯滋事实因疯病所致,并未伤人以及自伤情事,应毋庸置议,除将该犯登不令移送兵司交召管束外,拟合将该犯疯病痊愈缘由具文详报都统大人查核销案。"审判官员裁定"应毋庸置议",即认定其无罪。审判官员之所以作出如此裁决,在于其认为登不令的行为符合《大清律例》"老小废疾收赎条"之情形,即登不令"滋事实因疯病所致",属于笃疾者之列,且其不存在"伤人以及自伤情事",故其不应坐罪。从此案的审理结果来看,审判官员是依据《大清律例》认定登不令无罪的。

5. 清代刑事诉讼中无罪案件产生的理论基础

(1)慎刑恤罚的司法理念。中国传统文化有一种"特有的把人伦的'伦'看得比人还要重的文化传统"[①]。台湾学者李钟声认为,"我国的法律制度本于人伦精神,演成道德律和制度法的体系,所以是伦理的法律制度"[②]。瞿同祖先生曾精辟地指出,"古代法律可说全为儒家的伦理观念和礼教所支配"[③]。"法德统一""礼法合一"成为我国古代传统经典法律思想、刑法思想乃至刑罚思想的灵魂。这种以"德""礼"为核心的法律思想体系和刑罚价值体系,形成了典型的人伦法律观和人伦量刑观。人伦量刑观强调量刑以人伦精神为指导,突出"德""礼"核心价值,体现在"容隐""恤刑""存留养亲""准五服以治罪"等一系列体现人伦精神的配套制度中,甚至不惜"曲法以伸伦理",以维护传统秩序与社会和谐。

虽然清代蒙古地区尤其是蒙汉聚居地区具有不同于中原地区的社会结构、历史进程、文化传统、地理环境,使该地区具有独特的法律

---

① 王蒙:《人文精神寻思录》,文汇出版社1996年版,第110页。
② 李钟声:《中华法系》(下),台湾华欣文化事业中心1985年版,第211页。
③ 瞿同祖:《中国法律和中国社会》,中国政法大学出版社1998年版,第313—314页。

发展模式及边疆法文化属性。但随着清朝大一统政治局面形成，边疆内地化趋势不可避免，边疆原有的内部文化秩序和社会结构已发生变化。儒家的慎刑恤罚司法理念不可避免地对归化城土默特刑事司法实践产生影响。

（2）"庶无枉纵"的司法目标。在中国传统法律文化中，"刑中"思想影响甚深，《尚书·立政》载："兹式有慎，以列用中罚。""'中罚'、'刑中'都是讲折狱断罪要公平正直、不枉不纵、不僭不滥、不杀无辜、不诬无罪。"① 儒家的上述慎刑思想对古代刑事司法实践影响很深，在中国传统法律文化中，很早就有了"罪疑从轻从赦"的司法主张。《尚书》载："宥过无大，刑故无小。罪疑惟轻，功疑惟重。与其杀不辜，宁失不经。"《礼记》曰："疑狱讯与众共之。众疑赦之。"需要强调的是，"罪疑从轻从赦"并非不注重查清案件事实，"从轻从赦"的前提是案件事实确实无法查清而形成"罪疑"。相反，中国传统法律文化非常注重对疑案犯罪事实的查清，孟子主张："左右皆曰可杀，勿听；诸大夫皆曰可杀，勿听；国人皆曰可杀，然后察之；见可杀焉，然后杀之。"②

在清代刑事司法实践中，并没有疑罪之规定，即认为被告人犯罪事实非真即诬，或罚或放，不必存疑减轻。虽然没有疑罪之规定，并不意味不注重对案情查实，相反，"慎刑"司法理念对清代统治者依然影响甚深，而避免冤狱与错案的唯一方式便是在刑案中注重证据的运用，唯如此，才能大量减少案件的事实错误。只有认定案件事实的证据确实、充分，才能最终对被告人定罪量刑，"庶无枉纵"的司法理想才能实现。所谓"庶无枉纵"的司法理想主要包括如下含义：首先，对每一起案件，应当尽量调查事实，以成信谳，务使每一案件，毋枉

---

① 俞荣根：《儒家法思想通论》，广西人民出版社1992年版，第143页。
② 《孟子·梁惠王下》。

毋纵。司法官吏在审理案件时，所依托的逻辑思维基础是证据思维，即非常注重运用证据查明案件事实，兆庶无枉则是"庶无枉纵"的司法理想实现标准。其次，"庶无枉纵"的司法理想在帝制中国情境中的实现，还需要司法官吏将情理法相结合的经验思维。相对于司法的技术理性而言，司法的经验理性具有高度的实践性、实用性、非系统性、常规性和情境依赖性等特征。最后，百姓良善和谐是"庶无枉纵"的司法理想的表现形态。

（3）基于常识、常理、常情的证据判断规则体系。在现代刑事诉讼中，刑事案件事实认定是整个刑事诉讼的基础。因此，通过探寻案件事实真相，以此达到惩罚犯罪和保障人权之双重目的，是现代刑事司法的核心价值。在西方法律制度发展过程中，神明裁判曾作为探究案件事实的主要法律手段，"两种主要类型的神明裁判是火的神明裁判和水的神明裁判"，"它依靠一种神圣而富有戏剧性的仪式去确定上帝的判断"，同时，"为玩弄花招和某种形势的发展留出了余地"。在这种刑事案件审理模式下，法官是不需要探究案件真实情况的，法官唯一的任务是最大可能地寻求上帝的旨意。正因神明裁判制度有种种弊端，"教会法发展出一门对于案件事实进行司法调查的科学，这门科学要求法官依据理性和良心原则对当事人和证人进行询问，而这类原则之一便是法官必须发自内心地确信他所作出的判决"。[①] 现代西方刑事诉讼在上述司法理念的基础上，建立起"排除合理怀疑"的证明标准。按《布莱克法律词典》的解释，排除合理怀疑是指"全面的证实、完全的确信或者一种道德上的确定性；这一词汇与清楚、准确、无可置疑这些词相当。在刑事案件中，被告人的罪行必须被证明到排除合理怀疑的程度方能成立，意思是被证明的事实必须通过它们的证明力使

[①] 哈罗德·J.伯尔曼：《法律与革命——西方法律传统的形成》，贺卫方等译，中国大百科全书出版社1993年版，第67—68页。

罪行成立"。正是由于"排除合理怀疑"证明标准在现代刑事诉讼过程中维护人权的作用，减少冤假错案目的得以进一步实现。准确、及时地查明犯罪事实，正确应用法律，保证无罪的人不受刑事追究是现代刑事司法的基本底线，无罪刑事裁决体现了现代司法基本的自身纠错能力。

与西方法律传统相比，"中国有史以来就以刑讯来获得口供，早就不依赖神判法了"[1]。在清代刑事诉讼中，并无现代诸如"排除合理怀疑""内心确信"等清晰的概念，州县官审理其辖区内的所有案件，既包括刑案也包括民事案件。"他不只是一个审判者。他不仅主持庭审和作出判决，还主持调查并且讯问和侦缉罪犯。"[2]因此，司法官吏非常注重对案件真相的探寻，如对人命重案的审理，"务须详慎，初供细心推鞫，庶无枉纵"[3]。为了实现司法理想，清统治者也制定了一系列刑事审判程序及证据采信之规则，以保障案件事实之查清，在长期司法实践过程中，形成了基于常理、常识、常情的证据判断规则体系。

虽然诸多学界观点认为中国刑事司法传统与现代刑事诉讼理念不同，中国古代刑事司法是建立在"有罪推定"理念的基础上的，"中国传统法制缺乏保障人权的理念，奉行有罪推定原则"[4]。但"当证据积累到一定程度且继续收集证据的成本过于高昂的时候，古代司法者更倾向于做出有罪推定，这是个无奈的选择。侦破技术落后会造成大量的疑案，众多罪犯因此逍遥法外是古代统治者无法容忍的社会风险"[5]。客观地说，有罪推定是统治者应对刑事司法困境的一种司法策略，而非一种司法理念。

---

[1] 瞿同祖：《中国法律与中国社会》，中华书局1981年版，第285页。
[2] 瞿同祖：《中国法律与中国社会》，中华书局1981年版，第452页。
[3] 全士潮、张道源等纂辑：《驳案汇编》，何勤华等点校，法律出版社2009年版，第287页。
[4] 黄鸿山：《善堂与恶政：清代江浙地区的命案相验问题及其应对》，《清史研究》2015年第1期。
[5] 桑本谦：《科技进步与中国刑法的近现代变革》，《政法论坛》2014年第5期，第48页。

六、清代归化城土默特命案审判机制弊端分析

清代土默特地区有着不同于中原地区的独特人文地理环境，正如《归绥道志》所载：

> 萨厅本境周围五六百里，蒙古、汉、回五方杂处，并无土著居民，其情形与归化城略同。然三面毗连外藩，浸淫濡染，较归化城人情更觉刁野……①

虽然清政府基于基层司法治理的需要，精心设计了一套适用于该地区的分权与制衡的命案审判机制，但由于刑案所涉及的错综复杂关系及边疆民族地区各种族群势力，这套精细的命案审判机制有时却难以发挥其预设的司法职能，在实际司法治理中，命盗案件审理很容易产生拖延难结之弊。

在下文中，以乾隆五十七年（1792）发生的民人杨鳌成被蒙人用鸟枪打伤倒地后割下头颅毁尸灭迹案为例，考察清代归化城土默特基层刑事司法的实际运作状态。需要说明的是，该案的真凶不是探讨的重点，笔者关注的是，在清代土默特基层刑事司法实践中，影响命案审判的因素及重大案件审判机制的弊端。该案基本案情及审理过程如下：

> 乾隆五十七年七月初四日，据萨拉齐通判讷福详称案照，卑厅包头村民人杨起旺之子杨鳌成被纳旺商同泥克图、黑拉八拜、达尔济等，用鸟枪打伤倒地后割下头颅，剥去衣物当钱俵分并烧毁尸骨灭迹一案。卑职访获案犯，起获当赃质认明确，正在详请委员会审间，蒙副都统清文处，泥克图之子必几牙以诬拿人命等

---

① 贻谷等修：《归绥道志》（上册），远方出版社2007年版，第45页。

情具控,处呈饬行处实审明详报等因。卑职于五月二十六日备叙审讯情由,具文详情本道咨会副都统行提犯证到城委员会讯。俾重案不致稽延,犯病亦无所藉口等因详报在案。未蒙提讯,蒙副都统面谕另行具文申请委员会审等因,卑职即于六月初一日在城具文详情委员,订期于六月初八日到厅会审,蒙委兵司佐领贡楚克于六月十二日到厅,十四日会审。据纳旺将途遇杨鳌成先行走回村中,泥克图、黑拉八拜、喇嘛达尔济等将杨鳌成伙同谋害,剥取衣服各等情供认历历不讳,并无翻供。其泥克图、黑拉八拜、喇嘛达尔济等俱各翻供不认,委员贡楚克不肯究诘,旋于十六日回城。卑职即于六月十七日具文详请本道,转咨副都统即速再行委员会审并详报。

公将军大人批示饬遵等因亦在案,嗣蒙委兵司参领丹伯林扎布、佐领色登并前次会审之佐领贡楚克等于六月二十三日一同到厅,二十四日查讯证见尸亲人等,各供无异,审讯纳旺据供与佐领贡楚克所讯供情无异,并无翻改一语。二十五日审讯喇嘛达尔济,始初不认,套夹吓讯。据达尔济将听从其父泥克图,叫同其叔黑拉八拜一同致死剥取衣物等情亦供认不讳。二十六日审讯泥克图不用刑吓,自认用鸟枪打死属实,至于当赃俵分各些小节目尚未质对确实。二十七日审讯黑拉八拜翻供不认,各委员并不细加究诘,看来实属另有意见,卑职实有不便会审之处,若当堂争执有碍观瞻,当即善辞歇手让委员等亦已回城。卑职伏查此案一月以内会审两次皆不终局而散,即再请委员亦不过拖延月日,且将已经审定之口供必会审至书行翻改,则将置起获认明之赃物于何地。合再据实详请移咨副都统会据提犯证卷宗到城,委员确讯各实情。俾重案不致久悬,犯供不致狡展,实为公便除径详。将军、副都统外等因前来,据此查此案前据实所详请另行委员会审,当经移咨在案。今又据详称各委员并不细加究诘,即再申请委员亦不过拖延月日，详请移咨贵副都统会提犯证卷宗到城，委员确讯各实情。查一切蒙古为首案件，例应贵副都统主稿，今此案系图财害命重案，例仅限紧迫似难拖延，拟合移咨。为此合咨贵副都统希将此案应讯犯证卷宗檄提到城，以便委员会审抑或会同本道檄提犯证委员会审施行等因准此，相应呈请。

据此查向例，归化城等所凡有蒙民交涉命盗案件，由所员定订会审日期详报到日，本都统委员前赴所衙门会审，蒙古系首犯兵司主稿，如系民人由所员主稿，此案本都统据情也经委员会审两次，如案供吐确实赃证明确，着即刻拟意连犯申解听后复审，但该所详文内称重犯泥克图不用刑吓，自认用鸟枪打死属实，而又称当赃俵分，各些小节目尚未质对，案犯黑拉八拜翻供不认等情。但查如有些小节目，案证全在自应立时质对，黑拉八拜翻供不认，即当刑夹逐细研讯，妥办再查，该所详报文移又与委员参领丹伯林扎布所禀情节过不相符，又据该所详情提犯证卷宗委员会审。今查此案犯虽系蒙古，现在该所衙内监禁，何至檄据且案内证见系居民人，本都统难以专提，相应移咨贵道，查照此案如何会办之处，希即咨覆到日，本都统以便伤令委员前赴共同会审施行。①

（一）分权与制衡的命案审判机制

在中华传统法律文化中，慎刑恤刑是核心理念之一。中华传统法律文化中处处体现出对生命的关怀，如存留养亲制度、录囚制度等。慎刑恤刑思想始于西周时期，《尚书》中《舜典》有曰："惟刑之恤哉。"《大禹谟》载："罪疑惟轻，功疑惟重，与其杀不辜，宁失不经。"

---

① 土默特左旗档案馆馆藏档案：《为杨鳌成被纳旺等用鸟枪打死一案请归绥道会办的咨文》，档案号80-4-365。

清代乾隆朝是中国法律文化的鼎盛时期，统治者将慎刑恤刑思想贯彻实践到刑事诉讼各个方面，尤其是在对命案的处理上。对于统治者而言，一个地区的命案处理机制不仅体现着该地区司法秩序的平衡程度，也标示着皇权秩序是否受到严重威胁。因此，清政府高度重视命案的处理，并精心设计覆转、秋审等予以制度保证，其中核心的制度是覆转程序，其基本流程如下："一般发生在地方的命盗案件，由州县开始初审，勘验尸伤现场，而后按管辖级别，逐级审转复核，经州县、府、按察司，直到督抚。地方审理死刑案件，重要的是拟律，即提出定罪量刑的意见，而后由督抚向皇帝具题。命盗斩绞，按清律都有立决和监候两种，督抚具题时应特作申明。"①

另一方面，现代刑事诉讼程序所建立的缜密证据规则体系，在帝制时期的中国并没有构建形成。因此，在遇到疑难命案时，传统刑事诉讼中的"推鞫"式诉讼推理模式，往往会变成执法者个人不受约束的自由裁量权力空间，从而造成疑难命案的审理困局。与中原地区司法运作机制不同的是，清统治者在土默特地区建立了更具有民族因素的司法运作机制。清代土默特地区刑事司法系由三个层次的机构组成：一个是以都统或副都统为最高司法官吏的土默特左右翼旗为代表的蒙古司法体系；一个是以绥远城将军为代表的地方最高司法机构；另一个是以归绥兵备道为代表的管辖汉民的司法体系。清政府之所以在蒙古边疆地区设立不同于中原地区的独特的司法运作体系，主要原因在于土默特地区为蒙汉等民族杂居地区，刑事司法涉及面广。清政府以族群为基础设立不同的司法体系，其本意是想通过这种复杂多元的刑事司法体系，解决边疆民族地区繁多复杂的刑事纠纷。这种"因地制宜"的司法体系在实际司法运作中，对于维护民族区域法秩序起到了一定积极作用。

---

① 郑秦：《清代司法审判制度研究》，湖南教育出版社1988年版，第151—153页。

但清政府精心设计的这套分权与制衡的命案审判机制，如想在实际的运转过程中达到预期效果，却受到诸多因素影响。其一，司法官吏的司法经验及司法技巧。乾隆朝时期的边疆蒙古地区，在涉及蒙汉交涉命案的会审程序中，蒙古地区的司法官吏的构成与内地不同，参与会审的司法官吏主要由蒙古族与满族司法官吏构成。相比较来说，同知、通判具备一定的司法技艺，而旗员的整体司法素养则远低于同知、通判。其二，参与会审的司法官吏能否避免情弊，消除民族隔阂，客观公正地审理案件。蒙古地区与中原地区的不同之处在于蒙古地区族群关系的融合与冲突，经济关系复杂，这是影响蒙古地区命案审理机制能否有效发挥作用的核心影响要素。实现正义及区域法秩序和谐是清政府设计蒙古地区审判机制所要追求的终极司法理想，因此，分权与制衡的命案审判机制能否发挥作用备受统治者关注。如该审判机制不能有效发挥作用，则"慎刑恤刑"司法理想之实现和强化对边疆基层地区之司法控制之目的，均难以实现。

（二）基层司法官吏司法理性的匮乏

"司法理性是指法官在司法过程中运用程序技术进行法律推理和判断，寻求结论的妥当性所体现出的一种睿智和能力。"[①] 司法理性包括形式理性与实质理性。形式理性的核心在于司法官吏遵循司法程序，严格按照法律逻辑作出裁决，司法实质理性则表现为司法官吏在具体个案中，综合运用证据规则得出妥当性裁决结论。

在帝制时期的中国，一个地方的命盗重案发案率及侦破率，在一定程度上反映了基层司法官吏的司法治理能力，而避免冤狱则需要司法官吏高超的司法技艺及良好的法律素养。清李士桢对此总结道：

[①] 韩登池：《司法理性与理性司法——以法律推理为视角》，《法学杂志》2011年第2期，第70页。

迩来官胥平时既不知讲读律例，临审又不能细心参详，或出游移而轻重倒置，或元凶漏网而枉累无辜，以致讼狱繁兴为害，非浅殊不知审，有审法招，有招体其间毫厘千里之辨，稍或贸乱讵误因之民命系之，诚不可不慎也。①

李士祯特别强调主审司法官吏的审判技艺，如司法官吏缺乏基本法律素养，则在审理过程中必然导致枉累无辜，以致讼狱繁兴。因此，司法从业者必须运用司法的技艺理性审理案件。而从乾隆朝民人杨鳌成被毁尸灭迹案的整个审理过程来看，审判程序中充斥着随意性而缺乏理性。首先，在第一次会审中，"泥克图、黑拉八拜、喇嘛达尔济等俱各翻供不认，委员贡楚克不肯究诘，旋于十六日回城"。在该案的审理过程中，居然出现司法官吏不将案件审理完毕而自行辞别的司法怪象。参与会审的萨拉齐通判对此无可奈何，但其没有当堂与会审的委员发生争执，其认为"卑职实有不便会审之处，若当堂争执有碍观瞻"。

其次，从该案的事实认定过程来看，证据认定规则得不到有效遵守。在第二次会审过程中，"二十五日审讯喇嘛达尔济，始初不认，套夹吓讯。据达尔济将听从其父泥克图，叫同其叔黑拉八拜一同致死剥取衣物等情亦供认不讳。二十六日审讯泥克图不用刑吓，自认用鸟枪打死属实"，但在"二十七日审讯黑拉八拜翻供不认，各委员并不细加究诘，看来实属另有意见"。在刑案审理过程中，被告人翻供是常见现象。《大清律例·刑律·断狱上》规定："强窃盗人命及情罪重大案件，正犯及干连有罪人犯或证据已明，再三详究不吐实情，或先已招认明白，后竟改供者，准夹讯外，其别项小事概不许滥用夹棍。"②

---

① 徐栋辑：《牧令书·刑名下》卷十九"人命条议五欸"条，道光二十八年刊本。
② 张荣铮等点校：《大清律例·刑律·断狱》卷三百九十六"故禁故勘平人"条，天津古籍出版社1993年版，第606页。

第六章　归化城土默特刑案的审理　257

在该案中，被告人喇嘛达尔济、黑拉八拜突然当庭翻供，参与会审的蒙员明显没有履行正常审判职责，对应该讯问的案情细节"不肯究诘"或不愿"细加究诘"，更不要说按照《大清律例》的规定对翻供的被告人喇嘛达尔济、黑拉八拜采取刑讯措施。参与会审的蒙员之所以没有按照审判程序，立即对翻供被告人究诘及刑讯，以便查清被告人翻供，有可能是因为其司法技艺的匮乏，但更有可能的是因本案涉及蒙、民交涉案件，被告方涉及诸多蒙人，基于族群关系上的天然亲近感，参与会审的蒙员囿于自身民族情感的局限性，采取非理性的审判方式，最终导致本案审判官吏内部的冲突。该类命案所涉及的族群之间相互博弈，民众普遍期望同族官员优待与自己同族的人，原因正如有学者提出的那样，"在具体现实中，一来就相互信任和照顾而言，政府成员更愿意把权力分给自己同族群的人"，"因此，在这样的环境中，政府决策性群体也自然会相应地按照'我们'和'其他人'的区分来形成"。① 在这种司法纠纷解决机制中，内在矛盾不可避免。如在前述乾隆四十六年（1781）喇嘛恼尔步踢伤民人王大鸣身死一案中，据祁县民人王大义禀前事词称：

  缘小的胞兄王大鸣在案属毛岱磴口开设蓣铺生理，本年五月二十三日，赴鄂尔多斯中葛尔贝子属下讨账，至七月二十间并无音信。小的放心不下前往访问下落，找获所骑马匹，逐细访察哥子在甲把处讨账。随往阿不亥家讨账后不知情，小的即据情禀明贝子委员会审，据得力半供明必几牙等在阿不亥家害死情真。奈蒙员并不追究尸躯下落，乞移提严究宝实情等情随讯。②

---

① 姚新勇：《国家、资源、竞争与族群冲突——他国之识与本土之况》，《读书》2009年第10期，第118页。
② 土默特左旗档案馆馆藏档案：《萨拉齐通判详报代验并会审过喇嘛恼尔步踢伤民人王大鸣身死一案书册》，档案号80-4-169。

在该案中，萨拉齐通判在办案过程中，"访获案犯，起获当赃质认明确"。但被抓获的被告人泥克图之子必几牙却"以诬拿人命等情具控"为由呈报副都统，必几牙之所以将此事呈报蒙员，深层次原因还在于其基于对同族的归化城副都统的天然信任，期望归化城副都统能化解此次危机。而在此后审理程序中，参与审理的蒙员确实也基于这种族群认同，在审理过程中百般偏袒嫌疑人犯，于是这次司法审判就变成了族群间的权力争夺。从土默特左旗档案馆现存司法档案中，我们可以看到诸多此类族群冲突类刑案，如在乾隆六年（1741），平鲁县民人靳蒲状告蒙人挟仇谋害其父的性命，其诉状内容如下：

> 小的在大黑河种地生理，告为挟仇谋父命，恃势保释凶犯，大冤莫伸，人鬼抱屈。事窃以王章首重民命，律例严禁凶谋，小的父靳光礼用价银二两典到白十户营子村蒙古黑龙洞地二十五亩，典约并中见韩国兴可证，伊又小的货钱七百有余，借糜子一石俱未偿还。不意黑龙洞、国兴乘隙谋霸典地恶意未遂，结成仇恨。本年三月间，主唆龙洞侄子班定强霸硬夺，伊又从中偏袒说合要白拿地亩，小的家货钱糜子不与分文，小的父不允从。国兴与之恶谋终不能释然于怀。于三月二十三日，国兴窥小的父孤身在地耕田，主使凶恶班定、朝王德胜、架巴独木架各持木棍一拥至前，将父按倒棍棒交加，打伤右太阳、后背心、肾囊致命重伤三处，次日因伤身亡。小的喊控协主案下蒙恩拿获凶犯，羁禁待讯供拟罪抵偿，凶等神手通天，串通蒙员阿由什伊弟二达子，将谋主韩国兴、加功助殴之人班定、朝王德胜、架巴独木架等四人于本月初五日，硬保出监，现有阿由什保状可凭。①

---

① 土默特左旗档案馆馆藏档案：《状告韩国兴谋霸典地挟仇杀父》，档案号80-4-34。

之所以出现上述现象，与清代归化城土默特基层司法官吏选任机制密切相关。该案由萨拉齐通判与副都统委员共同审理，在清代官吏选任机制中，归绥地区的同知、通判，"由部院拣选，请旨补放，如遇晋省现任知县等官内，系旗人通晓清文熟悉口外情形者，亦得提升归化等厅通判，俾得驾轻就熟"①，但对于副都统所委派参与会审的司法官吏的选任，法律则无明文规定。一般情况下，在蒙汉交涉命案会审过程中，副都统一般委派兵司佐领或兵司参领参与审判，而兵司佐领或兵司参领选任来源均为本土蒙人，与归化城土默特的厅官相比，兵司佐领或兵司参领一般均无法律方面的基本知识素养。清政府设置这种会审制的核心目的，原是想通过蒙员的会审参与达到审判制衡之作用，但在司法审判实践中这种会审制度的审判效果往往不能令人满意。

（三）疑难命案审理拖延难结之弊

马克斯·韦伯在谈及中国传统法律世袭结构时认为，"资本主义既缺少独立于实质的个性化和独裁之外的司法，也缺少政治前提，虽然不乏争斗——相反，中国历史充满了大大小小的争斗，直至个别村盟与宗族的大规模的械斗"②。韦伯虽然是针对传统中原地区宗法制社会得出的论断，但此论断也同样适用于族群杂居的中国边疆地区。包头村民人杨起旺之子杨鳌成被害一案，体现了清代蒙古地区命盗重案的刑事审判运作实情。

该案中，蒙古地区貌似合理的分权与制衡的刑案审理机制，却成为查清事实并审理的障碍性机制。在该案的第一次审理过程中，因被告人泥克图、黑拉八拜、喇嘛达尔济等当庭翻供不认，而副都统委员贡楚克不肯进一步对各被告人究诘，并于十六日返回归化城，导致该

---

① 中国第一历史档案馆馆藏档案：《山西巡抚鄂弼奏请更定晋省杀虎口外归化等协厅官制职守事》，档案号 04-01-30-0213-006。

② 马克斯·韦伯：《儒教与道教》，洪天富译，江苏人民出版社 2005 年版，第 124 页。

案无法继续正常审理。于是萨拉齐厅通判再次于同年六月十七日向归绥道具文详情，请求归绥道转咨副都统速再行指派委员会审此案。对于此等劫财杀人、毁尸灭迹的重大命案，按照《大清律例·刑律·断狱》之规定，自应对嫌疑人采取刑讯措施，而令人诧异的是，参与审判的蒙员居然"不肯究诘"，而导致该案第一次审理不终局而散。在六月二十四日第二次审理过程中，最初较为顺利，但二十七日黑拉八拜翻供不认，而"各委员并不细加究诘"，不按照《大清律例·刑律·断狱》之规定，对翻供的被告人采取刑讯逼供措施，萨拉齐通判认为参与审判的蒙员"实属另有意见"，因此他认为"卑职实有不便会审之处，若当堂争执，有碍观瞻，当即善辞歇手"，两次审判最终都不终而散。

在该案审理过程中，萨拉齐通判已陷入拖延难结的困境，其对归绥道无奈声称：

> 查此案一月以内，会审两次，皆不终局而散，即再请委员亦不过拖延月日，且将已经审定之口供必会审至书行翻改，则将置起获认明之赃物于何地。①

该案系蒙、民交涉的命盗重案，一方面，萨拉齐通判对该命案审理虽全程参与，但无法独立行使包括证据认定、程序进行等审判职能。萨拉齐通判的刑事初审权受到限制，需与归化城副都统所指派的蒙员共同会审，会审结果按照清代"逐级审转复核"制度层层上报。而归化城副都统的态度则显得较为暧昧，萨拉齐通判在万般无奈之情形下，认为"即再申请委员亦不过拖延月日"，于是"具文详请归绥道转咨副

---

① 土默特左旗档案馆馆藏档案：《归绥道为再行委员会审事咨归化城副都统》，档案号80-4-365。

都统，详请移咨贵副都统会提犯证令宗到城，委员确讯"。萨拉齐通判所提出的解决方案本意是想通过提高审级或改变审理方式处理此案，而归化城副都统的回复中则否决了萨拉齐通判所提出的解决方案，认为"本都统难以专据相应移咨"。归化城副都统否决理由如下：其一，他认为萨拉齐通判对该案审理过程的表述存在自相矛盾之处。即"如案供吐确实，赃证明确，着即刻拟意连犯申解听后复审，但该厅详文内称业已重犯泥克图不用刑吓，自认用鸟枪打死属实，而又称当赃俵分各些小节目尚未质"。在归化城副都统看来，既然萨拉齐通判已然认为该案主要犯罪事实已查清，就应该在已查清事实基础上裁决此案，为何又声称此案有些案件细节问题尚未查清？因此，归化城副都统认为系萨拉齐通判拖延此案的审理进程。其二，归化城副都统认为萨拉齐通判对该案审理程序存在问题。归化城副都统认为，既然萨拉齐通判认为该案有些案情细节尚未查清，"自应立时质对"。如黑拉八拜翻供不认，"即当刑夹逐细研讯妥办"。归化城副都统对萨拉齐通判的上述斥责貌似合理，但从该案实际会审过程来看，在该案第一次及第二次的审理过程中，参与会审的蒙员的种种不配合态度，使得萨拉齐通判很难做出决断。毕竟按照萨拉齐通判的说法，"卑职实有不便，会审之处若当堂争执，有碍观瞻"。而萨拉齐通判的妥协成为归化城副都统攻击的靶点。其三，萨拉齐通判对于本案审理过程详报，与参与会审委员参领丹伯林扎布所禀情节不相符。归化城副都统说明此理由，显示出其对此案的鲜明态度，其潜台词是，我所委派参与审理此案的官员已向我禀报此案审理事实，您所述与他不符，本都统不信您所述。基于上述理由，归化城副都统否决了萨拉齐通判的提议，最终还是坚持其解决此案的思路，即"贵道查照此案如何会办之处，希即咨覆到日，本都统以便饬令委员前赴共同会审施行"。按照归化城副都统解决此案的思路，再次指派委员审理此案"亦不过拖延月日"而已。

综上，基于归化城土默特的民族性和区域性特征，清统治者所设计不同于中原地区的蒙、民交涉审理程序，期望完善蒙古地区基层司法治理机制，达到该地区基层司法治理之目的。但这套司法运行机制在实际操作中却存在拖延难结之弊，《绥远通志稿》对此弊端有所评述："蒙民交涉之案，由副都统派委员蒙员会审，并有将军、都统暨抚、藩、臬衙门以别厅审解之案，情罪未协。""其中棘手之处，非笔墨所能缕述，此讼狱之难于厅断也。"初审独立司法审判权的缺失，造成整个审理过程效率低下，多部门相互掣肘过度，这种弊端一直延续到清末，"中蒙会审情形，以原就被。外蒙派蒙员二人为会审员，随带翻译一员，来署会审。若原告为汉人，则由我派员前往外蒙会审。凡属刑事，多在刑事衙门。民事则临时指定地方，有时或在外交衙门，每遇会审时，外蒙衙门人员全体在座，十余人，或七八人不等，既无指定主任之员，遂致人咙言杂，有时五六人同时喧哄，真所谓发言盈庭矣。蒙员之偏袒蒙人，无所不至，遇有蒙人为被告之案，莫不主张延宕，惟恐判结后，蒙人吃亏。蒙人为盗之案，蒙官必声言盗亦被盗。蒙人被殴之案，必坚持蒙人亦受内伤。断断争辩，希冀抵消。会审之事，因之愈形苦恼，非和缓坚定之人，具有特别忍耐性质者，罔不穷于因应也"[①]。

由此可见，清统治者在蒙古地区所设计的多元司法运作体系，在刑事司法实践中，却蜕变成消解逐级审转复核程序积极功能的障碍性因素。

本章小结

本章重点对清代土默特地区的刑案审理进行了系统研究。首先，

[①] 吕一燃：《北洋政府时期的蒙古地区历史资料》，黑龙江教育出版社1999年版，第132页。

本章探讨了归化城土默特刑案的审理机构，阐述绥远将军、归绥道、同知、通判、归化城副都统的刑案审理职责。其次，分析了命案检验的启动程序、命案检验的具体内容，分析了在轻微刑案、无罪刑案中法官的司法裁量权。具体而言，清统治者出于社会管理秩序的控制及满足不同地域的区情民意，也赋予了地方司法官吏一定程度的刑事自由裁量权，认定一些特定类型刑案的被告人无罪的权利。最后，探讨了清代土默特地区贼盗命案审判机制的弊端。

通过进一步分析发现，清代乾隆朝土默特地区的基层司法官吏在审理"自理词讼"时，影响其如何运用司法自由裁量权的因素，包括人道主义因素、社会秩序维护等。另外，法官也会基于常识、常理、常情，在查清事实的基础上认定一些案件中的被告人无罪。基层司法官吏在处理诬控命案过程中，并非仅仅拘泥于现行律文，而将诸如人情、面子、常理等日常生活原则引入裁判理由的要素之中，以弥补现行律文的局限性，完成基层社会的司法治理目标。本章认为，虽然清政府精心设计了一套分权与制衡的命案审判机制，但由于刑案所涉及的关系错综复杂及边疆民族地区各种族群势力扩张，这套精心设计的分权与制衡的命案审判机制有时却难以发挥其预设的司法职能，命盗案件审理很容易出现拖延难结之弊。

结　语

中华传统边疆司法治理智慧作为中华法文化的重要组成部分，对当代中国边疆地区稳定与法治建设，具有不可替代的参考价值。清代蒙古地区法律文化是中华传统法律文化的重要内容之一，挖掘和阐发清代蒙古地区的刑事司法文明，在当今社会显得尤为重要。本书探讨了与清代归化城土默特刑案相关的法律问题，这些刑案的立法规制及审理过程均体现了清统治者的边疆司法治理理念。因此，探讨归化城土默特刑事司法治理之得失，对当代边疆司法治理仍有重要的借鉴价值。

一、归化城土默特刑事司法治理之得失

面对疆域辽阔的内陆边疆，如何构建蒙古地区的有效司法治理模式，从而有效维护该地区的稳定，是清统治者急需解决的问题。对蒙古地区的治理涉及政治、经济等诸方面的问题，其核心内涵是如何处理好蒙汉等民族关系问题，而"清朝对蒙古的法制，众所周知，是一方面临之以威严，一方面也采取怀柔政策，但这种二律背反的政策要求，以其可能性为基础，应当指出是由于一方面清朝与蒙古族对汉族具有共同的民族精神与民族性格；但另一方面，清朝作为中国一个王朝——特别是包括中原地区与少数民族的地缘政治之历史的社会问题

等的国家立场——而产生这种二律背反的因素"[①]。

入关后，清统治者并没有自囿于传统的狭隘的边疆压制治理思维，而是在"大一统"观念指导下，将包括蒙汉等各民族纳入大一统的政治共同体内。基于这种法律治理思维，清政府建立起因俗因地的刑事治理模式，这种边疆社会治理思维，在实践中有效地维护了区域法律秩序，巩固了统一的多民族国家，丰富了中华法律文化的内涵。

（一）清政府对蒙古地区的司法治理策略

费孝通提出了关于民族学说的多元一体论："它的主流是由许许多多分散孤立存在的民族单位，经过接触、混杂、联结和融合，同时也有分裂和消亡，形成一个你来我去、我来你去、我中有你、你中有我，而又各具个性的多元统一体。这也许是世界各地民族形成的共同过程。"[②] 这种学说同样适用于清政府对蒙古地区进行的刑事法治理。后金国的满族统治者，在征服其邻近的蒙古诸部落之后，即要求归顺的蒙古诸贝勒遵守其制定的"国法"，随着满族与蒙古诸部落的接触越来越密切，制定针对被征服的蒙古部落的法律很有必要性。后金崇德八年（1643），理藩院把清太宗时期（1627—1643）在蒙古地区陆续颁布的法令加以整理，编纂了《蒙古律书》。

清入关后对于蒙古人的立法理念发生了较大的变化。清入关前，这一时期的满族统治者面临明王朝强大的军事压力，对漠南蒙古采取拉拢的政治策略，努尔哈赤曾多次声称："满洲蒙古，语言虽异，而衣食起居，无不相同，兄弟之国也。"这一时期的刑事立法带有战时军事色彩，立法策略以强化与蒙古部落的战略同盟关系为主，维护归顺的蒙古部落的法秩序不是其最终目的。清入关之后，承继中原王朝法

---

① 内蒙古大学蒙古史研究所编：《蒙古史研究参考资料》1982年9月，第53页。
② 费孝通：《中华民族多元一体格局》，北京民族学院出版社1989年版，第111页。

统，采取"参汉酌金"的刑事立法政策，以儒家伦理学说作为立法基础，制定了《大清律例》作为其治理内地的基础性法律。而对于广袤的蒙古诸部落，康熙皇帝曾说："本朝不设边防，恃蒙古部落为之屏藩耳。"① 故保持边疆地区的政治稳定是其制定蒙古地区司法治理政策的出发点，维护蒙古部落的法秩序成为清政府最高立法目的。清统治者对蒙古地区没有采取一元化立法模式，而是基于蒙古地区的社会实际与内地迥异，采取了多元刑事司法政策，根据蒙古族的民族习俗特点，采取"因俗而治"的立法策略，制定了适用于蒙古地区的特别法"蒙古例"。通过多元刑事治理政策，保护蒙古地区的生产和生活方式，巩固了统一的多民族国家。正如日本学者所指出："基于清朝之意图而颁行之蒙古例，清朝立法之时当然是以蒙古固有法为法源和立法之根据，因之，蒙古人虽成为清朝之臣属，但日常生活之法规仍照蒙古人本身固有的习惯为依据，和过去的生活方式并无两样。"② 清政府在对蒙古边疆地区进行刑事法治理过程中的这种多元化特征，主要体现在《蒙古律例》中保留了诸多蒙古族传统习惯法，其中"牲畜罚"与"发誓"则是最具蒙古族习惯法色彩的法律制度。

清政府对蒙古边疆地区进行刑事法治理过程中的一体化则表现为，随着清统治者统治力加强，《大清律例》与"蒙古例"在一些重要案件处理上体现出趋同性，尤其在涉及一些儒家人伦问题时。清统治者通过纂修《蒙古律例》的方式，增加了许多具有实效性的定例和条文，加强了对蒙古地区的司法管辖，维护了刑事法律的统一性。如康熙时《蒙古律例》对于偷窃四项牲畜者，处罚的标准是按照参与者人数，即"若为一人，不分主奴处绞；若为二人，将一人处死；若为三人，将二人处死；纠众伙窃，处死为首二人，余者为从各鞭一百"。而乾隆五十年刑

---

① 俞正燮：《癸巳存稿》，载王云五主编：《丛书集成初编》，商务印书馆1937年版，第159页。
② 岛田正郎：《明末清初蒙古法研究》，东京创文社1988年版，第2页。

部会同理藩院奏准定例,完全改变了对偷盗牲畜罪行量刑的基本原则,即按照首从治罪原则,同时采取了《大清律例》中的发遣制度。大量事关伦常的法律制度,如存留养亲、服制治罪、亲属相盗等制度在清属蒙古地区的基层刑事司法实践中得到适用。

由此可见,清政府通过在蒙古地区建立起盟旗札萨克行政与司法合一制度的基础上,基于该地区法律传统以及地域特征,最终设计和施行不等同于内地的刑事法律体系,其立法成果即为适用于蒙古地区之"蒙古例",从而完成中华法律多元化法律体系的构建。"而民族国家作为一个有形国家实体,其边治行动始终代表着统治阶级的主导意志,边治实践过程中始终保有'一体化'的特征,即遵循民族国家主导意志而推行边疆治理和建设。"① 这种"一体化"在刑事法律治理中的体现就是"蒙古例"与《大清律例》趋同化,清政府在"多元一体"思想指导下,在刑部和理藩院主导下,在保留蒙古地区传统法律的前提下,逐步将"蒙古例"与内地法律一体化,从而增强了对蒙古地区的法律控制。

(二)慎刑恤刑——清政府对蒙古边疆地区进行刑事法治理的核心理念

西汉武帝时,儒家学说得到官方尊崇,成为享有正统地位的法律思想。德主刑辅思想成中国传统刑法文化的思想基础。可以说,德主刑辅思想体现了统治者在对社会进行法律治理过程中,教化与法律相结合的治国理念。孔子曰:"礼乐不兴,则刑罚不中;刑罚不中,则民无所措手足。"清统治者入主中原之后,也将儒家思想作为立国之本,在对边疆的治理过程中,也将德主刑辅作为治理边陲的基本理念。在制定边疆刑事司法政策时,注重处理好刑罚与教化之间的关系。乾隆

---

① 谷家荣、罗明军:《中国古代边疆治理历谱识认》,《学术探索》2013年第1期,第119页。

上谕云：

> 训饬愚民斗狠之习，谕直省督抚朕览法司本章。各省命案，大率斗殴居多，甚至有挟持凶器，互相杀伤者。小民愚昧无知，不忍一朝之忿，遂致罹于重辟。后虽追悔，亦已无及，深可悯恻。夫贪生恶死，人之常情。即在愚民，亦断无不爱惜身命之理，总因平日不知法律。而地方有司，又不能时时化导，动其从善去恶之天良，申以触法抵令之宪典。无怪乎编氓之日蹈法网，而不能止也。嗣后直省督抚，督率有司，必多方宣谕，实力劝勉，务使闾阎咸知法纪，顾惜身家，以远于罪戾，则教化行而刑罚可省矣。①

而德主刑辅落实在刑法层面则体现为慎刑恤刑，清统治者在"蒙古例"中逐步规定诸多保障性制度，以实现慎刑恤刑之刑事法律治理目的。

1. 将死刑等重大刑事案件裁决权控制在中央层面

清政府处理蒙古地区的刑事司法机构主要是理藩院理刑清吏司。一般的刑事案件的侦办、审理和判决由相当于各旗旗长的札萨克承担。在乾隆二十六年刑部会同理藩院议覆山西按察使索琳所奏定例"凡死罪人犯札萨克等审讯报院"中明确规定："凡应拟绞斩之蒙古人犯由该札萨克处审讯声叙罪情报院同三法司定拟具奏请旨。"而《大清会典》则规定："凡罪至遣者，令报于院，以会于刑部而决焉。死者，则会三法司以定谳。"② 从此定例可以看出，刑部作为掌管刑狱的中央六部之一，对于蒙古地区刑事案件的审理和复核，并不享有专有的审判权。对于发遣案件，由刑部与理藩院共同审理，蒙古地区死刑案件，则由

---

① 《高宗实录》卷三四二，《清实录》第十三册，中华书局影印本1985年版，第805—806页。
② 土默特左旗档案馆馆藏档案：《归化诚巡检详报贡布扎伤达尔丹身死一案审结情形》，档案号80-4-199。

刑事与理藩院及三法司共同参与审理。如在乾隆四十八年归化城贡布用刀扎伤致死达尔丹一案中，喀尔喀盟长札萨克徒罕七旺巴拉济就该案向理藩院提出自己的定罪量刑建议：应将凶犯贡布依蒙古律拟绞监候，移送归化城同知监禁。理藩院在会同刑部、都察院、大理寺会审后裁决：

>   查蒙古律载凡斗殴伤重五十日内身死者，将动手之人拟绞监候等语，今据喀尔喀盟长札萨克徒罕七旺巴拉济咨称贡布因向轮拉布讨取马嚼起衅致相嚷殴，轮拉布情急拔刀欲扎，被贡布夺获，适有轮拉布之叔达尔丹解劝，又被贡布用刀扎伤身死。应将该犯照例拟绞监候，秋后处斩等因前来，与例相符，应照该盟长所议将贡布拟绞监候，秋后处斩。

从该案可以看出，清统治者对于蒙古地区的死刑处理采取严格的审核程序，直接借鉴了《大清律例》中的刑事审理模式。很明显，这是受到了中国传统法律文化中的慎刑恤刑司法理念的影响。《理藩院则例》规定："凡应拟绞斩之蒙古人犯，由诸札萨克处审明，声叙罪情报院，由院会同三法司定拟，具奏请旨。"

2. 在蒙古地区刑法治理过程中注重贯彻儒家司法人道主义

儒家论治理国家之道，认为"道政齐刑"，民仅能"免而无耻"，只有"道德齐礼"，民才能"有耻且格"。受儒家这种思想影响，清统治者在运用刑事法律治理蒙古地区时，以慎刑恤刑作为法律治理的基本目的。"蒙古例"中的诸多制度也体现了这种慎刑恤刑观，如《蒙古律例》"看守疯人"条规定："凡疯病之人交伊祖父叔伯兄弟子侄至近亲戚看守，无亲戚者交邻舍乡长看守，若疏脱致令杀人者鞭八十。"疯病之人在刑事上属于无刑事或限制刑事责任能力的人，《蒙古律例》通过对这类社会弱势群体作出特殊的预防性规定，体现出法律人道主义的一面。

另外,《蒙古律例》其他诸多制度性规定也体现了清统治者慎刑恤刑的刑事治理理念,如《蒙古律例》"未及十岁之子行窃不坐罪"条规定:"凡未满十岁之子行窃者免罪,十岁以上者坐罪。"嘉庆十年(1805)五月十四日理藩院奏准"蒙古犯罪如系孤子其亲年老逾六十岁者准其留养"条:"其亲老,留养如年逾六十岁者准其孤子留养。"嘉庆十年例规定:"嗣后蒙古处偷盗四项牲畜不分首从,若有祖父母父母老疾,即令该管官与族长等悉皆出结,准其留养。"[1]

(三)有效的基层刑事司法社会治理模式

在中原地区,自秦汉以来,如何通过法律控制幅员辽阔、人口众多、区域性特征差异鲜明的基层社会,是困惑历代帝国统治者的治理难题。针对这种社会结构模式,法家主张"夫妻交友不能相为弃恶盖非,而不害于亲,民人不能相为隐",并在此基础上提出了连坐之法。《秦律·法律答问》载:"何谓四邻?四邻即伍人谓殹(也)。"凡是大夫以下,"当伍及人",都应该编入"伍"的户籍,一人犯罪,"当坐伍人"。秦虽短世而亡,至汉,儒家思想取得正统法律地位,但什伍连坐治理模式依旧为后世统治者视为弭盗良规,乐于采纳,即通过基层社会民间自理力量来稳固帝国统治。在清代,什伍连坐治理模式演变为保甲制度,成为统治者弭盗安民的社会控制模式,在中原地区得到广泛推广。如康熙四十七年(1708)曾规定:"一州一县城关各若干户,四乡村落各若干户,户给印信纸牌一张,书写姓名、丁男口数于上,出则注明所往,入则稽其所来。面生可疑之人,非盘诘的确,不许容留,十户立一牌头,十牌立一甲头,十甲立一保长。若村庄人少,户不及数,即就其少数编之。无事递相稽查,有可互相救应,保长、牌

---

[1] 王国维校注:《蒙古律例》,台湾广文书局1972年版,第34页。

头不得借端鱼肉众户。客店立簿稽查，寺院亦给纸牌。月底令保长出具无事甘结，报官备查，违者罪之。"①

而清政府在土默特地区设置甲头，推行保甲制度，与该地区内地民人大量涌入的社会状况密切相关。清代在蒙古地区实行的是以旗为基本地方行政单位的盟旗苏木制。苏木是清初按八旗兵制将旗下蒙丁每一百五十家编为一苏木。苏木之下每十家又编为一组，设十家长一人。十家长平时管所属十家之间的内部纠察事务。在康熙朝时，据范昭逵《出塞纪略》一文载："随行至杀虎口，犹已正也。午余，次佛爷沟，土人进奶茶。此后所履皆属蒙古地。盖归化城南，间有山陕人杂处，而归化以北，更无华民矣。"②可见当时归化城土默特民人还没有达到蒙汉相互杂居的程度。但由于乾隆朝时期大量内地民人融入蒙地定居，帝国原有的蒙地基层治理模式功能丧失，帝国对基层社会控制力逐渐消弭。在这种形势下，将运行于中原地区的保甲制度移植推行于蒙古一些地区，成为清统治者的当然选择，归化城土默特的苏木制度逐渐被甲头制度所替代。

土默特地区甲头的设置始于雍正八年（1730），《钦定大清会典事例》载："雍正八年奏准山西、陕西边外蒙古地方，种地民人甚多，其间奸良难以分晰，应设立牌头总甲，令其稽查，即于种地民人内择其诚实者，每堡设牌头四名，总甲一名，如种地民人内有拖欠地租并犯偷窃等事及来历不明之人即报明治罪，如通同徇隐，将该牌头等到一并治罪。"③又载："归化城北大青山十五峪民人三百余户，开垦地亩，边界立牌，查明户口，注册，不容多留一人，每年仍派出旗员会同地方官画下巡查。"又载："雍正十三年覆准山西、陕西边外设立总甲牌头，令其

---

① 张廷玉等奉撰：《清朝文献通考》卷二十二，浙江古籍出版社1988年版，第5051页。
② 毕奥南整理：《清代蒙古游记选辑三十四种》（上册），东方出版社2015年版，第124页。
③ 昆冈、李鸿章等编修：《钦定大清会典事例》卷四百二十三，赵云田点校，中国藏学出版社2006年版，第678页。

专查不肖之人。如有罪犯逃往蒙古地方并情有可疑之人,即禀明该管各官,解回原籍,该管各官于每年春秋二季,取具总甲牌头等并无容隐甘结,注册。"从现有司法档案来看,清政府在土默特地区采取分别设立蒙、汉甲头模式,在司法档案中分别称为"汉甲头"和"蒙甲头",如在和林格尔管理蒙古民事通判禀报蒙古洒拉自行跳井淹毙一案中:

和林格尔管理蒙古民事通判为报明事,乾隆四十八年五月二十七日,卑属南乡榆树沟村汉甲头李玉报前事报称,缘本月二十五日傍晚,本村蒙古洒拉因窃取殷贵玉等物件,被三必全、都楞盘诘交与伊叔腮不痛,乘间自行跳井淹毙,不敢隐匿,理合报明等情。[①]

从上述史料可知,清代土默特地区甲头的主要职责如下:其一,如种地民人中有拖欠地租者,则甲头有责任报明官府。清政府之所以作出此项规定,原因在于甲头人选是从"种地民人内择其诚实者",这些人熟悉地方民情,同时又被清政府信任。其二,对"逃人"稽查之责,满族统治者在历次战争中掠得大批人口充当奴仆,这些被掠为奴的人"必因家主责治过严,难以度日"而逃亡,清政府因此推行"缉捕逃人法"。而甲头作为清统治者政权的末梢环节,也被赋予稽查"逃人"之责。如在乾隆三十五年(1770),和林格尔地区二十家等村甲头向和林格尔通判具结,称"依奉结得小的等村内乾隆三十五年秋季分并无隐匿内地逃人,不至扶隐,具结是实"[②]。其三,对犯罪行为的"报明治罪"之责。如上述张子扬被殴致死一案中,据甲头李广良供:"小

---

① 土默特左旗档案馆馆藏档案:《和林格尔管理蒙古民事通判禀报蒙古洒拉自行跳井淹毙的呈文》,档案号 80-4-198。
② 土默特左旗档案馆馆藏档案:《和林格尔通判具报境内无隐匿内地逃人的甘结》,档案号 80-4-75。

的是忻州人,四十七岁了,充当五十家子村甲头,今年二月二十九日,有南营子张子贵告知小的说,十七日蒙古色尔计同板达尔什把他哥子张子扬打伤,二十八日夜里因伤死了。小的听知随到张子扬家查看,见张子扬在炕上躺着,已经身死。小的就赴案具报,十七日张子扬怎样被色尔计打伤,没有告知,小的并不知道,是实讯据。"

(四)强化国家法在民族地区社会治理中的作用

清朝蒙古地区广泛意义上的国家法主要包括"蒙古例"及《大清律例》,也包括皇帝诏令、上谕、蒙古地区将军或都统奏请拟定的条例等。"清朝蒙古地区刑事立法是清代国家法体系重要的组成部分,学界一般认为二者之间是普通法与特别法之关系。即清政府管理边疆民族地区时,针对当地特定社会制度和习惯制定了特别法,如《蒙古律例》《番例》和《回疆则例》等。这些法规的适用空间仅限于当地,但依然是清代法律制度的重要组成部分。《蒙古律例》是其中的典型代表,主要适用于外藩蒙古、归化城土默特及察哈尔游牧八旗,其内容借鉴了传统蒙古法的内容。清代中国将近一半的版图,并不直接受《大清律例》的约束。从'中原汉族中心论'而言,上述地区属清代中国的地理边疆;从王法政令的角度来说,上述地区属清代中国的法律边疆。在这些地缘与法律上的双重'边疆',以《大清律例》为核心的王法政令被高度稀释,因此必须借助于其他规则的治理。"[①] 但也有学者认识到清代蒙古地区国家法内部体系的复杂性,其指出,"朝廷制定的一般法与民族法的关系,同样体现了国家法的多样性。如果将中央政府制定的地区性特别法与民族法结合起来考量,那么清代国家法的多样性

---

① 邓建鹏:《"化内"与"化外":清代习惯法律效力的空间差异》,《法商研究》2019年第1期,第185页。

与结构性差异会更加复杂"[①]。学界对清代蒙古地区国家法的研究更多聚焦于"蒙古例",而忽视了清代蒙古地区国家法内部体系的多元性、适用过程的复杂性,边疆民族地区国家法内部效力问题并没有得到应有的重视。

清代蒙古地区国家法内部体系并不是一个封闭的体系,清统治者权衡蒙地社会治理需要,在大一统观念影响下,通过修撰法律的方式,适时调整具有属地性质的特别法《蒙古律例》的法律适用范围,注重蒙古族传统社会规则与国家法的整合。通过对清代乾隆朝归化城土默特刑案的研究可知,以《大清律例》为核心的王法政令在清代蒙古地区并没有被高度稀释,相反,清政府考虑到蒙古地区政教风俗与内地不同。汉人移民在蒙古社会迅速成长,从客居变为定居,再从客民变为土著,使蒙古地区出现以蒙古族为主体,汉族占多数的大杂居、小聚居的分布格局,并引起民族关系的重大变迁。上述形势变化必然使得《大清律例》在蒙汉杂居地区的适用领域得以扩张。清政府强化《大清律例》在蒙古蒙汉杂居地区的适用,从而使清代蒙古地区国家法体系内部呈现多元化形态。清代蒙古地区国家法体系内部处于动态变化过程中。国家法法律适用范围及条文体系动态变化,很大程度上是由于清统治者维护国家统一和稳定的策略博弈。

二、归化城土默特刑事司法治理的理论价值

蒙古地区的刑事立法在实践中有效地调整了蒙古地区刑事法律关系,巩固了统一的多民族国家,丰富了中华法制文明的内涵,对于当今少数民族地区治理具有很深的启发意义。

[①] 杜金:《清代法律体系的多重叙述与重构——评王志强〈清代国家法:多元差异与集权统一〉》,《学术探索》2018年第4期,第180页。

(一)重视法律在维护边疆民族地区稳定中的作用

由于民族法制建设在我国的重要性日益被重视,因此,有必要借鉴清代蒙古地区立法实践的历史经验,正如习近平总书记2014年9月28日在中央民族工作会议上的讲话所指出的:

> 用法律来保障民族团结。法令行则国治,法令弛则国乱。只有树立对法律的信仰,各族群众自觉按法律办事,民族团结才有保障,民族关系才会牢固。[①]

边疆少数民族地区的稳定发展以及国家安全所面临的新形势使得上述地区的社会治理问题具有重要的战略意义。党的十九大报告提出了社会治理方式的创新思路:打造共建共治共享的社会治理格局。加强社会治理制度建设,完善党委领导、政府负责、社会协同、公众参与、法治保障的社会治理体制,提高社会治理社会化、法治化、智能化、专业化水平。在这种广泛性多元性社会治理体制中,国家法具有不可替代的作用。

1947年,内蒙古自治区的成立,开创了民族区域自治的新篇章。《中华人民共和国民族区域自治法》实施后,内蒙古民族区域自治制度的工作进入新阶段,内蒙古自治区先后出台了一系列落实民族区域自治制度的具体规定和办法。实践证明,在依法治区的具体实践中,必须强化国家法在边疆社会治理中的作用。要结合区情,依据《中华人民共和国立法法》,依照当地民族的政治、经济和文化的特点,妥善做好自治条例和单行条例立法工作,构建起与边疆社会治理相适应的国家法体系。

---

① 习近平:《在中央民族工作会议上的讲话》,《人民日报》2014年9月28日,第1版。

（二）完善我国民族地区刑事司法体系

清政府在归化城土默特建立起多元刑事司法运作体系，虽然其运作过程存在诸多弊端，但以史为鉴，我国在司法改革过程中，可以尝试建立如下制度，以此完善我国少数民族地区的刑事司法体系。

其一，改革我国少数民族地区合议庭组成及公诉方式。

在审理涉及少数民族刑事被告人案件时，我国现行刑诉法关于合议庭组成人员民族成分并无强制性规定。现行刑事法律中关于合议庭制度的规定主要体现在《中华人民共和国人民法院组织法》和《中华人民共和国刑事诉讼法》中，可否考虑修改现行刑事法律体系，规定涉及少数民族刑事被告人案件，应规定合议庭组成人员至少有一名成员与被告人属同一民族，以此达到刑事司法审判权的权衡。通过这种方式处理好司法传统与现代的关系，以此吸收和借鉴中华法系发展过程中形成的优秀的民族区域法律文化，促进民族地区的基层刑事治理。

同理，在涉及少数民族被告人时，主办公诉人应与被告人属同一民族。关于这一问题，虽然一些少数民族地区公诉机关有类似的惯例，但上述惯例并没有上升到规章制度乃至立法层面。通过实施上述方案，可进一步提升民族自治地方的司法公信力，保障少数民族的诉讼权利和实体性权利。

其二，少数民族地区基层法院在进行员额入额时，应规定少数民族法官构成比例。

建立法官员额制度，应考虑到民族自治地区特殊区情。在少数民族地区，通过司考、公务员招考而进入法院的少数民族人员少之又少。笔者建议，在进行员额制改革过程中，应当综合考虑民族自治地区差异、地域特点、经济发展程度等诸多因素，明确规定少数民族法官构成比例。如果在高级人民法院及中级人民法院贯彻落实确有难度，至少应当在基层法院全面落实。这样规定并非歧视汉族司法人员，通过这种方式，才能全面提高民族自治地方的司法治理能力。

其三，规定民族自治地方的人民法院和人民检察院的主要领导成员，应当有实行区域自治的民族的人员。

《中华人民共和国民族区域自治法》第四十六条规定虽然对此有明文规定，但在我国现行的司法体制中，并没有完全得到贯彻落实。考虑到边疆民族地区的司法治理经验，应当明确规定民族自治地方的人民法院和人民检察院的领导成员中，少数民族人员的具体构成方式和比例，以真正体现民族地区的司法特色。

参考文献

一、档案类

1. 土默特左旗档案馆馆藏清代乾隆朝档案，档案号：80-4-（1—420）。

二、古代著述

2. 《清实录》，中华书局影印本1985年版。

3. 《清朝文献通考》，中华书局影印本1985年版。

4. 《清史稿》，浙江古籍出版社1998年版。

5. 昆冈、李鸿章等编修：《钦定大清会典事例》，赵云田点校，中国藏学出版社2006年版。

6. 刘鸿逵：《归化城厅志》，远方出版社1992年版。

7. 全士潮、张道源等纂辑：《驳案汇编》，何勤华等点校，法律出版社2009年版。

8. 吴潮等：《刑案汇览续编》，台湾文海出版社1970年版。

9. 沈之奇：《大清律辑注》（上、下），法律出版社2000年版。

10. 宋慈撰，杨奉琨校译：《洗冤集录校译》，群众出版社1980年版。

11. 绥远通志馆编纂：《绥远通志稿》，内蒙古人民出版社 2005 年版。

12. 王又槐：《办案要略》，华东政法学院语文教研室注译，群众出版社 1987 年版。

13. 汪辉祖：《佐治药言》，商务印书馆 1937 年版。

14. 徐栋辑：《牧令书·刑名下》，道光二十八年刊本。

15. 徐珂编撰：《清稗类钞》第五册，中华书局 2003 年版。

16. 薛允升：《读例存疑》五十四卷，光绪三十一年京师刊本。

17. 张荣铮、刘勇强、金懋初点校：《大清律例》，天津古籍出版社 1993 年版。

18. 赵尔巽等撰：《清史稿·刑法志》，中华书局 1977 年版。

19. 赵云田点校：《乾隆朝内府抄本〈理藩院则例〉》，中国藏学出版社 2006 年版。

三、当代著述

20. 布迪·莫里斯：《中华帝国的法律》，朱勇译，江苏人民出版社 1998 年版。

21. 毕奥南整理：《清代蒙古游记选辑三十四种》（上下册），东方出版社 2015 年版。

22. 蔡枢衡：《中国刑法史》，中国法制出版社 2005 年版。

23. 陈康颐主编：《应用法医学各论》，上海医科大学出版社 1999 年版。

24. 岛田正郎：《明末清初モンゴル法の研究》，东京创文社 1986 年版。

25. 岛田正郎：《清朝蒙古例の研究》，东京创文社 1982 年版。

26. 岛田正郎：《清朝蒙古例の实效性の研究》，东京创文社 1992 年版。

27. 费孝通：《中华民族的多元一体格局》，中央民族学院出版社 1989 年版。

28. 郭建：《中国古典名著的法眼解读》，北京大学出版社 2012 年版。

29. 哈罗德·J. 伯尔曼：《法律与革命——西方法律传统的形成》，贺卫方等译，中国大百科全书出版社 1993 年版。

30. 何家弘、刘品新：《证据法学》，法律出版社 2007 年版。

31. 黄宗智：《清代的法律、社会与文化：民法的表达与实践》，上海书店出版社 2007 年版。

32. 黄宗智、尤陈俊：《从诉讼档案出发：中国的法律、社会与文化》，法律出版社 2009 年版。

33. 李克仁：《清将军衙署公文选注》，内蒙古人民出版社 1995 年版。

34. 林端：《韦伯论中国传统法律——韦伯比较社会学的批判》，三民书局 2003 年版。

35. 刘远：《刑事法哲学初论》，中国检察出版社 2004 年版。

36. 吕一燃：《北洋政府时期的蒙古地区历史资料》，黑龙江教育出版社 1999 年版。

37. 马克斯·韦伯：《儒教与道教》，洪天富译，江苏人民出版社 2005 年版。

38. 那仁朝格图：《13—19 世纪蒙古法制沿革史研究》，辽宁民族出版社 2015 年版。

39. 瞿同祖：《瞿同祖法学论著集》，中国政法大学出版社 2004 年版。

40. 瞿同祖：《中国法律与中国社会》，中华书局 1981 年版。

41. 王志强：《清代国家法：多元差异与集权统一》，社会科学文献出版社 2017 年版。

42. 吴佩林：《清代县域民事纠纷与法律秩序考察》，中华书局 2013 年版。

43. 晓克主编：《土默特史》，内蒙古教育出版社 2008 年版。

44. 熊耀文：《总理对于蒙藏之遗训及中央对于蒙藏之法令》，蒙藏委员会 1934 年版。

45. 徐忠明、杜金：《谁是真凶——清代命案的政治法律分析》，广西师范大学出版社 2014 年版。

46. 张贵：《包头史稿》上卷，内蒙古大学出版社 1994 年版。

47. 张明楷：《刑法学》（第五版），法律出版社 2016 年版。

48. 郑秦：《清代法律制度研究》，中国政法大学出版社 2000 年版。

49. 中国人民大学清史研究所：《康雍乾时期城乡人民反抗斗争资料》（上册），中华书局 1979 年版。

四、当代论文

50. 包思勤、苏钦：《清朝蒙古律"存留养亲"制度形成试探》，《民族研究》2016 年第 1 期。

51. 达力扎布：《略论〈理藩院则例〉刑例的实效性》，《元史及民族与边疆研究集刊》2013 年第 6 期。

52. 高雁峰：《清代地方社会中的官、民与法——以清代地方官判牍中的诬告案为中心》，华中师范大学 2007 年博士学位论文。

53. 谷家荣、罗明军：《中国古代边疆治理历谱识认》，《学术探索》2013 年第 1 期。

54. 韩登池：《司法理性与理性司法——以法律推理为视角》，《法学杂志》2011 年第 2 期。

55. 何勤华：《清代法律渊源考》，《中国社会科学》2001 年第 2 期。

56. 黄鸿山：《善堂与恶政：清代江浙地区的命案相验问题及其应

57. 黄时鉴：《清代包头地区土地问题上的租与典——包头契约的研究之一》，《内蒙古大学学报》1978 年第 1 期。

58. 金启踪：《从清代归化城土默特地约、借约中所看到的问题》，《包头文史荟要》1984 年第 12 辑。

59. 康斯坦：《从蒙古法看清代法律多元性》，《清史研究》2008 年第 5 期。

60. 牛敬忠：《清代归化城土默特地区的社会状况——以西老将营村地契为中心的考察》，《内蒙古社会科学》（汉文版）2009 年第 5 期。

61. 桑本谦：《科技进步与中国刑法的近现代变革》，《政法论坛》2014 年第 5 期。

62. 寺田浩明：《清代民事审判：性质及意义——日美两国学者之间的争论》，王亚新译，《北大法律评论》第 1 卷第 2 辑，法律出版社 1999 年版。

63. 王建革：《清代蒙地的占有权、耕种权与蒙汉关系》，《中国社会经济史研究》2003 年第 3 期。

64. 武树臣：《法律传统与法治智慧》，《河北法学》2014 年第 5 期。

65. 乌云毕力格、宋瞳：《关于清代蒙古会盟制度的雏形——以理藩院满文题本为中心》，《清史研究》2011 年第 4 期。

66. 徐忠明：《清代司法官员知识结构的考察》，《华东政法学院学报》2006 年第 5 期。

67. 徐忠明、杜金：《清代诉讼风气的实证分析与文化解释——以地方志为中心的考察》，《清华法学》2007 年第 1 期。

68. 姚新勇：《国家、资源、竞争与族群冲突——他国之识与本土之况》，《读书》2009 年第 10 期。

69. 姚志伟：《十告九诬：清代诬告盛行之原因剖析》，《北方法学》2014 年第 1 期。

70. 姚中秋：《技艺理性视角下的司法职业化》，《华东政法学院学报》2008 第 6 期。

71. 羽藤秀利：《蒙古法制史概论》，《蒙古史研究参考资料》新编第 24 辑，1982 年 9 月。

72. 曾代伟：《蒙元流刑考辨》，《内蒙古社会科学》（汉文版）2004 年第 5 期。

附 录

乾隆朝归化城土默特刑事档案中的刑案基本情况一览表

序号	年代	案件名称	案由	基本案情	档案来源
1	乾隆五年八月二十六日	民人侯保等人盗窃昆都伦通判衙内衣物案	盗窃官衙案	民人侯保等人拆墙角而入官衙，偷盗衣物。	档案号80-4-19
2	乾隆五年十一月二十八日	蒙人班弟被控抢牛案	盗牛案	民人白玉孔控被班弟抢去牛一头，而班弟则声称该牛系其财物。	档案号80-4-18
3	乾隆九年三月初九	蒙人私自嫁女与民人案	蒙汉通婚案	民人王大迤支付了聘礼，娶蒙女普苏乞妹毛梦为妻。官批：内地民人与蒙古结亲，法定离异。	档案号第155卷第139号
4	乾隆十一年十月二十日	民人王章被抢财物案	贼蒙拦路抢劫案	民人王章前往西包头村做买卖途中，被不知姓名蒙各骑马，怀揣石块在路邀拦，混合乱打被抢银物。	档案号80-4-28
5	乾隆十五年三月间	民人靳蒲告蒙人黑龙洞等通霸典地挟仇杀父案	申控案	告状人靳蒲系平鲁县民，声称其父靳光礼用银二两，典到蒙人黑龙洞地二十五亩，黑龙洞伙同蒙人将其父殴打致死，串通蒙员将谋杀其父凶手，硬保出监。	档案号80-4-34
6	乾隆二十三年二月二十一日	民人郭宋宝等被劫去骡马案	贼盗案	乾隆二十三年二月二十一日，民人郭宋宝午后被贼从骡马屋中夺去骡子一头，马十匹，后即行追赶，沿路跟寻无踪，于本年二月二十五日，寻至本城连滩麦铺，认获骡驹一只，其余十匹马并无拿获。	档案号80-4-43
7	乾隆二十三年	蒙人额正诬告民人张六案	诬控案	额正在张六相索要债务过程中，竟以张六恐吓其妻阿雅克扣病重而死之言，控告于都统衙门。官批：惟张六伊等均呈文于衙门，彼此控告，希图脱罪，并非有意陷人，不可与诬告之人相比。	档案号第148卷第172号

续表

序号	年代	案件名称	案由	基本案情	档案来源
8	乾隆二十五年七月二十七日	蒙人看扎布偷盗拒捕杀死民人事主案	贼盗案	看扎布因贫难度，起意行窃。张四小子瞥见偷糜即向赶捉。看扎布弃糜奔逸，看扎布复用小刀扎伤张四小子，张四小子伤重殒命。 官批：扎布依照蒙古律例定罪。	《驳案汇编》新编
9	乾隆二十六年三月初二	蒙人达赖被民人殴伤致死案	斗殴命案	蒙人达赖于二月二十日至黑水泉村饭铺内饮酒，不知因何事故，被铺内的民人将达赖头上殴伤，不意达赖于三月初一日，因伤身死。 官批：事关民人殴毙蒙古命案，例应会验，查印官公出，申请代验。	档案号80-4-46
10	乾隆二十九年	蒙人乌尔沁扎布杀死其妻、同宿之男人案	登时杀死奸夫、奸妇案	乌尔沁扎布前往萨劳村索要地租，因未得租，三更时到家，由窗户进入看见有一人与其妻同宿。乌尔沁布未能忍耐，持家中小斧子，将其妻、同宿之男人一并砍死，即向村甲头等自首。	档案号第148卷第182号
11	乾隆三十二年十月二十三日	蒙人空库尔纠众将民人高清远殴伤致死案	斗殴命案	空库尔欠高清远银七两日久未还，发生纠纷，空库尔亦知道淖尔蒙等被高清远欺压，与淖尔蒙、色楞拉勒共同将高清远殴伤致死。 官批：因高清远向空库尔讨要短欠银两，未曾偿还，起意商量害死。该犯依允加功，将高清远勒死，应拟淖尔蒙、色楞拉勒缓决。	档案号80-4-71
12	乾隆三十五年五月二十一日	蒙人阿由什告民人张兴国偷盗马匹案	盗马案	阿由什从民人范作福手中认获其失窃马匹，归化城同知审讯后认为并非阿由什失窃原马。 官批：都统大人饬司主稿拟议详结，以便会呈销案。	档案号80-4-87
13	乾隆三十五年十一月内	民人武信盗马案	盗马案	武信籍隶太原县，向在归化城贩马生理，与蒙人索楞等人，起意偷窃，偷窃马匹。 官批：合依偷窃蒙古四项牲畜十匹以上者首犯绞监候例，应拟绞监候，秋后处决。	档案号80-4-85
14	乾隆三十六年四月内	民人贾明聪因坟地纠纷殴伤致死蒙人尔金图案	斗殴命案	贾明聪因妻病故，故无处安葬，随向那木粘借场浮厝尸棺，令人抬棺赴场，与尔金图发生争执。 官批：贾明聪与人共殴致死尔金图，依大清律例共殴因而致死，下手伤重者绞监候。	档案号80-4-81
15	乾隆三十七年十一月十五日	民人王加祥偷盗马匹案	盗马案	王加祥偷盗蒙古敏招见等马匹，应依蒙古偷盗四项牲畜六匹至九匹，发云贵、两广驿站充当苦差。 官批：业已在司监病故，后销案。	档案号80-4-94

续表

序号	年代	案件名称	案由	基本案情	档案来源
16	乾隆三十八年三月十五日	民人刘宦主使弟侄共殴重殴大功兄致死案	斗殴命案	刘宦与刘玉山在戏场争吵起衅，追后刘宦主使弟侄共殴，被刘玉成最后殴折刘玉山右小腿骨殒命。官批：合依重殴大功兄致死，应拟绞监候。	《驳案汇编》新编
17	乾隆四十三年十二月十七日	蒙人力克锡特扎死主人丹达利案	杀人命案	力克锡特系女奴，因主人家法甚严，向他拌嘴，扎死主人。官批：照蒙古律，将凶犯力克锡特即行凌迟处死。	档案号80-4-109
18	乾隆四十五年二月十三日	蒙人达旺林庆诬控诺尔扎布案	诬控案	达旺林庆与诺尔扎布先因幼子殴打争闹，经村人妥处完结后，达旺林庆妻称其子不意于十一月初七日，孩子死了。官批：敢以殴伤幼孩身死，诬控殊属不合，本应按律究治，姑念愚蒙无知，伤痊，愿息从宽，取具各甘结附卷。	档案号80-4-125
19	乾隆四十五年九月二十二日	蒙人那苏图因民人程起忠与伊妻通奸，殴伤致毙程起忠案	为妻与他人通奸，杀死奸夫命案	那苏图因程起忠与伊妻三音珠拉通奸，气愤斗殴，程起忠欲逃，该犯用木棍殴伤致毙。官批：刑部会同九卿、理藩院、詹事科道等官在天安门外，详审此案，那苏图应绞决。	档案号80-4-132
20	乾隆四十五年十月二十五日	民人霍忠殴伤民人王荣身死一案、蒙妇沙音图与民人王荣奸情案	斗殴伤害致死案、通奸案	霍忠因赊欠账目未清与王荣清算中，发现蒙妇沙音图与王荣奸情。因此事发生争吵，霍忠情急即用手持木棍殴打王荣一下，王荣被殴伤随即殒命。官批：合依斗殴杀人者，不问手足、他物、金刃并绞律，应拟绞监候。	档案号80-4-147
21	乾隆四十五年十一月	蒙人登不令砍伤蒙妇乌登巴尔案	伤害案	登不令是舍力图召属下喇嘛，因酒醉致伤乌登巴尔，后来就得了疯症而骚扰呢玛。官批：除将该犯登不令移送兵司交召管束外，拟合将该犯疯病痊愈缘由，具文详报都统大人查核销案。	档案号80-4-137
22	乾隆四十六年正月十三日	黑人淖克图扎伤披甲哈达逊案	斗殴伤害案	披甲哈达逊因借过蓬松召黑人淖克图一个碗未还，淖克图起衅，将披甲哈达逊多处扎伤。	档案号80-4-144
23	乾隆四十六年五月	喇嘛恼尔布踢伤民人王大鸣身死案	斗殴命案	王大鸣赴老不散班第家讨账后，即同老不散班第赴阿不亥处。是晚与喇嘛恼尔布并必几牙、阿不亥在一处饮酒宿歇，夜间王大鸣拉扯阿不亥，被恼尔布踢伤致死。	档案号80-4-150

附 录 287

续表

序号	年代	案件名称	案由	基本案情	档案来源
24	乾隆四十六年七月二十五日	蒙人鲁布桑金巴等盗马案	盗马案	查鲁布桑金巴虽非此案正犯，但所供偷赶毛房院村外马匹似属可疑，屡次严诘并无赃据，且毛房院村亦无报窃马匹案件，其为被吓混供，似属可信。 官批：鲁布桑金巴讯非此案正贼，未便羁候，除将该犯申解都统衙门转解旗管束。	档案号80-4-209
25	乾隆四十六年八月	逃奴温达扎伤乌云达赖案	故意伤害案	温达系佐领德木楚克白契家人，脱逃后来至昌合赖村，伊主闻知差乌云达赖往拿途间撞遇。温达并不知乌云达赖系主人差役，致相斗殴，用刀扎伤乌云达赖。 官批：脱逃应照例鞭一百，其扎伤乌云达赖系斗殴，并非拒捕，例应罚畜。	档案号80-4-153
26	乾隆四十六年十月十六日	民人丁宫小子偷盗蒙人五把什牛案	盗牛案	丁宫小子偷盗蒙人五把什牛一头，在肉铺将该牛宰毙剥皮，被失主认获。 官批：依蒙古盗四项牲畜止一二者，发山东、河南等省驿站充当苦差，民人在蒙古地方偷牲畜，在九数以下者，亦照此例治罪。	档案号80-4-143
27	乾隆四十六年十月二十四日	蒙人托托拜殴死伊妾替奔儿案	夫殴妾致死案	托托拜小女人替奔儿从前原逃走过两次，本月十八日夜，又逃走了，托托拜十九日找寻回来，因气不过，夜里把替奔儿打伤身死。	档案号80-4-170
28	乾隆四十七年二月二十九日	蒙人托达尔什用膝压伤民人张子扬左肋骨损伤身死案	斗殴命案	民人张子扬向色尔计租了二十亩，言定每年租钱七百文，立有文约。色尔计因缺钱使唤，又向张子扬支钱，其不支，托达尔什帮拳压伤张子扬致死。	档案号80-4-182
29	乾隆四十八年二月二十四日	蒙人朝圪岱赃马系换来之马	盗马案	五巴什用自己的青骟马偷换蒙古汉保尔的七岁口骟马，后与朝圪岱相换。 官批：朝圪岱向五巴什换来之马，但属无辜。	档案号80-4-221
30	乾隆四十八年二月二十四日	蒙人根栋砍死民人案	抢劫案	根栋砍死民人并把民人尸头、两只胳膊、两条腿用斧子砍下，另藏一个井内。	档案号80-4-205
31	乾隆四十八年五月	蒙人洒拉自行跳井淹毙案	不能禁约侄子为窃案	蒙人洒拉因窃取殷贵玉等物件，被三必令、都楞盘获，交予伊叔腮不痛，乘间自行跳井淹死。 官批：腮不痛知其亲侄行窃，不即禀送治罪，律得相容隐，其不能禁约侄子为窃，蒙古律无拟罪之条，应照刑例拟笞四十。	档案号80-4-198

续表

序号	年代	案件名称	案由	基本案情	档案来源
32	乾隆四十八年五月十一日	民人杜有尚被盗布匹钱文案	窃盗财物案	夜被贼爬墙进院，由屋入室窃去财物。	档案号80-4-215
33	乾隆四十八年八月	蒙人阿什达告那木架尔盗马案	盗马无罪案	阿什达家中有黄骟马一匹，赴城置物。有女婿打塔巴前往借贷，阿什达之妻八拜即将黄骟马给卖。打塔巴卖给那木架尔，阿什达并不知情，路见那木架尔拉着家中黄骟马，疑系偷窃，禀控都统。官批：阿什达并未归家，误报有因，原非捏控均无庸议。	档案号80-4-226
34	乾隆四十八年十二月十五日	民人吉如祥拐逃蒙妇纳墨索案	用财买休案	吉如祥称，纳墨素实是小的认系薄原义娶得妻子，买了来为妻的，并不是拐来。经查，此案薄原义收留迷失蒙妇为妻，并无拐逃情事。官批：蒙律并无正条，应照刑律科断，除偷娶蒙古妇女轻罪不议外，自应照刑律拟徒，薄原义业已身故不议。吉如祥用财买休，依大清律例用财买休律，杖一百，折责四十板。	档案号80-4-225
35	乾隆四十九年二月初七	蒙人巴尔旦扎布偷窃伊母舅青奔尔牛宰杀案	盗牛案	巴尔旦扎布偷窃伊母舅青奔尔牛宰杀一案，会同研讯，已据供认不讳，赃经主认，正贼无疑合。官批：依蒙古偷盗牲畜一二匹例发遣，惟是该犯等系事主外甥，有外姻小功服制，亲属相盗蒙例无文，自应引用刑律。	档案号80-4-240
36	乾隆四十九年二月十三日	蒙人贼犯阿拉什盗多尔济马匹案	盗马案	阿拉什伙同他人从野地拾获已死被残牛头。官批：并非盗窃。	档案号80-4-235
37	乾隆四十九年二月十八日	蒙人五巴什被窃牛案	盗牛案	原牛头牛皮系茂明安敏召尔寄放吉兰太家，吉兰太并不知偷宰情事，且吉兰太系五巴什母舅，似不致偷外甥之牛，亦无显露令人认获之理。官批：吉兰太并不查问留存，亦属不合，不应重律八十，系蒙古，各鞭八十，以示儆戒。	档案号80-4-234
38	乾隆四十九年二月二十四日	喇嘛俄林忒偷窃马匹案	盗马案	波托和伙同喇嘛俄林忒偷窃马匹。官批：照蒙古例，应发送临城充当苦差。	档案号80-4-247
39	乾隆四十九年四月十一日	蒙人吹丹巴与民人郭青山等互殴案	斗殴案	民人郭青山、郭红山、六子三人各持锄刀棒将喇嘛吹丹巴殴伤。官批：应俯顺人情，从宽准与息销。	档案号80-4-262

续表

序号	年代	案件名称	案由	基本案情	档案来源
40	乾隆四十九年五月二十九日	民人刘满家、崔正保等拾马不报案	拾马不报案	刘满家、崔正保拉着两匹马到禄特家，说是收住两匹马，不知谁家走失的，先放禄特家，如无人认领，卖钱分用。后被蒙人噶尔替塔发现是失马两匹，其说崔正保窃马，崔正保是收住的马，而非偷来的。	档案号80-4-243
41	乾隆四十九年六月十七日	蒙人乌尔圪户扎伤伊妻奔不盖尔身死案	夫扎伤妻致死案	乌尔圪户女人奔不盖尔回娘家去探望，就住下了。没有回来。五月初三日，乌尔圪户的前去接女人回家，女人要迟几日再回，乌尔圪户今日定要回去，就嚷骂起来，乌尔圪户将刀刺扎过去致伤她左胳膊、右乳下。停了一刻，女人就气绝死了。	档案号80-4-394
42	乾隆四十九年七月	窃马犯图布申偷盗黄骒马宰杀吃肉案	盗马案	窃马犯图布申于夜间走到特克什草场里，将一匹黄骒马盗回家中，把黄骒马宰杀吃肉，余下皮肉放于家中，后被特克什发现，将窃马犯图布申连同余下皮肉一同拿获。	档案号80-4-256
43	乾隆四十九年七月十七日	民人刘丑子偷牛案	盗牛案	民人刘丑子见有牛一头，无人看守，起意行窃，随将丹巴海乳牛一头，赶至清水河，卖给不识姓名之人，得钱两千文。后见野地有牛一头，又将纳素黑乳牛一头偷赶走，被丹巴撞见，将该犯连同牛一同交给失主纳素，呈送都统衙门。	档案号80-4-257
44	乾隆四十九年十一月十三日	民人朱继德赶拉路失牲畜案	盗窃案	因见野地牛无人照看，起意偷赶。官批：赶拉路失牛只虽无偷盗之心，但限外并不报官者坐赃论律。	档案号80-4-303
45	乾隆五十年十月初三	蒙人克什图砍伤民人郭维绪案	斗殴案	因争地起衅互殴，克什图用镰刀砍伤郭维绪，因该犯年岁未及罪名，例应收赎。	档案号80-4-284
46	乾隆五十年十月初六	佐领巴力密特家被窃衣物案	盗窃案	佐领巴力密特在归化城差务不家，不知被贼爬北墙入院，打开窗户进室，将柜锁捅开，盗窃贵重物品若干。	档案号80-4-287
47	乾隆五十年十一月二十七日	民人王延富殴伤蒙人五把什身死案	斗殴命案	五把什说他走失了一匹马，王延富买的马是五把什的。五把什在忽录盖尔家嚷打民人王延富，五把什骂王延富讨吃鬼，并且取取木棒打王延富。王延富用木棒五把什打伤，后五把什因伤身死。	档案号80-4-304
48	乾隆五十二年九月初九	民人张高扎伤诺木独身死案	斗殴命案	台什村民人张高与蒙古诺木独在地间因土地纠纷打闹，张高将诺木独扎伤身死。	档案号80-4-322

续表

序号	年代	案件名称	案由	基本案情	档案来源
49	乾隆五十六年十一月初七	蒙人巴尔旦多尔济殴伤蒙人沙克沙布特身死案	斗殴命案	蒙人沙克沙布特因酒醉，将巴尔旦多尔济斗骂，被巴尔旦多尔济用轱辘上旁框木殴伤，至初八夜身死。	档案号 80-4-343
50	乾隆五十六年正月初八	蒙人鄂尔哲依图之妻巴特曼殴伤毕里衮身死案	斗殴命案	死者毕里衮与鄂尔哲依图系堂兄弟，鄂尔哲依图之妻巴特曼听到殴打之声，便手持铁棍自墙口过去，见夫与毕里衮揪着头发，惟恐夫被打伤，以铁棍打去，毕里衮头顶受伤倒地，后毕里衮之伤并未好转，至正月二十一日故去。 官批：查得蒙古例内载，并无堂弟之妻将堂兄殴打致死后拟罪之文，既然如此，则理当照律例拟罪。	档案号 第155卷 第324号

后　记

经过两年多时间资料的准备及撰写，我的博士论文最终成稿，四年的博士求学生涯也即将结束。回想这四年，感慨颇多，这四年正是我迈入中年的时间段，在人生的中途，回顾前半生还算曲折艰辛的历程，我应该感谢所有在我人生历途上曾经关心和爱护我的人，我能够从农家子弟直至博士毕业离不开他们一路的呵护！

首先感谢我的父母，他们至今仍在农村辛苦劳作。当年我诸事不顺，人生跌落到低谷。但父母对我却从来没有怨言，鼓励我以知识改变命运，使我能一步步走到今天。

衷心感谢胡仁智教授。2003年"非典"之年，我研读硕士时有幸被恩师收归门下。十余年前的我不谙世事，再加学术的愚钝，让先生操了不少心。至今还记得硕士毕业论文写作过程中，恩师对我的谆谆教诲。恩师宏观全局，多次校阅，时时斧正。恩师的严格要求也成为我今生宝贵的财富。这十余年，我从恩师那里不仅学到了知识，还学到了很多做人的道理。

衷心感谢曾代伟教授。在我读博期间，无论是博士论文的构思，还是国家哲社课题的申报修改，曾老师的点拨和建议使我受益匪浅，在此深表谢意！感谢西政法律史教研室的诸位老师，他们渊博的知识和学者风范永远是我学习的楷模。在诸位先生的熏陶和言传身教之下，我感受到法律史的学习和研究给我带来的欣喜和快乐。在此也感谢内蒙古大学那仁朝格图教授对本书的构思及撰写所提供的帮助。尤其在国家哲社课题申报期间，那仁朝格图教授精心修改我的申报稿，并提出富有建设性的修改意见，真乃良师诤友。

　　同时，我研读硕士期间的同窗好友们也给了我非常多的帮助。他们是江苏高院赵友新、福建农林大学赖世力等同学。他们一个个才华出众，才智过人，他们优秀的品质一直感染着我。虽然硕士毕业后相距千里，但我们时常电话联系。这十余年他们给了我很多无私的支持和帮助。他们的学术思想时时闪耀着智慧的火花，在和他们的交流之中，我受到了很多启迪。愿同窗之谊地久天长！

　　最后，我还要特别感谢西南政法大学的出版资助，以及商务印书馆黄显深编辑的辛勤工作，使本书得以顺利出版。在此，我深表谢意与敬意。

张万军
2017年12月25日于包头